Sebastian Painadath

Einschwingen in das Göttliche

100 Meditationen

Vier-Türme-Verlag

Bibliographische Information der Deutschen Nationalbibliothek

Die Deutsche Nationalbibliothek verzeichnet diese Publikation in der Deutschen Nationalbibliographie. Detaillierte bibliographische Daten sind im Internet über http://dnb.d-nb.de abrufbar.

Ohne Folie
Für unsere Umwelt

in Deutschland
produziert

MIX
Papier aus verantwortungsvollen Quellen
FSC
www.fsc.org
FSC® C014889

Aus dem Englischen übersetzt
von Barbara Stehmann

Deutsche Ausgabe des englischen Originaltitels
»You are divine – 100 Meditations on Theosis«
Indian Society for Promoting Christian Knowledge,
Delhi, ISBN 978-81-8465-643-5

1. Auflage 2021

Lektorat: Marlene Fritsch
Gestaltung: Matthias E. Gahr
Umschlagmotiv: geralt / pixabay.com
Druck und Bindung: Pustet, Regensburg

ISBN 978-3-7365-0364-9
www.vier-tuerme-verlag.de

Inhalt

Einführung

Du bist göttlich!

Dass du Mensch bist, weißt du. Aber woher weißt du, dass du *göttlich* bist? Du kannst nach Betlehem gehen und das Kind in der Krippe mit dem inneren Auge des Glaubens betrachten. Dort erkennst du, dass du zu einem göttlichen Bewusstsein berufen bist. Das Göttliche, das in dir schlummert, hat in Jesus Gestalt angenommen, und in ihm erkennst du, dass sich in dir ein ähnlicher Prozess ereignet: Die Göttlichwerdung des Menschen *(theosis)*. Entdecke, was du immer schon bist: **Du bist göttlich!** »Gott wurde Mensch, damit der Mensch göttlich werde« (Athanasios, Augustinus).

Du bist göttlich! — Christen kommen zu dieser Selbsterkenntnis durch den Glauben an Jesus Christus. Gläubige anderer Religionen kommen durch andere Symbole zur Erkenntnis der Göttlichwerdung. Wir sollten großen Respekt haben vor den vielfältigen Wegen, auf denen der göttliche Geist in menschlichen Herzen wirkt und ein Gespür für die Teilhabe am göttlichen Leben weckt. Letztlich vermitteln alle Religionen die mystische Einsicht, dass wir Menschen zu einem höheren Zustand, zu einem göttlichen Bewusstsein berufen sind.

Du bist göttlich! — Das ist das Herz des christlichen Glaubens. Inkarnation ist nicht das Herabsteigen Gottes aus einer anderen Welt, sondern das Heraustreten des Göttlichen aus dem Schoß der Schöpfung. *Logos*, das dynamische Prinzip der göttlichen Selbstausgießung, pulsiert im Herzen der gesamten Schöpfung, da alles *in* und *durch* den Logos geschaffen ist (Joh 1,3). Die lebendige Gegenwart des Logos verkörperte sich in Jesus Christus (Joh 1,14). Diese Glaubenserfahrung ist eine Einladung, tief ins Herz des Kosmos zu schauen und darin den Prozess der Göttlichwerdung zu erkennen.

Du bist göttlich! — Die Wahrnehmung der Göttlichwerdung ist der tiefste mystische Treffpunkt aller Religionen. Die Weisen und Mystiker aller religiösen Traditionen nahmen in der Tiefe des Bewusstseins einen Prozess der Verwandlung wahr: Die Hineinnahme des Menschen in das göttliche Leben. Es mag unterschiedliche Grade dieser Erfahrung geben und verschiedene Symbole, um sie auszudrücken. Letztlich verweisen sie alle auf eine Vertiefung des Bewusstseins in die göttliche Tiefe und eine Erweiterung des Bewusstseins zu den immer weiteren Horizonten des Geistes.

Du bist göttlich! — Aber du bist nicht Gott. Zu behaupten, *ich bin Gott*, ist eine Nachwirkung der Erbsünde: »Wenn ihr von dieser Frucht esst, werdet ihr wie Gott« (Gen 3,5). Das ist die sündhafte Tendenz zum Herrschen, die sich in uns versteckt. Irgendwie wollen wir im Umgang mit anderen und der Natur die Rolle beanspruchen, *Gott* zu sein. Aber wenn wir mit dem intuitiven Auge tiefer in uns schauen, können wir erkennen: Ich bin *göttlich*. Das ist Gnade. Mit dieser begnadeten Erkenntnis überwindet man die entfremdende Macht der Egofixierung *(kāma)*, die die eigentliche Ursache von allem Leiden ist.

Du bist göttlich! — Diese Erkenntnis ist nicht die Frucht menschlicher Bemühungen, sondern ein Geschenk des göttlichen Geistes. Durch Gebet und Meditation, durch Askese und Disziplin, durch ein Leben in Gerechtigkeit und Barmherzigkeit können wir uns dieser Gnade öffnen. Weise aller Religionen sagen, dass die Erweiterung des Bewusstseins dennoch ein Geschenk des Göttlichen bleibt.

Du bist göttlich! — Diese Erfahrung wurde in christlichen Kreisen von Kirchenvätern und Mystikern sehr hochgehalten. Als das Christentum von den Katakomben auf den Kaiserthron wechselte, wurde diese Erkenntnis vor allem in den westlichen lateinischen Kirchen übergangen. In den griechischen Ostkirchen blieb dies jedoch als der Herzschlag der Theologie. Während der Zeit der Inquisition wurde jede Erwähnung von »Göttlichwerdung« mit Argwohn betrachtet. Dank der intensiven Beschäftigung mit dem spirituellen Erbe der Kirchenväter ist *Theosis* in den letzten siebzig Jahren wieder in das Herz der theologischen Reflexion zurückgekehrt.

Du bist göttlich! — Diese Einsicht befruchtet die theologische Arbeit besonders im gegenwärtigen ökumenischen Prozess. Es wird viel über Themen der Göttlichwerdung geforscht und einige wertvolle Studien sind bereits veröffentlicht. Dort finden wir einen guten Überblick über die geschichtliche Entwicklung der *Theosis* und darüber, wie Kirchenväter und Mystiker dieses zentrale Thema des christlichen Glaubens interpretieren. Beim Schreiben dieses Buches habe ich mich dankbar auf sie gestützt, insbesondere um Zugang zu den Quellen der Kirchenvätern zu bekommen.

Du bist göttlich! — Diese mystische Wahrnehmung ist das Thema dieses Buches. Die vielen historischen und theologischen Studien darüber haben den Begriff *Theosis* bereits gut geklärt.[1] Meine asiatisch geprägte Art des Denkens und Fühlens hat mich beim Lesen dieser Bücher immer wieder zu der Frage geführt: Wie komme ich zur Erfahrung der *Theosis*? Asiatische Weise aus dem Hinduismus und Buddhismus teilen nicht nur ihre mystischen Einsichten, sondern sie beschreiben oft auch spirituelle Wege *(sādhana)*, um zu dieser Erkenntnis zu gelangen. Mein Anliegen in diesem Buch ist es, einige meditative Wege aufzuzeigen, um sich dem vergöttlichenden Wirken des Geistes zu öffnen. Es ist ein Handbuch der Meditation auf dem Weg zur Erfahrung der *Theosis*.

Der Aufbau dieses Buches

Der in diesem Handbuch beschriebene Meditationsprozess befasst sich mit zehn Themen, die mit *Theosis* verbunden sind. Jedes Thema wird in zehn Meditationen entfaltet. Insgesamt gibt es also einhundert Meditationen, um das Herz für die Gnade der Erfahrung hin zur Göttlichwerdung zu sensibilisieren und allmählich in das Göttliche einzuschwingen. Auf der linken Seite wird eine fokussierte theologische Reflexion zum jeweiligen Aspekt angeboten, um den Sinn der daraus folgenden Meditation deutlicher zu erfassen. Diese Reflexionen werden unterstützt durch Zitate von Weisen und Mystikern aus christlichen und anderen Traditionen, entnommen aus Quellen spiritueller Klassiker aus Ost und West. In diesen Zitaten kann man erkennen, dass Göttlichwerdung der tiefste mystische Treffpunkt aller Religionen ist. Es kann hilfreich sein, das eine oder andere Zitat zunächst auf sich wirken zu lassen, bevor man in die Meditation geht. Der spirituelle Prozess wird dadurch in die universellen Traditionen der spirituellen Meister weltweit eingebettet.

Für die Meditationen gibt es Vorschläge, die sich auf die Haltung, das innere Wort / den Satz / das Symbol / das Mantra beziehen, die letztlich zur Dynamik im Herzen führen. Diese können auf dem inneren meditativen Weg verwendet werden, den man unter der Führung des göttlichen Geistes geht. Es ist ein Versenkungsweg von der oberen Ebene

1 Die folgenden Studien bieten einen Gesamtüberblick über Theosis: Jules Gross, La Divinisation du chrétien d'après les Pères grecs, Gabalda, Paris, 1938; Christoph Schönborn, Über die richtige Fassung des dogmatischen Begriffs der Vergöttlichung des Menschen, in: Freiburger Zeitschrift für Philosophie und Theologie, 34 (1987) 3-47; Norman Russell, The Doctrine of Deification in the Greek Patristic Tradition, Oxford, New York, 2009; Michael J. Christensen and Jeffery A. Wittung (Hg.), Partakers of the Divine Nature, The History and Development of Deification in the Christian Traditions, Grand Rapids, 2008; Stephen Finlan and Vladimir Kharlamov (Hg.), Theosis, Deification in Christian Theology, Cambridge, 2006; Vladimir Kharlamov (Hg.), Theosis, Deification in Christian Theology, Eugene, 2011.

des Bewusstseins in die Tiefe, vom Verstand zum inneren Herz-Raum. Am Anfang muss der Mensch aktiv sein: die richtige Mediationshaltung einnehmen, geerdet sitzen, den Leib durchspüren, das Durchströmen der Atemenergie im Leib wahrnehmen, die Vorstellungskraft aktivieren, ein Wort wiederholen, den göttlichen Namen beten, ein Mantra summen usw. Mit diesen einfachen Methoden kommt man zu einer inneren Stille.

In bestimmten begnadeten Momenten fühlt man, dass das intuitive Auge geöffnet ist, und das Bewusstsein sinkt in das Herz. Hier wird der Mensch zunehmend empfänglich für das verwandelnde Wirken des göttlichen Geistes. Er wird vom Göttlichen ergriffen, die Seele wird in das Energiefeld des Geistes hineingenommen. An diesem Ort erwacht man zum Prozess der Göttlichwerdung.

Auf der Grundlage der großen mystischen Traditionen des Ostens und des Westens wurde die Skizze auf der folgenden Seite entwickelt, um diesen nach innen gerichteten Prozess zu beschreiben.

Bereiche des Bewusstseins

Der innere spirituelle Weg in die kontemplative Stille führt den Suchenden (*sādhaka*) durch drei Bereiche des Bewusstseins: den mentalen Bereich, den psychischen Bereich und das spirituelle Bewusstsein.

Der mentale Bereich: In diesem oberen Bereich entstehen Gedanken und Gefühle, Wünsche und Entscheidungen. Der Verstand kontrolliert alle Begegnungen mit Personen und Dingen und objektiviert alles, da er in einer Subjekt-Objekt-Struktur arbeitet. Hier entsteht das Ich-Bewusstsein, denn jeder Mensch braucht ein reifes Ich als Subjekt des Denkens und Handelns. In diesem Bereich begegnet der Mensch der alles durchdringenden Gegenwart des Göttlichen in einer Ich-Du-Struktur und antwortet darauf mit religiösen Symbolen.

Der psychische Bereich: Die Ich-bezogenen Begegnungen und Gedanken, alle Aktionen und Reaktionen im mentalen Bereich werden ständig von unterbewussten Faktoren kontrolliert und gesteuert. Diese Faktoren sind von der eigenen Biografie geprägt, zum Beispiel von verdrängten Gefühlen oder unausgesprochenen Gedanken; manches davon kann in Träumen auftauchen. Hier finden sich auch Elemente des kollektiven Unbewussten aus der Entwicklungsgeschichte der Menschheit. Einige davon werden in Mythen und Legenden symbolisch ausgedrückt. Beunruhigende Erinnerungen und ablenkende Gedanken aus

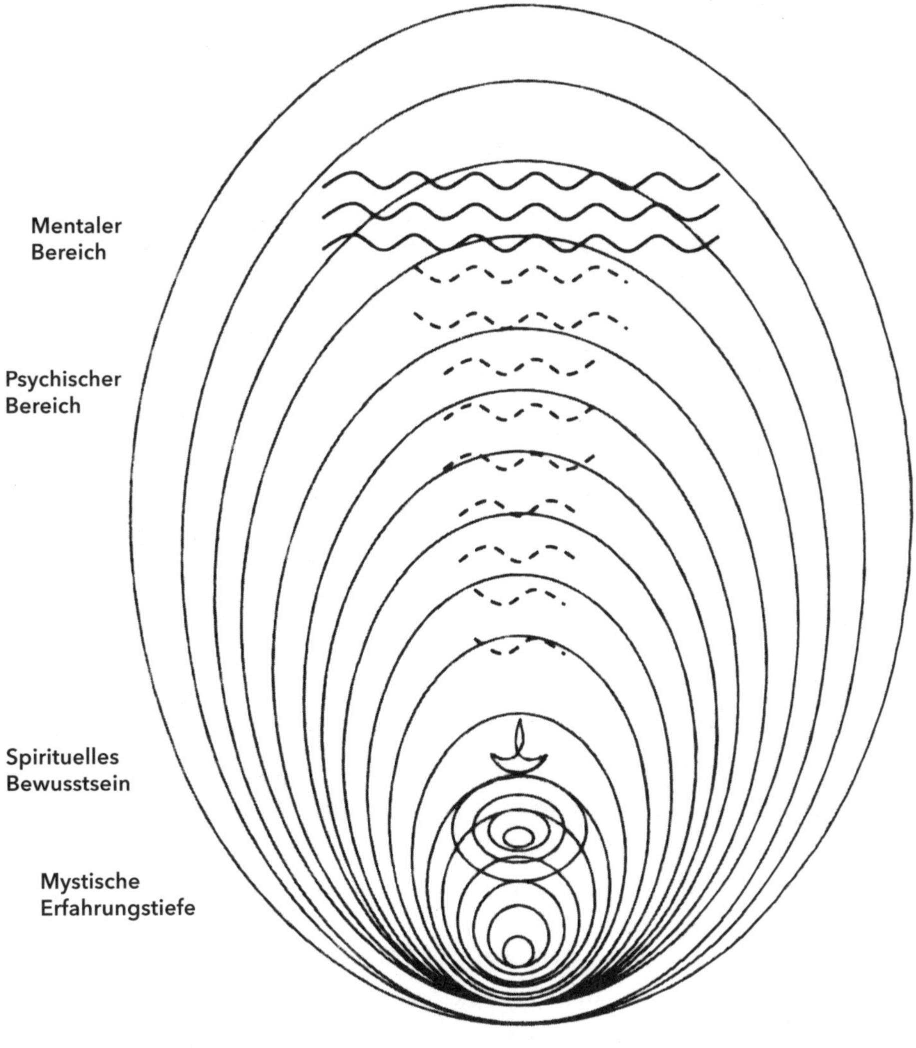

diesem Bereich melden sich auf dem inneren geistlichen Weg. Spirituelle Meister schlagen Methoden vor, wie man damit umgehen kann.

Das spirituelle Bewusstsein: Tief in uns gibt es eine Fähigkeit zur Innenschau. Im Westen heißt sie *nous*, im Osten *buddhi*. Sie ist wie ein inneres Licht, ein inneres Auge. Mystiker aller Religionen sprechen von diesem intuitiven Erkenntnisvermögen. Wenn das innere Licht entzündet ist, wenn das innere Auge geöffnet wird, schaut man in den sakralen Raum im Inneren. In allen Religionen wird er als *Herz* bezeichnet. Das ist die göttliche Wohnstätte, das innere Heiligtum, die Seelenburg, der Garten der Seele. Darauf bezieht sich Jesus, wenn er sagt: »Wenn du betest, geh in deine innere Kammer (*tamieion*), schließ die Tür zu; dann bete zu deinem Vater, der im Verborgenen ist« (Mt 6,6). Hier erfährt man sein wahres Selbst (*ātman*) und das göttliche SELBST (*Ātman*). Die Bezogenheit zwischen dem Göttlichen und dem Menschen entfaltet sich im Prozess der Göttlichwerdung (*theosis*).

Vom Verstand zum Herzen

Das Bewusstsein sinkt vom mentalen Bereich durch die Tür von *nous / buddhi* ins Herz. Der Verstand objektiviert alles: Er kann etwas nur erfassen, indem er es zu einem Objekt macht. Das intuitive Wahrnehmungsvermögen dagegen nimmt die Subjektdimension wahr. Der Verstand bildet unweigerlich Namen und Formen von Gott. Doch wenn das Bewusstsein ins Herz sinkt, erfährt *nous / buddhi* das Göttliche als pure Präsenz. Im Gebet ist der Verstand an eine bestimmte Vorstellung von Gott, eine Du-Form gebunden; in der Meditation geht man tiefer durch die Psyche in Richtung *nous / buddhi*; in der Kontemplation spürt man die göttliche Gegenwart als pure Präsenz im Herzen.

Daher muss man unterscheiden zwischen *Gott*, den der Verstand zu begreifen versucht, und dem *Göttlichen*, das ein unergründliches Geheimnis bleibt. Diese grundlegende Unterscheidung, die auch die Mystiker aller Religionen treffen, wird in diesem Buch durchgehend verwendet. »Wenn du Gott begreifst, ist es nicht mehr Gott« (Augustinus). Um das göttliche Geheimnis als pure Präsenz anzudeuten, wird der Begriff *das Göttliche* verwendet. Um die göttliche Wirklichkeit mit Name und Form zu beschreiben, wird der Begriff *Gott* benutzt.

In ähnlicher Weise wird zwischen den Begriffen *Selbst* und *SELBST* unterschieden. Selbst bezeichnet das wahre *Selbst* des Menschen, die Seele. *SELBST* bezieht sich auf die göttliche Wirklichkeit, den Geist. Die Beziehung zwischen dem Selbst und dem *SELBST*, zwischen der Seele und dem Geist, ist das grundlegende Thema dieses Buches. Göttlichwerdung ist die Erkenntnis der Tiefendimension dieser Beziehung. Göttlichwerdung ist ein Erwachen zur Resonanz zwischen dem Menschen und dem Göttlichen: Die Seele schwingt sich in das Göttliche ein.

Göttlichwerdung ist ein Einschwingungsprozess – das ist eine Grundannahme dieses Buches. Das Göttliche ist Geist (Joh 4,24). Der Begriff Geist (*ruach, pneuma, spiritus, ātma*) weist auf die Dynamik des Göttlichen hin: Die göttliche Gegenwart entfaltet sich spiralförmig aus dem Inneren des Herzens; die Seele kommt in Resonanz mit der Bewegung des göttlichen

Geistes; sie stimmt sich auf den göttlichen Rhythmus ein, sie schwingt sich in das Göttliche ein, sie tanzt zur Melodie des göttlichen Tanzes in der Schöpfung. Der Verstand kann diese Schwingungsdimension der Wirklichkeit nicht erfassen, weil er auf statische Objekte bezogen ist. Erst durch das intuitive Erkenntnisvermögen (*nous/buddhi*) nimmt man das verwandelnde Einschwingen des Menschen in das Energiefeld des Göttlichen wahr. Das ist ein empfangender Prozess in kontemplativer Wahrnehmung (*theoria*). Die in diesem Buch angebotenen Meditationen helfen dem *nous/buddhi*, sich auf den göttlichen Rhythmus einzustimmen. Göttlichwerdung ist letztlich das Wirken des göttlichen Geistes in den Geschöpfen; daher ist diese Erfahrung eine Gnade. Der persönliche Kern des Menschen wird in diesem Prozess nicht ausgelöscht, sondern verwandelt. Die menschliche Freiheit wird nicht aufgehoben, sondern verfeinert. Wir werden nicht Gott (*deificatio*), aber wir kommen zu der Erkenntnis, dass wir göttlich sind (*divinisatio*). Der Mensch nimmt an der göttlichen Natur teil (*physis*), nicht am göttlichen Wesen (*ousia*). *Deus semper major.*

Aus dieser mystischen Perspektive der göttlichen Dynamik heraus werden 100 Meditationen angeboten. Durch eine disziplinierte meditative Innenschau können wir den Boden für das Wirken des göttlichen Geistes bereiten. Wir schwingen in das Göttliche ein und erfahren dadurch Göttlichwerdung (*theosis*).

Der Weg nach innen

Die 100 Meditationen bilden einen Prozess, einen inneren spirituellen Weg in drei Phasen:

In der ersten Phase erkundet der spirituell Suchende (*sādhaka*) die innere Landschaft durch drei Bewusstseinsbereiche: den mentalen Bereich, den psychischen Bereich und die intuitive Wahrnehmung im Herzensraum. In den Kapiteln I bis IV werden einige Meditationsmethoden vorgeschlagen, um den Verstand zu fokussieren, die Elemente der Psyche zu ordnen, *nous/buddhi* zu öffnen und den Herzensraum zu erspüren. Wenn das Bewusstsein tiefer und tiefer sinkt, wird man zunehmend empfänglicher. Auf der Verstandesebene beginnt man mit Namen und Formen Gottes, aber im Herzen gibt es keinen Namen, keine Form, nur pure Präsenz: ein Gespür, vom göttlichen Geheimnis ergriffen zu werden. In dieser mystischen Stille schwingt die Seele in die göttliche Dynamik ein.

In der zweiten Phase fühlt der Übende ins Herz und erfährt die verschiedenen Dimensionen der Göttlichwerdung. In den Kapiteln V bis VIII werden Hilfen zur Wahrnehmung dieses Mysteriums angeboten. In Kapitel V sind einige Symbole erwähnt, die die Erfahrung der Göttlichwerdung verdeutlichen. Kapitel VI bietet eine theologische Reflexion über Göttlichwerdung. In Kapitel VII wird das Jesus-Gebet als klassische kontemplative Methode zur Erfahrung der Göttlichwerdung angeboten. Kapitel VIII beschreibt den Wert der Mantren, um sich in den göttlichen Rhythmus einzustimmen. Mit diesen Meditationen kann man die Verwandlung wahrnehmen, bei der der Mensch in das Göttliche einschwingt. Die drei grundlegenden Dimensionen der kontemplativen Erfahrung werden beschrieben: inter-personale Beziehung, intra-personale Teilhabe und trans-personale Vereinigung. Das Eingehen ins Göttliche bedeutet nicht, dass die Seele ausgelöscht, sondern dass sie verwandelt wird.

In der dritten Phase schaut man mit dem erleuchteten Auge des Herzens auf die äußere Welt. In Kapitel IX nimmt man die Welt als göttliche Sphäre (*milieu divin*) wahr, in der sich Göttlichwerdung ereignet; das Leben mit all seinen Zweideutigkeiten erhält dadurch eine neue Qualität. Kapitel X beschreibt einige Früchte der Erfahrung der Göttlichwerdung. Letztlich ermöglicht Barmherzigkeit die Göttlichwerdung von allem. Kontemplation führt zur Bereitschaft mitzuleiden, mitzufühlen und mitzugestalten. Göttlichwerdung geschieht nicht nur im Menschen, sondern in der gesamten Schöpfung: die Verwandlung in das neue Sein. Der gesamte Kosmos entwickelt sich in den Zustand, in dem Gott alles in allem sein wird und wir von der ganzen Fülle des Göttlichen erfüllt werden (1 Kor 15,28; Eph 3,19).

Die Selbstdisziplin

Nicht der Mensch bewirkt die Göttlichwerdung, sondern der Geist Gottes. Und doch wirkt der Mensch mit, indem er sich öffnet für das verwandelnde Wirken des göttlichen Geistes. Das ist ein lebenslanger Prozess, der Disziplin verlangt. Daher ist es wichtig, dass man jede Meditation mehrmals übt und immer wieder zu den Grundübungen zurückkehrt. Man sitzt mit großer Offenheit für die innere Führung des Geistes, ohne die Gnade festhalten zu wollen oder nach Ergebnissen zu fragen. Wenn man sich auf den Verwandlungsweg des Geistes einlässt, hat man das Ziel erreicht, und doch ist man unterwegs; dies ist das gnadenhafte Paradox des geistlichen Lebens. Der göttliche Geist führt die Seele in die Tiefen Gottes (1 Kor 2,10). In dieser göttlichen Tiefe erkennt man die Berufung, Tochter / Sohn Gottes, Erbe Gottes und Miterbe Christi zu sein (Röm 8,17). Hier erwacht man zur befreienden Erkenntnis, dass das wahre Selbst immer schon ein Zweig des göttlichen Baumes ist, ein

Bach aus dem göttlichen Fluss, ein Teil des göttlichen Leibes, eine Flamme im göttlichen Feuer, eine Welle im göttlichen Ozean. Das ist Göttlichwerdung.

Neben christlichen Mystikern und Kirchenvätern habe ich zahlreiche einschlägige Aphorismen von hinduistischen Sehern, buddhistischen Weisen und Sufi-Meistern zitiert. Die Erkenntnis, dass wir zu einem höheren Bewusstsein berufen sind, ist der tiefste, mystische Treffpunkt von Ost und West. Die upanishadischen Meister drücken ihre tiefste mystische Erfahrung so aus: »Ich bin göttlich« (*aham brahmāsmi*) und »du bist das« (*tat tvam asi*). Die christlichen Mystiker beschreiben sie als *unio mystica*. Zwischen der Nicht-Dualitätserfahrung (*advaita*) des Ostens und der Vorstellung von *Theosis* des Westens kann man Konvergenzlinien erkennen. Wir können nicht einfach behaupten, dass die beiden Vorstellungen gleich sind, denn sie stammen aus zwei verschiedenen Weltanschauungen. Dennoch können wir den Einklang zwischen den beiden spirituellen Hemisphären mit Blick auf die Erfahrung der Göttlichwerdung erkunden: Das Göttliche und der Mensch sind weder eins noch zwei, sie sind EINS!

Dies ist kein Buch, das man durchliest und dann zur Seite legt. Es ist eher ein *Vademecum*, ein Begleiter, um sich auf einen kontemplativen Weg zu begeben. Die Meditationsübungen, die hier angeboten werden, sind durch die Meditationskurse entstanden, die ich in den letzten vierzig Jahren in Indien, Europa und Südostasien halten durfte. Ich denke dankbar an die vielen spirituell Suchenden verschiedener Religionen, die mit mir auf dem gemeinsamen geistlichen Pilgerweg unterwegs waren. Ihre Erkenntnisse und Erfahrungen haben viel zur Entstehung dieses Buches beigetragen.

Barbara Stehmann hat den Originaltext treffend aus dem Englischen übersetzt. Ingrid Blöchinger stand mir stilistisch beratend zur Seite. Beide konnten mit dem geistlichen Prozess des Buches mitschwingen, sodass diese geistvolle Übersetzung entstehen konnte; dafür bin ich sehr dankbar. Ich danke meinen guten Freunden Werner Schneider und Henning Doerr, die mir geholfen haben, Zugang zu mehreren Quellen zu bekommen. Ich bedanke mich beim Vier-Türme-Verlag, Münsterschwarzach, für die Veröffentlichung des Buches.

Sebastian Painadath SJ
Sameeksha-Ashram,
Kalady, Indien
spainadath@gmail.com

I. Der Verstand

Meditation ist ein nach innen gewandter Weg. Er beginnt mit dem Verstand. Den Verstand zu kontrollieren, verlangt viel Disziplin. Spirituelle Meister der verschiedenen religiösen Traditionen haben bestimmte Methoden, um die Verstandesbewegungen zur Ruhe zu bringen. Hier werden einige einfache Methoden angeboten. Man kann den inneren Weg beginnen, indem man sich der Natur bewusst wird, besonders dem eigenen Verwurzeltsein in Mutter Erde. Dann lenkt man die Aufmerksamkeit auf den Leib und den Atem. Man kann die Aufmerksamkeit auf die Kraftzentren (*Chakren*) richten, die sich entlang der Wirbelsäule entfalten. Alle diese Schritte führen zu einer leibhaften Stille. Dieser Prozess wird fokussiert mit einem Wort und dem Bild einer Spirale, um tiefer in den inneren Raum zu gelangen. Man bleibt wachsam für das *Jetzt*. »Sei gegenwärtig im gegenwärtigen Moment« – das ist eine universale Definition von Meditation. Es wird empfohlen, diese grundlegenden Übungen mehrmals zu wiederholen, um den Verstand zur Ruhe zu bringen.

1. In Resonanz mit der Natur
2. Geerdet sitzen
3. Verwurzelt sitzen
4. Den Leib durchspüren
5. Den Atem wahrnehmen
6. Den Atemstrom spüren
7. Die Kraftzentren erspüren
8. Den Verstand fokussieren
9. Die spiralförmige Bewegung
10. Das *Jetzt*

1. In Resonanz mit der Natur

Meditation geschieht nicht in Vereinsamung, sondern in Einsamkeit. In Vereinsamung wird man von der Umgebung isoliert und getrennt; in Einsamkeit wird man tief ins Einssein mit der Wirklichkeit geführt. Der lateinische Begriff *meditari*, wahrscheinlich verwandt mit *mederi*, bedeutet »geheilt werden«. In der Meditation erwacht das Bewusstsein zur heilsamen göttlichen Mitte. Dieses Erwachen geschieht im Herzen des Kosmos. Der nach innen gewandte Weg der Meditation beginnt damit, sich tief bewusst zu werden, was sich um einen herum ereignet, besonders in der von Gott gegebenen Natur.

Ein einfacher Weg, um mit der Umgebung in Berührung zu kommen, ist es, ruhig zu sitzen und den Klängen der Natur zu lauschen. Am frühen Morgen hört man die Vögel zwitschern oder die Insekten brummen, ein Hahn kräht oder ein Eichhörnchen fiept. Man kann einfach dasitzen und diesem Morgenkonzert zuhören, das die aufgehende Sonne willkommen heißt. Wenn der Wind weht, kann man seine Aufmerksamkeit auf seinen Klang richten; wenn es regnet, kann man der Musik der Regentropfen lauschen. Es ist gut, auf ein bestimmtes Geräusch intensiv zu hören, so leise es auch sein mag. Nach und nach wird man dafür sensibilisiert, die Stille zu hören, die zwischen den Klängen liegt.

Klang ist eine fließende Realität. Wenn man intensiv auf einen Klang hört, kommt der Verstand zur Ruhe. In dieser Stille nimmt der Verstand den Strom von Klang wahr. Stille und Geschwindigkeit verschmelzen in der Bewusstheit des *Jetzt*. Indem man der Melodie der Natur lauscht, wird man sich intensiv der Gegenwärtigkeit des gegenwärtigen Moments bewusst. Das Bewusstsein erwacht für die dynamische Natur der Wirklichkeit. Die meditierende Person schwingt mit den Klangschwingungen der Natur mit. Man wird eingestimmt auf den kosmischen Rhythmus des Seins.

Meditation verwandelt entfremdende Vereinsamung in kreative Einsamkeit. Durch Meditation wächst die Verbundenheit mit der Natur und allen Dingen um einen herum. Der meditative Weg führt den Menschen nicht von der Wirklichkeit weg, sondern bringt ihn tiefer in die Wirklichkeit hinein. Meditation ist eine spirituelle Entdeckungsreise in das Geheimnis der Wirklichkeit, des Göttlichen, des Menschlichen sowie des Kosmischen. Durch Meditation tritt man in das Herz der Wirklichkeit ein und kommt in Schwingung mit der kraftvoll-pulsierenden Natur.

Erkenne, wer du bist, ist die größte Erkenntnis;
wenn du dich selbst erkennst, wirst du Gott erkennen;
wenn du Gott erkennst, wirst du gottähnlich.

Clemens von Alexandrien, Instruktor, 3.1

Praktische Weisheit ist göttliche Erkenntnis
und sie existiert in den Vergöttlichten.

Clemens von Alexandrien, Stromata 6,15

Einsamkeit liebe ich über alles und verehre sie, da sie mir mütterlich Beistand ist,
zu Gott emporzusteigen und zu Gott zu werden.

Gregor von Nazianz, Reden, 3.1 (BKV)

In tiefer Meditation musst du dich erheben über alle Gegensätze, alles Gestaltete,
alle Orte und Zeiten, über Bilder, alles Beschränkte, alle Unterschiede,
alle Trennung und Verbindung, über Bejahung und Verneinung.
Denn durch das Überschreiten aller Festlegungen,
aller Vergleiche und Überlegungen des Verstandes
wirst du als Kind des Lebens hineingewandelt in das Leben,
zum reinen einsichtigen Leben.

Nikolaus von Kues, De filiatione Dei, III

Hier in dieser Burg Brahmans (dem Leib)
befindet sich eine Kammer in der Form eines kleinen Lotos.
In seinem Inneren ist ein kleiner leerer Raum.
Was sich in diesem Raum befindet, das soll man suchen,
das soll man erkennen.

Chand. Up. 8.1.1

In der Meditation erhebst du dein Selbst durch das SELBST.

Bh. Gita 6,5

MEDITATION

HALTUNG Ich gehe in den frühen Morgenstunden in der Natur spazieren. Ich setze jeden Schritt bewusst, nehme jeden Atemzug dankbar war.

BESINNUNG Ich lausche dem Morgenlobpreis der Natur: den Vögeln, den Insekten, den Regentropfen, dem Wind. Ich richte meine Aufmerksamkeit auf jedes Geräusch, so leise es auch ist. Ich fühle ein tiefes Einssein mit den Dingen der Natur um mich herum. Ich spüre, dass ich in der kosmischen Heimat unterwegs bin, in der alles mit allem verbunden ist. Ich nehme diese Verbundenheit intensiv wahr.

2. Geerdet sitzen

Meditation bedeutet im Grunde genommen *der Gegenwart gegenwärtig zu sein.* In dieser Bewusstheit für den gegenwärtigen Moment erwacht unser Bewusstsein zu den spirituellen Unterströmungen. Man geht vom nach außen gerichteten Verstand zur intuitiven Fähigkeit, aus einer aktiven Phase in eine rezeptive Haltung. Das ist eine innere Pilgerreise.

Wir beginnen diese innere Reise bei der Erde, da sie unseren wandernden Verstand ins Hier und Jetzt bringt. Die Erde ist der lebenspendende Mutterboden unserer Existenz. Unser Körper ist Erde: ein Stück zum Bewusstsein erwachte Erde. Als leibhafte Wesen werden wir aus ihr geboren, durch sie werden wir ständig genährt und schließlich kehren wir zu ihr zurück. Wenn unser Körper Erde ist, ist die Erde die erweiterte Form unseres Körpers. Sie ist unsere Mutter, Nahrungsquelle, Nährboden allen Lebens. Bäume sind die Hände von Mutter Erde, die sich ausstreckt, uns zu nähren; Flüsse sind die lebenspendenden Adern der Erde, die uns mit Trinkwasser versorgen. Selbst unsere Gedanken und Gefühle sind im energetischen Feld der Erde gespeichert.

Die Erde ist ebenso der *Leib Gottes.* Durch die Erde ernähren uns die lebenspendenden Energien des Göttlichen. In allen Stammeskulturen weltweit wird deshalb die Erde als göttliche Mutter verehrt. Sie ist eine *sakramentale* Wirklichkeit, denn sie verbindet uns Menschen miteinander und mit dem Göttlichen. »Die Erde ist dem Herrn zugehörig« (Ex 9,29). Sie ist Gottes Geschenk an uns, und es ist unsere Verantwortung, »sie zu bebauen und zu hüten« (Gen 2,15). Respekt für die Erde, Sorge umd die Umwelt und ein einfacher Lebensstil kennzeichnen eine erdverbundene Spiritualität.

Die Erde befindet sich in einem spirituellen Prozess, der eine neue Schöpfung gebären soll. Der göttliche Geist seufzt im Schoß der Erde und verwandelt sie in den Zustand, in dem *Gott alles in allem* sein wird (Röm 8,22; 1 Kor 15,28). Am Jüngsten Tag wird die Erde in den Leib Christi verwandelt werden (Kol 3,11). Dies ist der Prozess der Göttlichwerdung im Herzen der Materie (Kol 1,20). Der spirituelle Pilgerweg zur Erfahrung dieses Prozesses der Göttlichwerdung muss mit der Erde beginnen.

Adam kam aus jungfräulicher Erde; Jesus kam durch eine Jungfrau.
Irenaeus, Adversus Haereses, 3.22.4.

Du, reinigende Erde, ich rufe dich an. Du bist unsere Mutter, wir loben dich.
Du, Mutter der Pflanzen und Gebärerin aller Lebewesen, tief gegründet und weit ausgespannt,
getragen vom himmlischen Gesetz (rta), du bist uns gnädig und willst uns wohl.
Verleihe uns die Lebenskräfte, die aus deinem Nabel hervorfließen. Mache uns rein, ganz rein.
Was wir aus deinem Leib ausgraben, Mutter Erde, das soll in dir von Neuem wachsen.
Mein Ungestüm soll nie dein Herz verletzen, nie deine Lebensadern abschneiden.
Die du den Tag und die Nacht vereinst, von Regenschauer und Sonnenstrahl fruchtbar gemacht,
birg du uns alle in deinem vielgeliebten Heim.
Du weitgespannte Erde, in der Hell und Dunkel, Tag und Nacht – obwohl getrennt – vereint sind,
birg uns alle gnädig in deinem Heim voller Liebe.
Segne mich, damit ich in Harmonie mit den himmlischen Kräften fröhlich und glücklich leben kann.
Atharva Veda, Erdenhymnus, 12.1,29, 35, 52, 63

Die gegebene Beziehung zur Natur hindert uns daran, die Natur als etwas von uns Verschiedenes oder als einen schlichten Rahmen unseres Lebens zu verstehen. Wir sind in sie eingeschlossen, sind ein Teil von ihr und leben mit ihr in wechselseitiger Durchdringung.
Papst Franziskus, Laudato si, Nr. 139

MEDITATION

HALTUNG Ich sitze aufrecht und entspannt, wenn möglich auf dem Boden, um der Erde nahe zu sein. Ich nehme wahr, wie mein Körper das Kissen/den Stuhl berührt, wie meine Beine im Kontakt mit der Matte/dem Boden sind.

BESINNUNG Meine ganze Aufmerksamkeit ist nach unten gerichtet. Langsam fühle ich mich in die Erde hinein. Wie ein Baby auf dem Schoß der Mutter sitzt, so sitze ich auf der Erde und spüre die lebenspendende Energie von Mutter Erde. Ich werde mir der Einheit zwischen meinem Körper und der Erde bewusst. Ich sitze dankbar und freudig mit der Einsicht, dass mein Leib verwandelte Erde ist. Ich fühle mich tief verbunden mit allem, was aus der Erde erwächst: Menschen, Tiere und Vögel, Pflanzen und Bäume. Ich sitze in Harmonie mit den Seen und Flüssen, Hügeln und Ebenen.

INNERES WORT Ich wiederhole schweigend: *Mein Leib ist Erde, Erde ist unser Leib.* Ich versuche mit der Stille der Erde in Resonanz zu kommen.

3. Verwurzelt sitzen

Was wächst, macht keinen Lärm – das ist die leise Botschaft eines Baumes. Bäume laden uns ein, in eine tiefe innere Stille zu gehen und eine zweifache Dimension von Wachstum zu erfahren: Verwurzeltsein im Göttlichen und Verbundensein mit allem. In alten Kulturen wird der gesamte Kosmos als ein Baum dargestellt, dessen Wurzeln in den göttlichen Grund hineinwachsen und dessen Zweige alles mit allem verbinden. Der menschliche Körper selbst ist wie ein umgekehrter Baum (*arbor inversa*). In der Evolution des menschlichen Körpers hat es eine Baumphase gegeben: In der anatomischen Struktur des Gehirns, im Bronchialsystem, in den Nieren und im Skelett sind bestimmte Überreste eines Baumes zu sehen.

Der Baum ist der erste Lehrmeister der Menschheit. Er offenbart tiefe Geheimnisse des Lebens und der Wirklichkeit, des Göttlichen und des Menschlichen. Buddha empfing seine Erleuchtung unter dem Bodhibaum. Der Baum ist ein wiederkehrendes Symbol in den Gleichnissen und Bildern Jesu. Um seine tiefe Verbundenheit mit dem Vater und das Einssein mit den Menschen zu beschreiben, verwendet Jesus das Bild eines Baumes (Joh 15,5). In der Bibel ist der Baum ein Überbringer von Offenbarung (Gen 18,1; Ex 3,2; Ri 6,11; 2 Sam 5,24). Am Beginn der Bibel steht der Baum der Erkenntnis (Gen 2,9) und an ihrem Ende der Baum des Lebens (Offb 22,14). Im Hinduismus wird der Kosmos als Baum (*aśwatha*) beschrieben, der aus der göttlichen Wirklichkeit in diese Welt hineinwächst (Bh. Gita 15,1–4). Der Koran spricht von einem himmlischen Baum, dessen Öl die göttliche Lampe zum Brennen bringt (24,35).

In alten Kulturen gibt es das Symbol des *kosmischen Baums*. Der gesamte Kosmos kommt wie ein Baum aus der verborgenen Wurzel des göttlichen Bereichs hervor. Alle Wesen werden mit dem lebenspendenden Saft der göttlichen Energie genährt. Der Kosmos ist der Leib des Göttlichen. An diesem göttlich-kosmischen Baum sind alle Wesen tief miteinander verbunden. Nichts existiert für sich allein; jeder ist ein Zweig von jedem anderen; wir sind alle Zweige voneinander: Einer ernährt alle anderen und alle wachsen zusammen. Es gibt eine göttliche Dynamik, die den Kosmos in ständiger Ausdehnung hält. Aufrecht und entspannt wie ein Baum sitzend, kommt man zu diesem kosmischen Bewusstsein und stimmt sich auf den göttlichen Rhythmus allen Seins ein.

Mehr lernst du in den Wäldern als aus Büchern.
Holz und Stein werden dich lehren, was du von den Lehrern nicht lernen kannst.
Bernhard von Clairvaux

Der Tod kam durch einen Baum, das Leben durch einen anderen Baum.
Augustinus, Gottesstaat, 13.21

Die überwesentliche Urgottheit hat allen Wesen des Universums
aus Güte Bestand gegeben und sie ins Dasein gerufen.
Dionysios Areopagita, De caelesti hierarchia, 4 (BKV)

Der Weinstock, besinnlich betrachtet, erinnert dich laut genug an deine eigene Natur,
an das Gleichnis des Herrn, in dem er sich selbst einen Weinstock genannt hat.
Basilios von Cäsarea, Homiliae in Hexaemeron, 5.6 (BKV)

Sei still, meine Seele, diese Bäume sind Betende.
Rabindranath Tagore

Dieser himmelweite Baum ist von der Erde empor zum Himmel gewachsen.
Er ist der feste Stützpunkt des Alls, der Ruhepunkt aller Dinge, die Grundlage des Weltenrundes,
der kosmische Angelpunkt.
Er fasst zur Einheit zusammen die ganze Vielgestalt der menschlichen Natur.
Er rührt an die höchsten Spitzen des Himmels und festigt mit seinen Füßen die Erde,
und die weite mittlere Atmosphäre dazwischen umfasst er mit seinen unermesslichen Armen.
Hippolitus von Rom, Osterpredigt

Der kosmische Baum als axis mundi *hatte in alten Kulturen verschiedene Namen:*
Osiris (Ägypten), *Vorukasha* (Persien), *Aśwatha* (Indien), *Kien-mu* (China), *Yggdrasil* (Germanen).

MEDITATION

HALTUNG Ich sitze aufrecht und entspannt, wenn möglich auf dem Boden. Langsam bringe ich die Aufmerksamkeit Richtung Boden. Ich sitze verwurzelt in der Erde.

BESINNUNG Ich werde mir des Kontakts mit der Erde bewusst. Ich sitze wie ein Baum. Ich fühle Wurzeln, die von meinen Beinen über meine Oberschenkel und Füße in die Erde wachsen. Ich sitze verwurzelt im Hier und Jetzt. Ich spüre die lebenspendenden Energien, die aus der Erde aufsteigen, durch meinen Körper strömen und mich mit allen Wesen verbinden. Ich sitze in tiefer Einheit mit allen Wesen.

INNERES WORT In tiefer Stille nehme ich die Botschaft des Baumes wahr:
Was wächst, macht keinen Lärm.

4. Den Leib durchspüren

Wir sind leibliche Wesen. Der Körper, den ich *habe*, ist eine materielle Wirklichkeit. Aber der Leib, der ich *bin*, ist die Art und Weise, wie ich präsent zu Dingen und Personen bin. Der Leib ist das ursprüngliche Medium, sich seiner bewusst zu werden, er ist die Ursprache des Menschen. Durch den Leib erkenne ich, wer ich bin und teile mit anderen, was ich bin. In meinem Leib entdecke ich meine eigene Geschichte mit all ihren Konturen, mit ihren Licht- und Schattenseiten. In dem Maß, in dem ich meinen Leib akzeptiere, akzeptiere ich auch mich selbst. Ein liebevolles Bejahen der eigenen Leiblichkeit kann positive Schwingungen erzeugen, die sowohl heilende Energien in der Person selbst als auch in ihren zwischenmenschlichen Beziehungen freisetzen.

Der Leib ist eine sakrale Wirklichkeit. Die Wurzel des christlichen Glaubens besteht in der Erfahrung: »Der göttliche Logos ist Fleisch geworden« (Joh 1,14; 1 Joh 1,1). Wenn Gott durch den Leib zu uns gekommen ist, sollten wir durch den Leib zu Gott gehen. Wenn Gott uns im Leib begegnet, sollten wir im Leib Gott erfahren. Der Leib ist der »Tempel des göttlichen Geistes« (1 Kor 6,19). Der Leib ist das Ursakrament: der erste Ort der göttlich-menschlichen Begegnung.

Jesus erfuhr die verwandelnde Gegenwart des Göttlichen in seinem Leib, und er wollte diese Erfahrung allen mitteilen: »Wenn dein Leib von Licht erfüllt und nichts Finsteres in ihm ist, dann wird er so hell sein, wie wenn die Lampe dich mit ihrem Schein beleuchtet« (Lk 11,36). Der Leib kann als durchscheinendes Prisma des göttlichen Lichts wahrgenommen werden, als ein durchlässiges Medium der verwandelnden Gegenwart des göttlichen Geistes. Die Yoga-Tradition betont die leuchtende Natur des menschlichen Leibes.

Im Licht des Christusereignisses können wir erfahren, wie der göttliche Geist unseren Leib mit göttlichem Licht und göttlicher Kraft erfüllt. Das Erwachen zum göttlichen Bewusstsein ist nicht nur eine mentale oder psychische Innenschau, sondern eine ganzheitliche Erfahrung von Integration, bei der die vom Göttlichen angelegte Einheit von körperlicher und spiritueller Dimension spürbar wird. Daher beinhaltet der innere Pilgerweg zur Erfahrung der Göttlichwerdung eine Bewusstseinsreise durch alle Teile des Leibes.

Vielmehr nahm er als Gott das Fleisch an, und im Fleische vergöttlichte er das Fleisch.
Athanasius, Contr. Arian. 3.38 (BKV)

Was nicht angenommen ist, wird nicht geheilt.
Cyrill von Alexandrien, Commentarii in Joannem, PG 74.89.

Allein wie wir beim Empfang des Geistes die eigene Natur nicht verlieren,
so war der Herr, als er unseretwegen Mensch wurde und einen Leib trug, nicht desto weniger Gott;
denn er wurde durch die Umhüllung mit dem Leib nicht verringert,
sondern dieser Leib wurde vielmehr göttlich gemacht und unsterblich.
Athanasius, De Decretis, 14 (BKV)

Der Leib wird zugleich mit der Seele göttlich gemacht durch die Anteilnahme am Prozess der Göttlichwerdung.
Maximus Confessor, Capita Theologica, 2.88, PG 91,1168a

Im ersten Adam wurde die Erde zu Fleisch verwandelt;
im zweiten Adam wurde das Fleisch erhoben, um göttlich zu sein.
Peter Chrysologus, Sermo, 117

Das Göttliche ist der ungesehene Seher, der ungehörte Hörer, der ungedachte Denker,
der unerkannte Erkenner. Er ist der Atman, der innere Lenker, der Unsterbliche
Brih. Up. 3.7.23

Der Leib ist der Wohnsitz des Göttlichen.
Bh. Gita 13,2

MEDITATION

HALTUNG Ich sitze aufrecht und entspannt – wenn möglich auf dem Boden, damit ich spüre, wie ich in der Erde verwurzelt bin.

BESINNUNG Ich richte die Aufmerksamkeit auf meinen Körper. Zuerst werde ich mir des Vitalbereichs bewusst: Ich erspüre meinen gesamten Bauchraum mit Liebe und Dankbarkeit. Ich nehme bewusst die Gefühle wahr, die aus meiner vorgeburtlichen Zeit und meiner Kindheit auftauchen können. Dann wandere ich mit meiner Aufmerksamkeit langsam zu den Füßen, komme zum Vitalbereich zurück und wandere aufwärts zu meinen Händen und kehre schließlich zum Vitalbereich zurück. Ich mache diese Achtsamkeitsübung als innere Pilgerreise durch den Tempel des Geistes, der ich bin.

INNERES WORT Ich sitze durchgehend mit dem Gefühl: *Mein Leib ist ein sakraler Raum.*

5. Den Atem wahrnehmen

Die Wahrnehmung des Körpers führt zu einer leibhaften Stille. Diese wird vertieft, wenn man die Aufmerksamkeit auf das Atmen richtet. Durch das Atmen nehmen wir die kosmische Lebensenergie auf, die *prānah* oder *chi* genannt wird. Alle lebendigen Wesen atmen, selbst die Erde und der Ozean. Prānah fließt in uns hinein und strömt durch uns hindurch. Unser Leben entwickelt sich im kosmischen Strom von Prānah. Wir atmen durch alle Wesen; alle Wesen atmen durch uns. Im kosmischen Strom der Prānah-Energie gibt es eine dynamische, wechselseitige Verbundenheit von allem.

Atmen ist ein Spiegel der Seele: Wie wir atmen, so sind wir. Wenn wir durch heftige Angst oder Wut aufgewühlt sind, schnappen wir nach Atem. Wenn wir im Frieden sind, atmen wir entspannt. Bei emotionaler Unruhe wird das Atmen eher flach und abgehackt, in Momenten von innerem Frieden vertieft und verlängert sich die Atmung. Da das so ist, kann man durch bewusstes und entspanntes Atmen innerlich gelassen und ruhig werden. Die Aufmerksamkeit auf das Atmen zu richten, fokussiert die wandernden Gedanken und beruhigt die aufgewühlte Psyche.

Wenn man die Aufmerksamkeit auf das Atmen richtet, wird einem bewusst: Nicht ich bin es, der ein- und ausatmet; *Es atmet*. Ich kann nur dankbar wahrnehmen, wie die Prānah-Energie in mich hineinfließt und durch mich hindurchströmt. Ich bin nicht der Macher, sondern der Empfänger. Jedes Mal, wenn ich einatme, empfange ich das Geschenk des Lebens; jedes Mal, wenn ich ausatme, entsteht eine Verbundenheit mit allen Wesen. Hier findet man sich im Übergang vom Festhalten am kleinen *Ich* zum Erwachen des wahren *Selbst*, vom besitzergreifenden Verstand zum aufnehmenden *buddhi*, von der Gier des Habens zur Freude am Sein, vom Wollen zum Geschehenlassen, vom Reden zum Hören, vom Erreichenwollen zum Loslassen. So erfährt man innere Freiheit und wird befähigt, in den inneren sakralen Raum einzutreten, in dem man der göttlichen Gegenwart gewahr wird.

Durch bewusstes Atmen sind wir intensiv *des gegenwärtigen Moments gegenwärtig*. In der Tiefe dieses JETZT erwachen wir zum Prozess der Göttlichwerdung, die in uns geschieht.

Gottes Ruhm ist der lebendige Mensch.

Irenaeus, Adversus Haereses, 4.20.7 (BKV)

Der Lebensatem ist ausgespannt an den Leib.

Chand. Up. 8.12.3

Sinne und Verstand sind vom Atem getrieben.

Chand. Up. 4.3.3

Sinne und Verstand sind in den Atem eingewoben.

Chand. Up. 2.11.1

Der Atem ist die Tür des Herzens auf dem Weg zum Göttlichen.

Chand. Up. 3.13.1

Das Ziel (samādhi) kann durch Atemübungen mit Ausatmen und Anhalten erreicht werden.

Patanjali, Yoga Sutras, 1,34

Die Wahrnehmung des eigenen Atems kann so faszinierend sein wie der Blick auf einen Fluss.
Es kann den Verstand beruhigen und so zu Weisheit,
Stille und einem Gespür für die göttliche Gegenwart führen.
Du atmest nicht nur durch die Nase, sondern durch jede Pore deines Körpers.

Anthony de Mello, Wellsprings, 277, 285

MEDITATION

HALTUNG Ich sitze aufrecht und entspannt - wenn möglich auf dem Boden, damit ich spüre, wie ich in der Erde verwurzelt bin.

BESINNUNG Nachdem ich den Körper durchgespürt habe, lenke ich meine Aufmerksamkeit auf das Atmen. Ich atme entspannt ein und aus, ohne den Rhythmus des Atems in irgendeiner Weise ändern zu wollen. Ich beobachte einfach den Atemstrom. Ab und zu atme ich tief ein und lang aus. Ich atme mit Dankbarkeit ein und mit Freiheit aus. Allmählich komme ich zu einer tiefen inneren Ruhe, in der ich mich intensiv mit allen Wesen um mich herum verbunden fühle. Ich atme durch sie: Ich bin in ihnen, sie sind in mir. Wir alle *leben, bewegen uns und sind* in diesem kosmischen Atemstrom.

INNERES WORT Ich sitze mit dem Gefühl: *Nicht ich atme; Es atmet in mir.*

6. Den Atemstrom spüren

Es atmet! Was ist dieses *Es?* Wer atmet in uns? Diese neugierige Frage wurde von den Weisen Israels und Indiens gestellt. Die Antwort, die sie erhielten, war in beiden geistigen Hemisphären dieselbe: Gottes Atem atmet! Es ist der göttliche Atem, der sowohl im Kosmos als auch in und durch uns strömt. Das Wort, das in den meisten klassischen Sprachen für diese lebenspendende göttliche Präsenz verwendet wird, bedeutet wörtlich Hauch: *Ruach* (Hebräisch), *Pneuma* (Griechisch), *Spiritus* (Lateinisch), *Ātman* (Sanskrit), *Āwi* (Tamil) und *Chi* (Chinesisch).

Im zweiten Schöpfungmythos der Bibel lesen wir: »Gott formte den ersten Menschen aus Erde und blies in seine Nase den Lebensatem« (Gen 2,7). Der Ausatem des Schöpfers wurde der Einatem des Geschöpfs. Gott atmet weiterhin in die Schöpfung. Wir atmen den Atem Gottes (Hiob 33,4; 27,3; 34,14–15; Jes 42,5; Ps 104,29–30; Weish 15,16). Die kosmische Lebensenergie strömt aus einer göttlichen Quelle hervor. Paulus weist darauf hin: »Es ist Gott, der allem Leben und Atem verleiht.« Und mit Bezug auf diesen Atemstrom sagte er: »In ihm leben wir, bewegen wir uns und sind wir« (Apg 17,25.28). Das Leben des Kosmos entfaltet sich im Strom des göttlichen Atems. Die Weisen Indiens beschreiben den Atem als göttliche Kraft: *prānō brahmah* (Chand. Up. 4,10,4). Diese Sichtweisen wollen nicht die materielle Luft vergöttlichen, sondern verdeutlichen, dass wir durch den Atem das Geschenk des Lebens erfahren, das im Grunde genommen aus einer göttlichen Quelle entspringt.

Die Prānah-Energie strömt mit jedem Einatem in uns hinein und durchströmt uns und lädt jede Zelle des Körpers wieder auf. In der Meditation können wir das Durchströmen dieser Energie in allen Teilen unseres Körpers wahrnehmen. Dann werden wir uns bewusst, dass unser Körper eine fließende Wirklichkeit ist, die sich im kosmisch-göttlichen Atemstrom entfaltet. Wir werden uns der strömenden Prānah-Energie im Körper bewusst und realisieren so, dass die göttliche Gegenwart in uns eine dynamische Gegenwart ist. Das führt zu einer leibhaften Stille, in der das Bewusstsein in einen sakralen inneren Raum sinkt, in unser Herz.

Im Atem Gottes hat alles seinen Ursprung und seinen Bestand.
Atharva Veda, 11.4.1

Der im Atem wohnt, vom Atem verschieden ist, den der Atem nicht kennt, dessen Leib der Atem ist, der den Atem von innen regiert, der ist der ātman, der innere Lenker, der Unsterbliche.
Brih. Up. 3.7.16

Was mit dem Atem nicht geatmet wird, wodurch der Atem atmet, erkenne das als Brahman – doch nicht das, was man hier verehrt.
Kena Up. 1.9

Der vedische Seher betete:
O Atem des Lebens, wende dich nicht ab von mir.
Ich selbst verschmelze mit dir.
Wie ein Lebenskeim im Wasser,
so umgebe und binde ich dich in mir, damit ich lebe.
Atharva Veda, 11.4.26

Der Strom des Lebensatems (prānah) ist
»göttlicher Nektar« (Brih. Up. 2.5.4),
»Gesicht Gottes« (Tait. Up. Śāntimantra),
»Leib Gottes« (Chand. Up. 3.14.2),
»Urquelle des Genährtwerdens« (Chand. Up. 5.2.1),
»Anfang, Mitte und Ende des Kosmos« (Tait. Up. 3.3).

Du bist mein Geist, der Rhythmus des Atmens. Du bist der Herzknoten mir.
Al-Hallaj

MEDITATION

HALTUNG Ich sitze aufrecht und entspannt, wenn möglich auf dem Boden, verwurzelt in der Erde.

BESINNUNG Nachdem ich meinen Körper durchgespürt habe, lenke ich meine Aufmerksamkeit auf das Atmen. Mit jedem Einatmen lasse ich die Lebensenergie dankbar in mich einströmen. Beim Ausatmen spüre ich, wie der Atemstrom in mein rechtes Bein fließt, beim nächsten Ausatmen, wie er in mein linkes Bein fließt. Ich bleibe eine Weile bei dieser abwechselnden Bewegung. Dann spüre ich mit dem Ausatmen den Strom in die rechte Hand, dann in die linke Hand. Ich bleibe eine Weile dabei. Nach und nach spüre ich, wie alle Zellen meines Körpers vom Strom der Atemkraft durchtränkt werden.

INNERES WORT Mit jedem Atemzug werde ich mir bewusst: *Gottes Atem atmet durch mich.*

7. Die Kraftzentren erspüren

Die Lebensenergie, die durch den Atem zugeführt wird, durchströmt den Körper in subtilen Kanälen, die *nādi* genannt werden. Die wichtigsten *nādi* befinden sich in der Wirbelsäule mit ihren beiden Nebenbahnen *ida* und *pingala*, in denen jeweils die männlichen und weiblichen Energien zirkulieren. Entlang der Wirbelsäule fließt *prānah* aufwärts und abwärts und belebt den ganzen Körper mit Lebensenergie. In einer spiralförmigen Bewegung öffnen sich sieben Kraftzentren (*Chakren*) entlang der Wirbelsäule.

Chakra	Sitz	Wirklichkeit	Farbe	Energie
7. Sahasrāra: Scheitelchakra	am Scheitel des Kopfes	nicht manifest	violett	transzendierend
6. Ājna: Stirnchakra	zwischen den Augenbrauen	manifest	indigo	erkennend
5. Viśuddha: Halschakra	zwischen Halsgrube und Kehlkopf	Raum	blau	kommunizierend
4. Anāhata: Herzchakra	auf Höhe des Herzens	Luft	grün	öffnend
3. Manipura: Solarplexuschakra	über dem Sonnengeflecht	Feuer	gelb	gestaltend
2. Swādhisthana: Sakralchakra	auf Höhe der Genitalien	Wasser	orange	reinigend
1. Mūlādhāra: Wurzelchakra	Wirbelsäulenbasis	Erde	rot	stabilisierend

Es ist wichtig, zuerst die drei unteren Chakren zu stabilisieren, bevor die Energie nach oben fließt. Es kann eine Hilfe sein, länger im Herzchakra zu verweilen und dort die Energie der göttlichen Liebe zu fühlen und später im Scheitelchakra zu bleiben und dort das göttliche Licht zu fühlen. Letztlich geht es darum, den Leib als eine von göttlicher Gnade durchleuchtete Wirklichkeit zu erfahren.

Wenn dein ganzer Leib von Licht erfüllt und nichts Finsteres in ihm ist,
dann wird er ganz voll Licht sein, wie wenn die Lampe dich mit ihrem Schein beleuchtet.
Lk 11,36

Vom Nichtsein führe mich zum Sein, von der Finsternis führe mich zum Licht,
vom Tod führe mich zur Unsterblichkeit.
Brih. Up. 1.3.28

Der im Licht wohnt, vom Licht verschieden ist,
den das Licht nicht kennt, dessen Leib das Licht ist,
der das Licht von innen regiert,
der ist der Ātman,
der innere Lenker, der Unsterbliche.
Brih. Up. 3.7.14

Der Ātman ist der Lichtvolle im Inneren des Leibes, der Reine.
Man erreicht ihn durch rechte Erkenntnis, beständigen Lebenswandel und Askese.
Mund. Up. 3.1.5

Wer über den lichtvollen Brahman meditiert, wird selbst durchlichtet.
Chand. Up. 4.5.3

MEDITATION

HALTUNG Ich sitze aufrecht und entspannt, wenn möglich auf dem Boden, damit ich spüre, wie ich in der Erde verwurzelt bin.

BESINNUNG: Nachdem ich den Körper und den Strom des Atems im ganzen Körper erspürt habe, richte ich meine Aufmerksamkeit auf die Wirbelsäule. Ich versuche, das Fließen der Energie entlang der Wirbelsäule zu erspüren. Mit jedem Einatmen fühle ich den aufsteigenden Atemstrom und mit jedem Ausatmen den absteigenden Atemstrom entlang der Wirbelsäule. Gelegentlich spüre ich, wie die verschiedenen Chakren aktiviert werden. Es ist wichtig, entspannt zu atmen, ohne von der Entfaltung der Chakren verwirrt oder begeistert zu werden.

INNERES WORT Mit jedem Atemzug bleibe ich mir bewusst: *Ich bin Licht.*

8. Den Verstand fokussieren

Die innere Stille kann zusätzlich mit einem Wort vertieft werden. Es kann ein einzelnes Wort sein, das leicht mit jedem Ausatmen wiederholt wird. Einige Beispiele hierfür sind: Liebe, Frieden, Gnade, Shalom, Śanti ... Das Wort dient als Magnet, der den unruhigen Verstand und die aufgewühlte Psyche in eine innere Ordnung bringt.

Mit jedem Ausatmen wiederholt man das Wort, zunächst laut und dann in Stille. Es kann in den gesamten Ausatem hinein ausgedehnt werden. Man wiederholt das Wort mit dem Fluss der Atemenergie in Beine und Arme – beinahe, als ob man in den Körper hineinspricht. Durch diesen Fluss versucht man zu spüren, wie die Kraft der Wortbedeutung (wie Frieden oder Liebe) den Leib durchströmt. Mit jedem Atemzug wird der Leib mit dieser positiven Energie angefüllt. Dabei geht es nicht darum, künstlich ein gutes Gefühl zu erzeugen, sondern gewahr zu werden, was in jedem Moment in uns geschieht. Durch jeden Atemzug wird unser Leib mit göttlich-kosmischer Lebensenergie erneuert. Nach und nach sinkt unser Bewusstsein von einer grobstofflichen Körperempfindung zu einer subtilen inneren Leibwahrnehmung.

Seit der Zeit der Wüstenväter wurde diese einfache Methode als ein effektiver Weg zur Kontemplation vorgeschlagen. Sie nannten es *monologia* – Gebrauch eines einzigen Wortes. Dies wird ebenso im spirituellen Klassiker *Wolke des Nichtwissens* empfohlen. Mit der Wiederholung eines Wortes tritt das Bewusstsein aus dem Bereich der vielen Worte heraus und konzentriert sich mehr und mehr auf das unfassbare Geheimnis des Göttlichen: Man tritt ein in die *Wolke des Nichtwissens* und erfährt die *docta ignorantia*, die »belehrte Unwissenheit«, während man sich dem Herzensraum annähert.

Jeder kann das Wort nach seinem spirituellen Bedürfnis und seinem eigenen Geschmack frei wählen. Es ist wichtig, dass es ein gehaltvolles Wort ist, das die Gnade ausdrückt, die man gerne empfangen möchte. Durch die meditative Wiederholung ruft das Wort heilsame Schwingungen im inneren Raum hervor. Der Verstand fokussiert sich auf die Bedeutung des Wortes und die Psyche kommt in Resonanz mit der Schwingung des Wortes. Nach und nach sinkt das Bewusstsein zu *buddhi* – zum Eingang in den inneren Raum des Herzens.

Lass dein Gebet ganz einfach werden.
Deine Gebetsworte brauchen keine durchdachte Eleganz.
Keine langen Diskussionen, die deinen Verstand nur in Versuchen der Wortgewandtheit vergeuden.
Ein einziges Wort des Zöllners berührte die göttliche Barmherzigkeit.
Ein Wort des Glaubens rettete den Verbrecher auf Golgotha.
Weitschweifigkeit im Gebet füllt den Verstand oft mit Bildern und lenkt ihn ab,
während ihn die Übung mit einem Wort (monologia) *zur inneren Sammlung führt.*
Mit der Wiederholung eines Wortes (monologistos) *kannst du*
alle zerstreuenden Gedanken überwinden, wenn sie sich melden.

Johannes Klimakos, Die Leiter zum Paradies, 28. Stufe

Man wiederholt ständig ein Wort oder einen kurzen Satz innerlich oder mit den Lippen.
Durch die meditative Wiederholung sinkt der Sinn ins Innere und das Wort/der Satz wird noch einfacher.
Wenn das Wort/der Satz im Laufe der Wiederholung von den Lippen zum Verstand
und weiter in den Herzensraum sinkt,
entfaltet sich in der Person eine liebevolle, vertrauensvolle Haltung.

Basil Pennington, The Centering Prayer, 26

MEDITATION

HALTUNG Ich sitze aufrecht und entspannt.

BESINNUNG Ich sitze verwurzelt in der Erde und spüre meinen ganzen Leib durch. Mit jedem Einatmen nehme ich die aufsteigende Atemkraft entlang der Wirbelsäule wahr, mit jedem Ausatmen spüre ich den Energiestrom, der vom Herzzentrum in die Beine, in die Hände und in den ganzen Leib fließt. Ich sitze wie ein Springbrunnen.

INNERES WORT Mit jedem Ausatmen spreche ich mein Schlüsselwort, zunächst laut, dann innerlich. Ich wiederhole das Wort in einer inneren Melodie, indem ich es in den gesamten Ausatem hinein verlängere. Ich spüre den Atemstrom als Energie des Friedens/der Gnade, die meinen Leib durchströmt.

9. Die spiralförmige Bewegung

Meditation ist der Prozess, in dem das Bewusstsein vom Verstand durch die Psyche zur intuitiven Wahrnehmung und schließlich in den Herzensraum sinkt. Der Verstand betrachtet alles als statische Objekte, im Herzen hingegen nimmt man nur Schwingung wahr. Auf der Verstandesebene wird die göttliche Gegenwart mit Namen und Formen erfasst: *Gott* nimmt dort feste Gestalt an. Im Herzensraum wird man sich des Göttlichen als Geist bewusst, jenseits aller Namen und Formen. Geist bedeutet Atem, Bewegung, Schwingung. In Wirklichkeit ist das Göttliche eine dynamische Präsenz.

Die göttliche Dynamik kann als spiralförmige Bewegung erfahren werden, die sich in unendliche Horizonte ausdehnt. Diese Ausdehnung geht über alle Grenzen des Endlichen hinaus. »Der Wind weht, wo er will; du hörst sein Brausen, weißt aber nicht, woher er kommt und wohin er geht« (Joh 3,8). Mit diesem Bild verdeutlicht Jesus die lebensprühende Natur des göttlichen Geistes. Der göttliche Geist kann nicht auf ein Symbol oder eine Form beschränkt werden. Er sprengt alle Definitionen und Strukturen, Gesetze und Normen. Der Geist führt tiefer in die »Tiefen des Göttlichen« (1 Kor 2,10). In der Kontemplation schwingt sich das Bewusstsein in diesen vertiefenden und erweiternden Prozess ein. Die menschliche Seele schwingt mit dem göttlichen Geist.

Die lebendige Natur des Geistes wird durch den spiralförmig aufsteigenden Rauch von Weihrauch symbolisiert. In den Ritualen mehrerer Religionen werden Räucherstäbchen oder Weihrauchkörner verwendet. Werden sie angezündet, steigt der Rauch in einer spiralförmigen Bewegung auf und verschmilzt mit dem Raum. Das lädt die Gläubigen ein, zu höheren Bewusstseinsebenen aufzusteigen und mit dem Göttlichen zu verschmelzen. Der sich verströmende Rauch und der daraus entstehende Duft schafft eine Atmosphäre von Besinnung. Mit dem göttlichen Geist wird auch die menschliche Seele beweglich: lebendig und suchend. Meditation ist die Bewegung vom Verstand zum Herzensraum; Kontemplation entsteht im Herzensraum, dem Kern des Menschen. Kontemplation ist Durchlässigkeit für das Göttliche, Einschwingen in die göttliche Schwingung, Wachsamkeit für die Bewegungen des göttlichen Geistes.

Meditation ist höher als Denken.

Chand. Up. 7.6.1

Vom Einen zum Einen ausgerichtet sein.

Plotin, Eneaden, V,1,6; VI,9,11

Meister Eckhart unterscheidet durchgehend zwischen den äußeren und den inneren Sphären des Bewusstseins. Er bezeichnet sie als »äußeren Menschen und inneren Menschen«. In jedem Menschen sind zweierlei Menschen vorhanden: Der eine heißt der äußere Mensch, das ist die Sinnlichkeit. Der andere Mensch heißt der innere Mensch, das ist des Menschen Innerlichkeit. Dieser innere Mensch wendet sich etwas Hohem und Edlem zu. Der äußere Mensch kann sich in Betätigung befinden, doch der innere Mensch bleibt davon gänzlich frei und unbewegt.

Meister Eckhart, Von Abgeschiedenheit

Wenn Gott göttlich in dir leuchten soll,
hilft dir ein natürliches Erkenntnislicht ganz und gar nicht;
es muss vielmehr zu einem reinen Nichts und seiner selbst ganz entäußert werden.
Dann kann Gott mit seinem Licht hineinleuchten.
Willst du Gott göttlich wissen,
so muss dein Wissen in reines Unwissen
und zum Vergessen deiner selbst und aller Geschöpfe gelangen.

Meister Eckhart, Et cum factus esset

MEDITATION

HALTUNG Ich sitze aufrecht und entspannt, tief verwurzelt in der Erde. Ich entzünde ein Räucherstäbchen und stelle es vor mich hin.

BESINNUNG In der leibhaften Stille spüre ich mit jedem Atemzug das Auf- und Absteigen des Stroms der Lebenskraft entlang der Wirbelsäule und weiter im gesamten Leib. Ich beobachte die aufsteigende spiralförmige Bewegung des Rauchs vom Räucherstäbchen. Ich lasse meine Seele mit dieser Bewegung mitschwingen. Ich nehme wahr, wie der Rauch sich mit dem Raum vereinigt. Ich spüre die göttliche Dynamik als spiralförmige Bewegung in meinem Herzen. Ich fühle die sich ausweitende Seinsdynamik des göttlichen Geistes in mir und um mich herum.

10. Das *Jetzt*

Während die Wiederholung des Schlüsselwortes ins Schweigen übergeht, versinkt das Bewusstsein in die Stille des Herzens. Dieses Schweigen ist nicht totenstill, sondern lebendig, nicht statisch, sondern dynamisch. Man spürt in sich selbst, im Körper und im Verstand, in der Psyche und im *buddhi* eine spiralförmige Bewegung. Für einen Moment verschwindet alles: Worte und Symbole, Namen und Formen, Mantren und Gesänge. Man kann sogar das Gefühl verlieren, einen physischen Körper zu haben. Ein feinstoffliches Körperbewusstsein entwickelt sich (*sūkshma-śarīra*). Der ganze Körper wird als eine subtile Einheit empfunden, die von der Atemenergie durchströmt und belebt wird. Der Körper wird nicht mehr statisch, sondern fließend erlebt. Das Sein des Körpers besteht im Werden.

Damit geschieht auch eine Veränderung im Verstand. Normalerweise entwickelt sich im Zentrum des Verstandes ein Ich-Gefühl: Ich tue, ich will, ich freue mich, ich entscheide, ich weise zurück ... Wir alle brauchen ein gesundes und ausgereiftes Gespür für das *Ich*. Aber es kann so dominant werden, dass das Ich in den Mittelpunkt aller Beziehungen zu Personen und Dingen rückt. Das nennt man Ego-Fixierung (*ahamkāra*). Sie entsteht durch die besitzergreifende Anhaftung (*kāma*) an das Ego. Meditation ist der Prozess, sich von dieser krampfhaften Bindung an das Ego zu befreien und sich auf das wahre Selbst zuzubewegen.

In der Meditation ist man präsent im gegenwärtigen Moment. Meditation entfaltet sich in der intuitiven Fähigkeit, die *nous / buddhi* genannt wird. Der Sanskrit-Begriff für Meditation ist *dhyana*, was »der innere Gang zu *buddhi*« (*dhi* + *yāna*) bedeutet. Zu *buddhi* zu erwachen, lässt uns die Tiefe des gegenwärtigen Moments erahnen. In mystischen Traditionen wird Ewigkeit als göttliche Tiefe des *Jetzt* erahnt (*nunc aeternum*). Der Verstand begreift die Ewigkeit chronologisch als einen Zustand, der nach dem Tod kommt; *nous / buddhi* aber erahnt die Ewigkeit kairologisch im *Jetzt*. Der Verstand nimmt die Zeit horizontal wahr und sieht die Ewigkeit jenseits unseres zeitgebundenen Lebens. *Buddhi* erwacht vertikal, um die Ewigkeit in der göttlichen Tiefe des Augenblicks zu erkennen. Wenn das Bewusstsein in die Tiefe des *Jetzt* sinkt, können heilende Kräfte aus dem Inneren des Herzen aufsteigen.

Seid wachsam!

Mt 24,42

Jede Bindung an das eigene Ich nimmt dir die Freiheit,
in diesem gegenwärtigen Augenblick Gottes Eingebung zu folgen.

Meister Eckhart, Intravit Jesus

Ich bin Ursache meiner selbst meinem Sein nach, das ewig ist,
nicht aber meinem Werden nach, das zeitlich ist.
Und darum bin ich ungeboren,
und nach der Weise meiner Ungeborenheit kann ich niemals sterben.
Nach der Weise meiner Ungeborenheit bin ich ewig gewesen,
bin ich jetzt und werde ich ewig bleiben.

Meister Eckhart, Beati pauperes spiritu

Es gibt nichts Kostbareres als die Zeit.
Gott, der Herr der Zeit, vertraut uns nie die Zukunft an.
Es gibt uns nur die Gegenwart, Augenblick für Augenblick.
Die Zeit ist für Menschen geschaffen, nicht der Mensch für die Zeit.

Wolke des Nichtwissens, Kap. 4

Wer bin ich eigentlich?

Ait. Up. 1.3.11

Wer achtsam lebt, erlangt innere Weisheit und höchsten Frieden.

Bh. Gita 4,39

MEDITATION

HALTUNG Ich sitze aufrecht und entspannt, tief verwurzelt in der Erde.

BESINNUNG In der leibhaften Stille spüre ich mit jedem Atemzug das auf- und absteigende Fließen der Atemkraft (*prānah*) entlang der Wirbelsäule und weiter im gesamten Leib. Dankbar nehme ich den inneren sakralen Raum in mir wahr, frei von Bildern und Gedanken: kein Name, kein Symbol, kein Mantra. Die Zeit steht still. Es gibt nur das Gefühl, im gegenwärtigen Moment gegenwärtig zu sein, vollkommen aufnahmebereit, voller Sehnsucht nach dem göttlichen Licht, offen für die leisen Bewegungen der Gnade, durchlässig für die göttlichen Energien des Geistes. Ich nehme die gnadenvollen Momente wahr, in denen ich die göttliche Tiefe des *Jetzt* erahne. Ich lasse mich vom göttlichen Geist führen.

II. Die Psyche

Von der Ebene des bewussten Verstandes bewegt man sich in den Bereich des Unterbewusstseins. Dort trifft man auf bestimmte innerpsychische Faktoren, die den spirtuellen Prozess blockieren können. Ihnen mit Achtsamkeit zu begegnen und sie realistisch als Teil der persönlichen Entwicklung anzuerkennen, ist ein großer Schritt. Vertrauen in die göttlichen Quellen, die tief in jedem verborgen sind, bewirkt Heilung. Im Folgenden werden einige einfache Übungen angeboten, um diese Achtsamkeit und dieses Vertrauen zu wecken. Zuerst braucht es ein Verständnis für die Dialektik des inneren Prozesses und die Bedeutung der Psychologie. Vertrauen in den göttlichen Grund heilt und Wahrseinlassen befreit. Positives Denken ruft heilende Schwingungen in der Psyche hervor und schmerzliche Erinnerungen können überwunden werden. Aufmerksamkeit auf die Sprache der Träume schenkt Einblicke in die eigene Psyche. Die *Dunkle Nacht der Seele* kann eine Zeit des Segens werden. Gnade überwindet Schattenseiten und Freude verwandelt Traurigkeit. Der Weg ins Innere wird immer wieder geebnet durch meditative Innenschau.

11. Der innere Weg
12. Psychologie und Spiritualität
13. Heilendes Vertrauen
14. Befreiende Wahrnehmung
15. Positives Denken
16. Erinnerungen heilen
17. Träume
18. Die dunkle Nacht der Seele
19. Gnade überwindet die Neigung zur Sünde
20. Freude verwandelt Traurigkeit

11. Der innere Weg

Es gibt eine Unterscheidung zwischen *Ich* und *Ego*. Das Ich als Subjekt ist verantwortlich für den Prozess, Erfahrungen zu unterscheiden, zu ordnen und zu integrieren. Es regelt alle bewussten Aktivitäten der Person. Daher braucht jeder ein gesundes Gespür für das Ich. Wenn man jedoch auf das Ich fixiert bleibt, entsteht das Ego als eigenständiges Subjekt. Das Ego ist die negative Seite des Ichs. Es stellt sich in die Mitte von allem und entfernt sich damit vom wahren Selbst. Wo das Ego dominiert, entsteht viel Leid in einem Menschen und um ihn herum. Was das Ich zum Ego werden lässt, ist die Neigung des Verstandes zu vereinnahmen – die Habgier.

Das Zusammenspiel zwischen Ich und Ego auf der bewussten Verstandesebene wird durch unbewusste Faktoren der Psyche bestimmt. Alles, was das Ich macht, und alles, was das Ego durchsetzt, wird von innerpsychischen Komponenten gesteuert. Auch hier könnte man unterscheiden zwischen den personalen und kollektiven Dimensionen der Psyche. Das personale Unterbewusste wird durch die Erfahrungen der eigenen Geschichte geformt, während das kollektive Unbewusste aus dem gemeinsamen Erbe der Menschheit besteht. In gewisser Weise ist die gesamte Entwicklung des Lebens im Schoß des kollektiven Unbewussten eingezeichnet. Die ihm innewohnenden Elemente werden in Mythen, Symbolen und Märchen ausgedrückt; manche von ihnen kann man in den großen Epen und Mythologien finden. Die Götter- und Göttinenvorstellungen im Volksglauben nähren sich häufig aus Bildern, die aus dem kollektiven Unbewussten auftauchen.

Wenn das Bewusstsein ins Herz sinkt, in den sakralen Raum im Inneren, erfährt man das *Selbst*. Auch hier könnte man unterscheiden zwischen dem menschlichen und dem göttlichen Selbst, zwischen der Seele und dem Geist, zwischen *jīvatma* und *paramātma*. Durch meditative Innenschau erwacht man zur Wahrnehmung seines wahren Selbst in Beziehung zum göttlichen Selbst. Dieser innere Weg geht vom bewussten Verstand durch den Bereich des personalen Unterbewusstseins und des kollektiven Unbewussten der Psyche ins *Herz*. Wenn man sich im Vertrauen auf die innewohnende göttliche Gegenwart auf diesen inneren Pilgerweg einlässt, kann er zu einer heilenden Erfahrung werden.

Das Ich *bildet das Subjekt aller persönlichen Bewusstseinsakte.*
Das Gesamtphänomen der Persönlichkeit fällt offenkundig nicht mit dem Ich, *das heißt mit der bewussten Persönlichkeit zusammen, sondern bildet eine Größe, die vom* Ich *unterschieden werden muss.*
Ich habe daher vorgeschlagen, die vorhandene, jedoch nicht völlig erfassbare Gesamtpersönlichkeit als das Selbst *zu bezeichnen.*
Die dunklen Aspekte der Persönlichkeit bilden den Schatten.

Carl Gustav Jung, Gesammelte Werke

Wir kennen das Unbewusste an und für sich nicht, sondern beobachten nur gewisse Auswirkungen, aus deren Beschaffenheit wir gewisse Rückschlüsse auf die Natur der unbewussten Psyche wagen.

Carl Gustav Jung, Gesammelte Werke

Ein Wort des Schmeichelns oder eine Kritik reicht, um das Ego aufkommen zu lassen.

Anthony de Mello, Wer bringt das Pferd zum Fliegen?

MEDITATION

INNERER RAUM In tiefer innerer Stille schaue ich in den inneren Bereich meines Wesens. Ich werde mir der Unterscheidung zwischen *Ich* und *Ego* bewusst, zwischen den persönlichen und kollektiven Dimensionen der Psyche und dem menschlichen und göttlichen Selbst.

BESINNUNG Ich spüre, wie sich der nach innen gewandte Weg zwischen den verschiedenen Polen der inneren Landschaft entfaltet. Ich spüre Spannung zwischen Ich und Ego, zwischen Großzügigkeit und Habgier, zwischen der eigenen Psyche und dem kollektiven Unbewussten. Ich verweile bei diesen Aspekten, um eine gewisse Klarheit über die unterschiedlichen Facetten der Psyche zu bekommen.

IM HERZEN Langsam fühle ich in mein Herz, den inneren göttlichen Raum. Ich spüre den Unterschied zwischen der Seele und dem Geist, dem Menschlichen und dem Göttlichen. Ich versuche, die heilende Kraft des Vertrauens in die göttliche Führung zu erleben, die mich durch meine aufgewühlte Psyche lenkt.

12. Psychologie und Spiritualität

Wenn wir in das Unbewusste eintauchen, spüren wir psychische Faktoren, die den spirituellen Prozess stören. Unterdrückte Emotionen und unerfüllte Wünsche, verletzte Gefühle und unversöhnliche Haltungen, Scheitern und Enttäuschungen schaffen Stolpersteine auf dem inneren Weg. Sie verursachen Wut oder Hass, Traurigkeit oder Depression, Angst oder Furcht, Eifersucht oder Minderwertigkeit, Aggressivität oder Gewalt. Wie begegnen wir diesen negativen Gefühlen? Es gibt im Prinzip zwei Wege, damit umzugehen:

Ein Weg ist, diese Gefühle aus den unterbewussten Bereichen auf die bewusste Verstandesebene zu bringen und sie zu analysieren, die Grundursachen aufzudecken und Wege auszuloten, mit ihnen umzugehen. So können wir jede innere Blockade sachlich anschauen und nach Lösungen suchen. Dies ist eine Methode, die hauptsächlich in der Psychologie und Psychotherapie angewendet wird. Moderne therapeutische Ansätze haben viel zur Klärung verschiedener Fragen beigetragen, die in der Psyche auftauchen. Aber diese Methode hat ihre Grenzen. Niemandem wird es je gelingen, alle innerpsychischen Blockaden zu lösen, um den Weg zum wahren Selbst freizuräumen. Psychologie kann die inneren Hürden diagnostizieren, aber die eigentliche Heilung kommt aus der göttlichen Quelle, die tief in jedem Menschen verborgen liegt.

Der andere Weg ist, *Ja* zu sagen zur eigenen Geschichte mit all ihren Licht- und Schattenseiten. Das ist jedoch nur möglich mit einem tiefen Vertrauen in die innere göttliche Gegenwart. Man nimmt sich selbst an als jemand, der immer schon vom innewohnenden göttlichen Geist angenommen worden ist. Alle Religionen sprechen auf ihre Weise von dieser Erfahrung, die der Glaube an Gott ermöglicht. Glauben bedeutet nicht, dass man die innerpsychischen Blockaden unterdrückt oder die inneren negativen Kräfte ignoriert. Man schaut auf sie aus einer anderen Perspektive, aus einem göttlichen Blickwinkel. Man nimmt die negativen Kräfte in sich entspannt an und geht so ins Herz, in den sakralen Raum im Inneren. Dort entdeckt man die göttliche Quelle des Geistes, der die innere Verletztheit heilt. Bestärkt durch den göttlichen Geist, stellt man sich den innerpsychischen Blockaden. Heilende Kräfte strömen aus dem Herzen. Dies ist der Weg, der in der geistlichen Begleitung eingeschlagen wird.

Diese beiden Wege ergänzen sich gegenseitig: Spiritualität hilft, das innere göttliche Potenzial zu entdecken, Psychologie hilft, innere Blockaden zu sortieren und zu klären.

Alle jene Augenblicke des individuellen Lebens, wo die allgemeingültigen Gesetze menschlichen Schicksals die Absichten, Erwartungen und Anschauungen des persönlichen Bewusstseins durchbrechen, sind zugleich Stationen des Individuationsprozesses, der die Verwirklichung des ganzen Menschen ausmacht.

Carl Gustav Jung, Gesammelte Werke

Es kommen in den Träumen symbolische Gebilde vor, denen wir auch in der Geschichte des menschlichen Geistes begegnen. Es sind in ihnen sogenannte mythologische Motive bzw. Mythologeme enthalten, die ich als archetypisch bezeichnet habe. Die menschliche Seele ist nur zu einem Teil einmalig und subjektiv, zum anderen aber kollektiv und objektiv.

Carl Gustav Jung, Gesammelte Werke

In den Gestalten von Anima und Animus drückt sich die Autonomie des kollektiven Unbewussten aus. Wie die Anima dem mütterlichen Eros entspricht, so der Animus dem väterlichen Logos.

Carl Gustav Jung, Gesammelte Werke

Ignatius von Loyola ermahnt, dass der geistliche Begleiter den Exerzitanten in seinem Entscheidungsprozess nicht beeinflussen darf, sondern ihm hilft, den inneren Bewegungen des göttlichen Geistes gegenüber achtsam zu sein, unmittelbar den Schöpfer mit dem Geschöpf wirken zu lassen und das Geschöpf mit seinem Schöpfer und Herrn.

Geistliche Übungen, Nr. 15

Die Weisen, die die wahren Prinzipien der Wirklichkeit erkennen,
werden dich auf dem Erkenntnisweg begleiten.
Wenn du sie erkannt hast,
wirst du nicht wieder in Verwirrung zurückfallen.
Durch diese Erkenntnis wirst du alles im Selbst und dann in mir erkennen.

Bh. Gita 4,34–35

MEDITATION

INNERER RAUM In tiefer innerer Stille schaue ich in den inneren Bereich meines Wesens. Ich werde mir der unterschiedlichen Herangehensweisen von Psychologie und Spiritualität bewusst.

BESINNUNG Ich lasse eine Person oder eine Erfahrung auftauchen, die ein Hindernis auf meinem inneren spirituellen Weg darstellt. Ich nehme die Gefühle wahr, die in mir wachgerufen werden, und versuche, mir über die Ursachen meiner Unruhe klar zu werden. Ich halte Ausschau nach Lösungen und spüre nach, ob ich mir dazu kompetente Hilfe suchen will.

IM HERZEN Langsam fühle ich in mein Herz, den inneren göttlichen Raum. Dort spüre ich die Gnade des Vertrauens in die göttliche Quelle, die aus der Tiefe meines Herzens aufsteigt. Ich werde mir bewusst, dass bereits heilende Kräfte in mir verborgen sind. Ich darf sie in meine Psyche und in meinen Verstand einströmen lassen.

13. Heilendes Vertrauen

Einsamkeit ist ein grundlegender Wesenszug des Menschseins. Wir sind einsam geboren und wir sterben in völliger Einsamkeit; und auch während des ganzen Lebens sind wir im Grunde genommen einsam. Trotz sozialer Kontakte und intimer Beziehungen lebt jeder allein. Wenn man mit akuter Krankheit oder intensivem Leiden konfrontiert wird, wird einem bewusst, wie einsam und auf sich selbst zurückgeworfen man ist. Dieses existenzielle Alleinsein lässt Angst und Unruhe aufsteigen. Man kann vielleicht nicht sagen, wen man fürchtet oder warum man Angst hat, aber ein Grundton der Angst zieht sich durch das ganze Leben.

Einsamkeit ist ein Zeichen dafür, dass man für etwas geschaffen ist, das man nicht erreicht hat. Wenn ein Vogel in einen Käfig gesteckt wird, ist er einsam und daher rastlos. Er fliegt vor und zurück und prallt gegen die Stäbe, nur um den Schmerz der Einsamkeit zu erkennen. Irgendwie fühlt er, dass er für die Freiheit des Himmels geschaffen ist. Die Seele ist so etwas wie ein Vogel im Käfig des Körpers. »Zu dir hin, Gott, hast du uns erschaffen, und unruhig ist unser Herz, bis es Ruhe findet in dir.« Diese Worte von Augustinus (*Bekenntnisse 1*) sprechen von der existenziellen Vereinsamung und der strukturellen Ausrichtung des Menschen auf das, was *jenseits der Gitterstäbe* ist, auf das Transzendente, das Göttliche.

Das Göttliche ist stets transzendent und zutiefst immanent. Ansonsten würde man die Einsamkeit nicht so intensiv fühlen. Das Göttliche ist ein unfassbares Geheimnis und gleichzeitig der tragende Seinsgrund. Das menschliche Leben entwickelt sich aus dem göttlichen Grund heraus. Es gleicht einem Baum, der aus der Erde wächst: Erde gebiert sich selbst als Baum; Erde trägt Früchte durch Bäume. Wenn der Baum in einen Sturm gerät, hat er keine Angst, da er tief in Mutter Erde verwurzelt ist. Wenn die Blätter ihre Aufgabe erfüllt haben, fallen sie auf die Erde, von der sie genährt wurden. Wir Menschen können nicht tiefer fallen als in den göttlichen Grund, von dem wir leben und aus dem wir wachsen.

Vertrauen in den göttlichen Seinsgrund ist das Gegenmittel zum Gefühl des Alleinseins. Glaube an die lebendige göttliche Gegenwart befreit uns von bedrückender Angst. Psychische Blockaden können sich lösen, wenn es gelingt, dieses Grundvertrauen in den göttlichen Strom der Liebe zu erleben. Die spirituellen Klassiker der Menschheit wollen dieses Grundvertrauen in das uns innewohnende Göttliche wachrufen. Dieses Vertrauen kann bedrückende Einsamkeit in schöpferisches All-eins-Sein verwandeln.

Höre noch einmal mein höchstes Wort,
das tiefste aller Geheimnisse.
So sehr liebe ich dich,
dass ich dir diese Worte des Heils verkünde.
Richte deinen Verstand auf mich,
liebe mich mit Hingabe,
verehre mich.
Das ist mein Versprechen:
Du wirst zu mir eingehen,
denn du bist mir lieb.

Bh. Gita 18,64–65

In der Stille höre ich aus dem Inneren, du bist mir kostbar.

Anthony de Mello, Wellsprings, 56

In der Liebe sind die Momente des Schweigens gewöhnlich beredter als die Worte.

Papst Franziskus, Amoris Laetitia, Nr. 12

Stille heißt Verbundensein. In der Stille fühle ich mit mit meinem Wesen, mit der gesamten Schöpfung und mit dem Sein tief verbunden. Ohne Stille bin ich zerstreut und fragmentiert.

Anthony de Mello, Wellsprings, 242

Angst vernichtet meine Freiheit und macht mich unnötig abhängig.
Aus Angst vor Einsamkeit hänge ich an den Kameraden.
Aus Angst vor Verletzung suche ich Popularität.
Aus Angst vor Verlust sehne ich mich nach Freunden und Familie.
Aus Angst vor Selbstständigkeit hänge ich an Machtausübung.
Aus Angst vor dem Unbekannten und Nichtvertrauten halte ich fest an Bekanntem und Vertrautem.

Anthony de Mello, Wellsprings, 44

MEDITATION

INNERER RAUM In tiefer innerer Stille schaue ich in den inneren Bereich meines Seins. Ich werde mir der existenziellen Einsamkeit und der daraus entstehenden Unruhe in mir bewusst.

BESINNUNG Ich stelle mir einen Vogel im Käfig vor. Ich versuche die Einsamkeit des Vogels als Spiegel dessen zu empfinden, was tief in mir passiert.

IM HERZEN Langsam fühle ich in mein Herz, den inneren göttlichen Raum. Ich spüre ein existenzielles Sehnen nach Freiheit, nach Verwurzelung, nach dem Göttlichen. Ich lege mein Vertrauen in den göttlichen Mutterboden, der mich nährt, denn ich kann nicht tiefer fallen als in den göttlichen Grund, aus dem ich lebe und wachse.

14. Befreiende Wahrnehmung

Jeder Mensch ist ein Produkt seiner Geschichte. Wir können unsere Lebensgeschichte nicht neu schreiben, aber wir können unsere Haltung zu Ereignissen und Personen aus unserer Biografie verändern. Dafür ist es nötig, sie erst einmal wahrzunehmen. Wir können uns bestimmte Personen vergegenwärtigen, konkrete Erfahrungen quasi noch einmal durcherleben oder schlummernde Bereiche der Psyche bewusst wahrnehmen. Sich einer Sache bewusst zu werden bedeutet, sie ans Tageslicht des Bewusstseins zu bringen. Dann betrachten wir sie neu, mit innerer Freiheit und mit Abstand, entspannt und gelassen. Es ist ein Weg, sich selbst bei der Hand zu nehmen.

Der nächste Schritt wäre, sich selbst so zu akzeptieren, wie man im Lauf der Jahre geworden ist. Wir können nicht in die Vergangenheit zurückgehen, aber wir können die Gegenwart umgestalten, indem wir die Wirklichkeit so akzeptieren, wie sie ist. Man fragt sich nicht: Wie wäre es, wenn ich anders gelebt hätte? Vielmehr fragt man sich: Ich bin, wie ich bin, und wie geht es weiter? *Ja* zu sagen zur eigenen Geschichte ist eine heilende Erfahrung. Selbstakzeptanz erzeugt Selbstwertgefühl. Indem ich mir meiner selbst bewusst werde, beginne ich, mich so zu lieben, wie ich geworden bin. Ohne sich selbst zu lieben, kann man andere nicht lieben, ohne Mitgefühl für sich kann man anderen gegenüber nicht mitfühlend sein. »Liebe deinen Nächsten wie dich *selbst*.«

Um sich selbst anzunehmen, zu lieben und zu schätzen, muss man tiefer schauen, in den göttlichen Raum des Herzens. Vertrauen in das verwandelnde Wirken des Geistes vertieft und erweitert die Sicht auf sich selbst. Der Geist gräbt tiefer und öffnet heilende Quellen, die aus dem Herzensraum sprudeln. Der Geist lässt uns andere und die Welt mit einem göttlichen Auge wahrnehmen. Der göttliche Geist zeichnet gerade Linien auf die krummen Pfade unseres Lebens, er bringt eine neue Schöpfung hervor, trotz unserer Schwächen. Im Vertrauen auf das verwandelnde Wirken des göttlichen Geistes akzeptiert man sich selbst und andere in einer umfassenderen Weise. Dies ist ganzheitliche Heilung.

Das Licht der Achtsamkeit allein überwindet das Böse und belebt, was gut ist.
Und dein Leben wird dadurch lichtvoll und durchlässig.
Anthony de Mello, Wellsprings, 260

Es gibt eine tiefe Stille in deinem Herzen.
Wenn du dir gewahr werden könntest über jeden Gedanken,
jede Zerstreuung, jede Fantasie und jedes Gefühl,
dann erkennst du diese verborgene Stille.
Anthony de Mello, Wellsprings, 264

Nicht jeder mit geschlossenen Augen schläft,
und nicht jeder mit offenen Augen kann sehen.
Anthony de Mello, Wer bringt das Pferd zum Fliegen?

Die äußeren Dinge zu kennen heißt Wissen;
die anderen zu kennen heißt Weisheit;
sich selbst zu erkennen heißt Erleuchtung.
Anthony de Mello, Wellsprings, 192

MEDITATION

INNERER RAUM In tiefer innerer Stille schaue ich in den inneren Bereich meines Wesens. Ich lenke meine Aufmerksamkeit auf eine bestimmte Erfahrung, die meinen inneren spirituellen Weg blockiert. Innerlich gelassen und ganz bei mir versuche ich diese Erfahrung mit all ihren emotionalen Facetten erneut zu durchleben.

BESINNUNG Ich nehme die inneren Bewegungen in meiner Psyche wahr, wenn ich diese besondere Erfahrung durchlebe. Trotz des inneren Widerstands sage ich *Ja* zu dieser Erfahrung. Ich nehme mich selbst an mit der inneren Unruhe, die durch diese Erfahrung entstanden ist.

IM HERZEN Langsam spüre ich ins Herz, den inneren göttlichen Raum. Dort fühle ich die Bewegungen des göttlichen Geistes. Ich nehme wahr, was der Geist mir mit Blick auf diese Erfahrung sagen will. In diesem Hinhören spüre ich, wie die göttliche Gnade wie eine verborgene Quelle in meinem Herzen sprudelt, wie Unruhe in inneren Frieden verwandelt wird.

15. Positives Denken

Der innere Weg vom Verstand zum Herz führt uns durch den Dschungel der Psyche. Dabei stellen sich uns einige Hindernisse in den Weg. Eines davon ist die Tendenz, über andere zu urteilen. Wenn wir eine angespannte Beziehung zu jemandem haben, ist es eine normale Neigung zu sagen: *Ich bin in Ordnung, du bist es nicht!* Wir neigen dazu, die Schuld auf andere zu schieben. Negative Gedanken über den anderen erfüllen unser Denken und unsere Fantasie. Wir sind aufgewühlt.

Die Weisen Indiens ermutigen uns immer wieder, negative Gedanken durch positives Denken zu überwinden. Das bedeutet konkret, dass wir das Gute im anderen wahrnehmen, denn jeder Mensch ist im Grunde seines Wesens gut. Trotz aller entfremdenden Faktoren und zerstörerischen Kräfte in uns und um uns herum, sehen wir eine Menge Güte in der Welt, in uns und ebenso in anderen. Wenn wir den anderen mit unserem intuitiven Auge anschauen, sehen wir viel Güte um uns. Dann segnen wir den anderen und wünschen von Herzen nur das Beste. So rufen wir viel positive Energie in uns wach. Sie erzeugt ringsum heilende Schwingungen.

Positives Denken verändert die Qualität unserer Gehirnströme. Ein Anstieg von Alpha-Wellen im Gehirn führt zu Frieden und Harmonie. Dann kann man mit dem anderen auf eine entspannte Weise umgehen. Wir betrachten die Beziehung zum anderen unter einem erweiterten Blickwinkel. Selbst unsere Körpersprache verändert sich deutlich. Ärger wird durch Freundlichkeit überwunden, Hass wird durch Liebe beseitigt, Rache wird von Vergebung bezwungen und Vergeltung verwandelt sich in Versöhnung.

Es wird uns nicht gelingen, den anderen zu verändern, aber wir können unsere Haltung ihm gegenüber ändern. Die Verwandlung geschieht in uns selbst. Wenn wir bewusst wahrnehmen, wie die Güte im anderen aufblüht, kommt unsere Beziehung zum Erblühen; unser Leben ist dann mit frischen Farben und neuem Glanz gesegnet. Dieser Einstellungswandel setzt echte Demut und Großmut voraus und ein tiefes Vertrauen in den göttlichen Geist, der tief in uns und um uns ein neues Sein erschafft. All das gehört zu einer göttlichen Art und Weise, sich selbst und andere wahrzunehmen. Positives Denken initiiert einen Heilungsprozess und bringt Segen für uns und auch für andere.

Freundlichkeit, Mitgefühl, Mitfreuen und Nachsicht
sind die vier Qualitäten deines Herzens.
Durch sie entsteht eine heilige Klarheit
in deinem inneren Wahrnehmungsraum.
Patanjali, Yoga-Sutra, 1.33

Einsamkeit ist ein Geschehen der Liebe,
Güte zu mir selbst.
Nichts zerstreut mich von meinem wahren Selbst.
Ich nehme mir Zeit, positiv und freundlich über mich nachzudenken
und mit mir zu sprechen.
Einsamkeit schenkt Perspektive.
Anthony de Mello, Wellsprings, 158

Viele tun Werke der Liebe; selten sendet man liebevolle Gedanken.
Anthony de Mello, Wer bringt das Pferd zum Fliegen?

Das Leben wird reicher, wenn man es hingibt;
es verkümmert, wenn man sich isoliert und es sich bequem macht.
Papst Franziskus, Evangelii Gaudium, Nr. 10

MEDITATION

INNERER RAUM In tiefer innerer Stille schaue ich in den inneren Bereich meines Seins. Ich rufe mir eine bestimmte Person ins Bewusstsein, die meinen inneren spirituellen Weg blockiert. Innerlich entspannt und gelassen schaue ich in die Augen dieser Person.

BESINNUNG Ich nehme die psychischen Bewegungen wahr, wenn ich dieser Person innerlich gegenübertrete. Trotz des inneren Widerstands sage ich von ganzem Herzen *Ja* zu ihm/ihr. Ich versuche, ihn/sie anzunehmen, ebenso wie die innere Unruhe, die diese Begegnung auslöst.

IM HERZEN Langsam fühle ich in das Herz hinein, den inneren göttlichen Raum. Dort spüre ich die Bewegungen des göttlichen Geistes. Ich nehme wahr, was der Geist mir in Bezug auf diese persönliche Begegnung sagen will. In diesem Hinhören spüre ich, wie die göttliche Gnade den inneren Raum für eine befreiende Beziehung zu dieser Person öffnet, wie Spannungen in Harmonie verwandelt werden.

16. Erinnerungen heilen

Das Gedächtnis ist eine zwiespältige Fähigkeit in uns: Es kann erhebend oder erniedrigend sein. Es fördert den inneren spirituellen Weg, aber es kann auch ernste Blockaden verursachen. Wenn eine negative Erfahrung im Gedächtnis gespeichert ist, kann sie das Gewissen ständig anstacheln und innere Unruhe verursachen. Wie kann man mit solchen negativen Elementen umgehen, die im Gedächtnis gespeichert sind?

Der Ausgangspunkt könnte das Vertrauen in die innewohnende göttliche Gegenwart sein. Der innere spirituelle Weg gleicht dem Bohren eines Brunnens. Nachdem man wie mit einer Wünschelrute festgestellt hat, dass es verborgene Quellen gibt, macht man sich an die Arbeit des Grabens. Man muss durch harte Erdschichten graben und durch Gestein bohren. Während der ganzen Anstrengungen aber weiß man sicher um die Quellen, die tief im Schoß der Erde verborgen sind. Den Weg frei zu machen, damit die Quelle hervorsprudeln kann, ist eine schwere Arbeit.

Spirituelles Leben heißt, sich beharrlich durch die Psyche hindurchzugraben, um die verborgene göttliche Quelle im Herzen zu erreichen. Manche Erinnerungen können zu harten Blockaden auf dem Weg nach innen werden. Sie zu unterdrücken ist keinesfalls eine Lösung. Andererseits kann es sein, dass es nicht gelingt, diese negativen Aspekte mit ausschließlich psychologischen Mitteln zu heilen. Hier braucht man das Grundvertrauen, dass heilende Energien bereits da sind, tief verborgen in einem selbst. Sie werden nicht durch eigene Anstrengung geschaffen, sondern sie sind eine innere Gnade. Man muss sie lediglich in die Psyche einströmen lassen.

Mit diesem Vertrauen kann man einige der schwerwiegenden Blockaden angehen, die das Gedächtnis stören. Man kann an bestimmte Personen denken, die das Gedächtnis mit negativen Energien aufladen. Mit jeder von ihnen lässt man eine innere Begegnung entstehen, mit allen emotionalen Facetten wie Wut oder Widerstand. Wenn es gelingt, ihnen innerlich in einer Atmosphäre tiefen Vertrauens und mit einer vergebenden Haltung zu begegnen, erlebt man dabei Heilung. Die spirituelle Kraft dazu kommt aus der göttlichen Quelle tief im Herzen. Vielleicht gelingt es nicht, die Blockaden ganz aus dem Gedächtnis zu löschen, aber man wird in die Lage versetzt, mit ihnen versöhnt zu leben. Es ist, als ob man die verborgene göttliche Quelle durch die felsigen Schichten der Psyche sprudeln lässt.

Die Entdeckung, dass das Unbewusste kein bloßer Ablageplatz für das Vergangene,
sondern auch voll von Keimen für zukünftige psychische Situationen und Ideen ist,
führte mich zu einer neuen psychologischen Betrachtungsweise.

Carl Gustav Jung, Der Mensch und seine Symbole, 37

Aber es bleibt eine Tatsache,
dass zusätzlich zu Erinnerungen aus weit entfernter bewusster Vergangenheit
gänzlich neue Gedanken und schöpferische Ideen aus dem Unbewussten hervorkommen können –
Gedanken und Ideen, die nie zuvor bewusst gewesen sind.
Sie wachsen aus den dunklen Tiefen des Geistes wie Lotosblumen
und bilden einen äußerst wichtigen Bestandteil der unbewussten Psyche.

Carl Gustav Jung, Der Mensch und seine Symbole, 37–38

Ganzheitlich leben bedeutet Verzicht auf die eigene Vergangenheit und Zukunft.
Eine Form des Lebens in der Vergangenheit ist das krankhafte Hängenbleiben an Beschwerden.
Die Beleidigung durch den anderen hat mir eigentlich gutgetan,
denn alle Dinge wirken im Tanz des Lebens mit,
damit es uns gutgeht.

Anthony de Mello, Wellsprings, 130,133

MEDITATION

INNERER RAUM Ich sitze vor dem Tabernakel. Ich spüre die eucharistische Gegenwart Christi. Ich finde mich in der lebensprühenden Atmosphäre göttlicher Gnade vor. Ich spüre einen intensiven göttlichen Ruf zur inneren Versöhnung mit verletzenden Erinnerungen.

BESINNUNG Ich lasse aus meinem Gedächtnis eine Person auftauchen, die Unruhe in mir verursacht, und bringe sie in die Gegenwart des eucharistischen Herrn. Dann erlaube ich der Person, mit mir zu sprechen und alle emotionalen Belastungen auszudrücken. Mit Demut höre ich dieser Person eine Weile zu. Dann drücke ich die Gefühle aus, die diese belastete Beziehung in mir auslösen. Ich nehme mir noch etwas Zeit für ein entspanntes Gespräch mit dieser Person in der heilenden Gegenwart des göttlichen Meisters.

IM HERZEN Langsam spüre ich in mein Herz, den inneren göttlichen Raum. Dort spüre ich die inneren Bewegungen des göttlichen Geistes. Mit dem begnadeten *Ohr des Herzens* lausche ich auf das, was der göttliche Meister mir über unsere Beziehung sagt. In diesem Lauschen spüre ich, wie die göttliche Gnade die Möglichkeit eröffnet, mich innerlich mit dieser Person zu versöhnen, wie Entfremdung in Verbundenheit verwandelt wird. Eine neue Ebene in dieser Beziehung könnte entstehen, jenseits der Wunden.

17. Träume

Träume sind symbolische Ausdrucksformen bestimmter Aspekte des persönlichen oder kollektiven Unbewussten. Träume lügen nicht: Jeder Traum hat eine Botschaft. Um die ihm innewohnende Botschaft zu entschlüsseln, rekonstruiert man einen Traum im Wachzustand und durchlebt ihn erneut so anschaulich wie möglich. Den Traum aufzuschreiben oder ein Bild zu malen könnte hilfreich sein. Manche erzählen ihren Traum gern jemand anderem, aber die wahre Bedeutung des Traums kann nur von derjenigen Person entdeckt werden, die ihn geträumt hat, nicht von jemand Außenstehendem.

Es gibt grundsätzlich zwei Weisen, einen Traum zu interpretieren, indem man den Fokus entweder auf das Objekt oder das Subjekt legt. Träume können objektive Hinweise für den Umgang mit einer bestimmten Person oder einer konkreten Lebenssituation geben. Da der Verstand oft zu Wunschdenken neigt, ist es gut, auf die Träume zu achten, die aus dem Unterbewusstsein aufsteigen. Elemente des Traums können auch als subjektive Bilder gesehen werden, die auf vergessene oder verdrängte Aspekte im eigenen Leben hinweisen. Der *andere* im Traum ist nicht jemand anderes, sondern ein Teil von mir selbst! Daher kann es hilfreich sein, sich mit jedem Bild zu identifizieren, die Assoziationen zu beachten und auf die emotionalen Facetten zu achten.

Träume können eine kompensatorische oder bestärkende, korrigierende oder ausgleichende Funktion haben. Wenn man traurig ist, kann ein Traum zurück in die Freude führen; wenn man niedergeschlagen ist, kann ein Traum eine neue Richtung weisen; wenn man mit einem Problem kämpft, kann ein Traum einen Ausweg zeigen. Bestimmte verhaltenseigene Tendenzen wie z.B. wütend oder neidisch zu werden, Entscheidungen aufzuschieben oder an alten Wunden festzuhalten, können durch Traumbilder ausgeglichen werden.

Träume sind wichtig im spirituellen Leben. Gott spricht zu uns durch Träume. Dafür gibt es zahlreiche Belege in der Bibel (Gen 28,10–22; Num 12,6–8; Mt 1,20; 2,12–23; Apg 10,13–15; 18,9; 23,11; 27,23). Wir müssen die Traumbilder im Verstandesbereich auftauchen lassen und die Gefühle und Assoziationen, die sie hervorrufen, wahrnehmen. Durch sie können wir die innere Stimme des Geistes erlauschen, die aus dem Herzen murmelt, das tiefer liegt als die Psyche.

Der Traum ist ein Stück unwillkürlicher psychischer Tätigkeit,
das gerade so viel Bewusstheit hat,
um im Wachzustand reproduzierbar zu sein.
Carl Gustav Jung, Gesammelte Werke

Wir sprechen einerseits von einem persönlichen,
anderseits von einem kollektiven Unbewussten,
das gleichsam eine tiefere Schicht
als das bewusstseinsnähere persönliche Unbewusste darstellt.
Die großen bzw. bedeutungsvollen Träume entstammen dieser tieferen Schicht.
Carl Gustav Jung, Gesammelte Werke

Die Interpretation des Traumes setzt psychologische Einfühlung,
Kombinationsfähigkeit, Intuition, Welt- und Menschenkenntnis
und vor allem ein spezifisches Wissen voraus,
bei dem es ebensosehr auf ausgebreitete Kenntnisse
wie auf eine gewisse intelligence du coeur ankommt.
Carl Gustav Jung, Gesammelte Werke

Im Traum hat nicht mehr unser Ich das Heft in der Hand, da meldet sich eine andere Instanz.
Die Psychologie nennt sie das Selbst, wir können auch sagen, dass Gott sich darin zu Wort meldet ...
Wenn ich den Traum mit Gott bespreche,
dann will mich Gott auf meine innere Quelle hinweisen, die ich verschüttet habe,
auf seine Gnade, der ich keinen Zutritt gestatte.
Anselm Grün, Träume auf dem geistlichen Weg, 44, 59

MEDITATION

INNERER RAUM Ich komme zu einer tiefen inneren Stille. Ich erinnere mich an einen Traum, der mir noch im Gedächtnis ist. Ich visualisiere die Details und durchlebe den Traum mittels aktiver Imagination noch einmal.

BESINNUNG Ich versuche mich mit den verschiedenen Elementen des Traums zu identifizieren: der *andere* bin ich. Ich fühle die emotionalen Reaktionen in mir, die Assoziationen, die ich spüre, die Wahrnehmungen, die auftauchen, und die Klarheit, die ich erlebe. Ich frage mich: Was könnte die Botschaft des Traumes sein?

IM HERZEN Langsam fühle ich in das Herz hinein, den inneren göttlichen Raum. Ich nehme die spirituellen Einsichten wahr, die in mir aufsteigen. Ich höre auf die innere Stimme des göttlichen Geistes in meinem Herzen. Ich nehme wahr, wie meine Grundhaltungen zum Leben bestätigt oder korrigiert werden.

18. Die dunkle Nacht der Seele

In der Psyche spüren wir Schatten und Licht – beide haben sich im Lauf der Jahre herausgebildet. Die Schatten sind geprägt von unseren unterdrückten Emotionen, Impulsen und Instinkten wie sexuelle Begierde, Machtstreben, Selbstsucht, Gier, Neid, Zorn oder Furcht; diese sind von unserem Tagesbewusstsein weitgehend verdeckt. In Krisenzeiten kann man von diesen Schatten geradezu überwältigt werden. Manche von ihnen können so machtvoll sein, dass sie mit einer angstauslösenden Dunkelheit einhergehen: Man geht durch eine *Dunkle Nacht der Seele*. Der Gott, in den man Vertrauen setzte, scheint verschwunden zu sein. Man möchte ausrufen: *Mein Gott, mein Gott, warum hast du mich verlassen?* Kein Licht, um den nächsten Schritt zu gehen, keine klare Sicht, kein Ende absehbar. Man fühlt sich, als ob man durch eine dunkle Wolke fliegt, und neigt dazu, den inneren Weg aufzugeben und zu den ursprünglichen Sicherheiten auf der Verstandesebene zurückzukehren.

Spirituelle Meister empfehlen, in diesen Momenten nicht aufzugeben, sondern am Prozess festzuhalten. Die *dunkle Nacht* kann eine Phase der inneren Reinigung sein, um die Seele von unangemessenen Bindungen zu befreien und um die Gottesvorstellungen zu hinterfragen und zu klären. Man muss sich auch von den kleinsten Elementen der Ego-Fixierung lösen und die Gottesbilder loslassen, die eine falsche Sicherheit vortäuschen. Man muss mit dem Geist mitschwingen, der tiefer gräbt und das Bewusstsein zu den »Tiefen Gottes« (1 Kor 2,10) führt.

Die einkreisende Dunkelheit kann uns innerlich stark hin und her bewegen. Der Heilungsprozess setzt ein, wenn man dem göttlichen Licht der Morgendämmerung vollkommen vertraut. Die Nacht ist nur ein Vorbote des Tages. Eigentlich gibt es keinen Sonnenuntergang. Die Sonne verschwindet nur für einige Stunden aus unserem Blickfeld. Die göttliche Sonne geht niemals unter. In Momenten, in denen Dunkelheit die Psyche belastet, muss man tiefer blicken, in das Herz, und das göttliche Licht wahrnehmen, das aus dem Seinsgrund aufgeht. Dann können die angstauslösenden Momente der Gottesferne zu einer intensiven Erfahrung der heilenden Kraft des Göttlichen werden. So wie die *kenosis* Gottes zur *Theosis* des Menschen führt, so erhebt die Selbstentleerung des Menschen im Leiden das Bewusstsein zur Göttlichwerdung.

Die dunkle Nacht ist ein Wirken Gottes in der Seele,
das sie von ihrem zuständlichen natürlichen und geistigen Unwissen
und ihren Fehlern läutert.
Gott bereitet sie durch reinigende und erleuchtende Tätigkeit vor
auf die Liebeseinigung mit ihm ...
Wenn das göttliche Licht der Beschauung
in eine nicht völlig erleuchtete Seele eintritt,
verursacht es geistige Finsternis.
O seligste der Nächte,
Da ich beherzt den dunklen Pfad erklimmte,
Da mich kein Blick erspähte,
Kein Licht den Tritt bestimmte
Als das, das in der innern Brust mir glimmte.
O Nacht, die mich beglückte,
Wie lieb' ich dich ob Morgenrotsscheine;
Dein Dunkel ja mich führte
Zum seligsten Vereine,
Wo ich, in ihn gewandelt, ward die seine!

Johannes von Kreuz, Dunkle Nacht

Die Nacht ist dunkel und der Weg nach Hause weit –
Führ du mich weiter! Lenke du meine Schritte;
Das weit Entfernte brauch ich nicht zu sehen –
Ein nächster Schritt ist mir genug.

John Henry Newman

MEDITATION

INNERER RAUM In tiefer innerer Stille schaue ich in den inneren Bereich meines Wesens. Ich lasse eine konkrete Erfahrung der Gottesferne in mir auftauchen. Ich fühle die damit verbundenen Leiden und Ängste.

BESINNUNG Ich nehme die innerpsychischen Bewegungen wahr, wenn ich mich an die *dunkle Nacht* im Inneren erinnere. Ich spüre die emotionalen Facetten, die in mir auftauchen.

IM HERZEN Langsam fühle ich in das Herz, den inneren göttlichen Raum. Dort nehme ich die inneren Bewegungen des Geistes wahr. Ich spüre, wie ich von einigen der übermäßigen Bindungen befreit wurde und wie meine Gottesbilder durchlässiger für das göttliche Geheimnis wurden. Ich spüre das Schimmern des göttlichen Lichts, das in mir aufgeht. In diesem Vertrauen spüre ich, wie die Nacht zu einem Moment der intensiven Einheit mit dem Göttlichen wurde und Gnade meinen Weg erleuchtet.

19. Gnade überwindet die Neigung zur Sünde

Es gibt eine Grundneigung in uns Menschen, vom Pfad zum letzten Ziel abzuweichen. Sie wird in der christlichen Tradition als *Sünde* bezeichnet. Der neutestamentliche Begriff dafür, *hamartia*, bedeutet: das Ziel verfehlen. Das letzte Ziel des Menschen ist es, heimzufinden in das tief in ihm angelegte göttliche Wesen, in die All-Einheit mit dem Göttlichen (*theosis*). Diesen göttlichen Heilsweg nicht zu gehen, das ist Sünde: Getrenntsein vom tiefsten eigenen Wesen. Sünde hat daher ein ethisches Element und auch eine mystische Komponente. Das ethische Element bezieht sich darauf, etwas zu tun, das nicht der göttlichen Zielsetzung dient. Dabei sind persönliche und strukturelle Aspekte im Spiel. Der persönliche Aspekt besteht in einem freien Akt, der allerdings von unterbewussten Faktoren beeinflusst wird. Man handelt gegen die göttliche Orientierung, gegen Liebe, Licht und Leben. Das Gewissen ist die innere Stimme, die uns an das eigentliche Ziel erinnert. Wer sich bewusst gegen diese Stimme und damit gegen den Geist Gottes entscheidet, trägt dafür die Verantwortung. Der strukturelle Aspekt meint bedrückende gesellschaftliche und politische Faktoren, die die Freiheit des Einzelnen einengen.

Sünde hat auch eine mystische Dimension. Die Weisen des Ostens bevorzugen den Begriff Unwissenheit (Ignoranz, *avidya*), um die Neigung zur Sünde zu bezeichnen. Der Mensch weiß nicht, wer er wirklich ist; er erkennt nicht, dass er immer schon ein Teilchen des Göttlichen ist. Es ist, als ob ein Schleier zwischen ihm und dem Göttlichen hängt, der die klare Sicht verhindert und das Bewusstsein verdunkelt. In diesem von Unwissenheit geprägten Sein ist der Mensch vom wahren Wesen entfremdet, was den Umgang mit sich selbst und anderen beeinträchtigt und Leid für sich selbst und für andere mit sich bringt.

Es fördert nicht das persönliche Wachstum, wenn jemand ständig die Rückmeldung bekommt, ein »Sünder« zu sein. Vielmehr soll man im Herzen die Heilsbotschaft hören: *Du bist göttlich.* Du bist eine Tochter / ein Sohn Gottes, du bist ein Teilchen des Göttlichen, du bist ein Zweig am göttlichen Baum. Mit dieser positiven Selbstbestätigung, die aus der göttlichen Tiefe kommt, ist man in der Lage, die Schattenseiten in sich selbst und in den anderen zu erkennen und ihnen verantwortungsbewusst und schöpferisch zu begegnen. Echtes Bedauern der eigenen Fehler entsteht aus der Erfahrung, von Gott geliebt zu sein. Man erfährt tief innerlich, dass die göttliche Barmherzigkeit stärker ist als alle menschlichen Um- und Abwege.

Gott hat uns der Macht der Finsternis entrissen
und in das Reich seines geliebten Sohnes aufgenommen.
Durch ihn haben wir die Erlösung, die Vergebung der Sünden.
Kol 1,13–14

Wenn ein Mensch sich nach Sinnesobjekten sehnt,
entsteht Anklammerung daran.
Aus dieser Anhaftung entsteht Begierde,
und aus Begierde kommt Zorn.
Zorn führt zur Verwirrung,
der Verwirrung folgt Verlust der Klarheit.
Hierdurch wird buddhi *verdunkelt,*
und dadurch geht er zugrunde.
Bh. Gita 2,62–63

Menschen würden nie sündigen, wenn sie wüssten,
dass jede Sünde ihnen selbst schadet.
Anthony de Mello, Wer bringt das Pferd zum Fliegen?

Wir sollen uns stets vor Selbstgerechtigkeit hüten, weil sie uns blind machen
und zur Härte des Herzens führen wird.
Anthony de Mello, Contact with God, 121

MEDITATION

INNERER RAUM In tiefer Stille schaue ich in den inneren Bereich meines Seins. Ich erinnere mich an einen Moment, in dem ich vom Weg abgekommen bin, durch eine Handlung oder eine Haltung.

BESINNUNG Ich nehme die innerpsychischen Bewegungen zur Kenntnis, während ich mich intensiv daran erinnere. Ich spüre die Spannung zwischen der Neigung zur Selbstrechtfertigung und der Erfahrung von ehrlichem Bedauern. Ich nehme die unterschiedlichen Anteile wahr und bleibe liebevoll bei den verschiedenen Gefühlen, die in mir aufsteigen.

IM HERZEN Langsam fühle ich in das Herz, den inneren göttlichen Raum. Dort spüre ich die inneren Bewegungen des Geistes. Mit aufrichtigem Bedauern und ehrlichem Vertrauen lege ich mich in die verwandelnde göttliche Gegenwart. Ich nehme wahr, wie mich das göttliche Licht erfüllt und die Dunkelheit der Unwissenheit erhellt. Ich spüre, wie sich die göttliche Quelle der Barmherzigkeit öffnet und meine Wunden heilt. Da Gott mich immer schon angenommen hat, kann auch ich mich annehmen. In diesem Vertrauen erfahre ich, wie die *Gnade in meiner Schwachheit reichlich vorhanden ist* (2 Kor 12,9).

20. Freude verwandelt Traurigkeit

Leiden gehört unvermeidlich zum Leben. Jeder Geburt gehen Geburtswehen voraus, jede neue Schöpfung verlangt die schmerzhafte Zerstörung des Alten, jede neue Pflanze geht aus dem Aufbrechen des Samens hervor. Leben wird aus dem Tod geboren. Die Weisen haben die Ursache des Leidens erforscht. »Warum gibt es soviel Leiden?«, fragte Siddartha. In der Erleuchtung erkannte Buddha, dass Leiden durch Habgier (*trishna*) verursacht wird: das Festhalten an Dingen, die von Natur aus vergänglich sind.

Wenn wir mit Leiden konfrontiert werden, neigen wir dazu, traurig zu sein. Leiden ist eine Realität, Traurigkeit ist der daraus entstehende Schmerz. Leiden ist eine Grenzerfahrung, Traurigkeit lässt uns erkennen, wie zerbrechlich wir sind. Dennoch: In begnadeten Momenten können wir durch das Leiden hindurchsehen und neue Lebensmöglichkeiten entdecken. Jede Krankheit hat eine Botschaft. Wenn wir sie wahrnehmen, kann eine Krankheitsphase eine segensreiche und friedvolle Zeit sein. In Zeiten von Krankheit wird uns bewusst, wie sehr wir geliebt und umsorgt werden. Durch die Schule des Leidens wachsen wir in eine innere Reife hinein und erhalten tiefere Einsichten in den Sinn des Lebens.

Die Weisen des Ostens sprechen von Gleichmut (*samadarśana*) inmitten des Leidens (Bh. Gita 6,29; Vinaya Pitaka). Meister Eckhart erwähnt *Abgeschiedenheit* und Ignatius von Loyola nennt es *Indifferenz*. Beide meinen nicht, dass wir Leiden unterdrücken sollen, sondern das Leiden aus einer größeren göttlichen Perspektive betrachten. Dann kann es sein, dass Traurigkeit keine unerträglichen Schmerzen verursacht, sondern neue Perspektiven eröffnet, um das Leben zu meistern. Diese Verwandlung erfordert jedoch Vertrauen in die göttliche Führung im Herzen.

Vertrauen in das Göttliche verwandelt Traurigkeit in Freude. Wir sind nicht dazu geschaffen, in Traurigkeit zu leben, sondern freudvolle Menschen zu sein. Echte Freude ist nicht etwas, das wir leisten, sondern das, was wir empfangen dürfen. Der göttliche Geist erfüllt unser Herz mit Freude, und diese Freude verleiht dem Leben frische Farben. Ein spiritueller Mensch ist im Kern ein von Freude erfüllter Mensch, denn er sieht alles mit innerer Freiheit. Man wird befähigt, sich selbst und andere mit dem inneren Auge zu sehen, das vom göttlichen Licht erleuchtet ist. Das ist eine Frucht der Meditation.

Wer Reue wegen Sünden mit Traurigkeit verwechselt,
erfährt nicht die echte Reue, die vom göttlichen Geist kommt.

Anthony de Mello, Contact with God, 123

Wenn Menschen fröhlich sind, sind sie gut.
Wenn sie aber gut sind, sind sie selten fröhlich.

Anthony de Mello, Wer bringt das Pferd zum Fliegen?

Freude passt sich an und verwandelt sich
und bleibt immer wenigstens wie ein Lichtstrahl,
der aus der persönlichen Gewissheit hervorgeht,
jenseits von allem grenzenlos geliebt zu sein.
Ich kann wohl sagen, dass die schönsten und spontansten Freuden,
die ich im Laufe meines Lebens gesehen habe,
die ganz armer Leute waren, die wenig haben,
an das sie sich klammern können.

Papst Franziskus, Evangelii Gaudium, Nr. 6

Liebe freut sich über das Gute des anderen,
wenn seine Würde anerkannt wird,
wenn seine Fähigkeiten und seine guten Werke zur Geltung kommen.
Wenn wir unsere Fähigkeit, uns über das Wohl des anderen zu freuen,
nicht nähren und uns vor allem auf unsere eigenen Bedürfnisse konzentrieren,
verurteilen wir uns dazu, mit wenig Freude zu leben.

Papst Franziskus, Amoris Laetitia, Nr. 109–110

MEDITATION

INNERER RAUM In tiefer innerer Stille schaue ich in den inneren Bereich meines Seins. Ich erinnere mich an eine schmerzhafte Erfahrung in meinem Leben. Ich versuche, sie mit all ihren emotionalen Aspekten erneut zu durchleben.

BESINNUNG Ich nehme die innerpsychischen Bewegungen wahr, wenn ich diese Erfahrung erneut intensiv durchlebe. Bewusst empfinde ich den Schmerz und die Traurigkeit, das Gefühl, verlassen und vergessen zu sein. Ich fühle die tiefe Hilflosigkeit, mit der ich in diesem Leiden konfrontiert war.

IM HERZEN Langsam fühle ich in das Herz, den inneren göttlichen Raum. Dort nehme ich die Bewegungen des Geistes wahr. Mit großer Zuversicht vertraue ich mich der verwandelnden göttlichen Gegenwart an. Ich spüre, wie sich heilende göttliche Quellen entfalten und Schmerz in Erleichterung, Einsamkeit in Hoffnung und Traurigkeit in Freude verwandeln. Dank dieser Erfahrung kann ich leidvolle Momente als Teil des Lebens annehmen und in innerer Freiheit hindurchgehen.

III. Nous/Buddhi

Jenseits des Verstandes und der Psyche sinkt das Bewusstsein in Richtung des intuitiven Bereichs in uns. Die Weisen und Mystiker aller Kulturen unterscheiden übereinstimmend zwischen dem analytischen Verstand und der inneren Fähigkeit der Erkenntnis. Durch Letztere erwacht man zur Tiefe der Wirklichkeit. Um die Funktionsweise dieser intuitiven Erkenntnisfähigkeit zu beschreiben, verwenden die Weisen verschiedene Symbole. Einige davon werden in dieser Meditationsreihe aufgegriffen. Zunächst gewinnen wir Klarheit über diese spirituelle Fähigkeit, die in der griechischen Tradition (im Westen) *nous*, und in der indischen Tradition (im Osten) *buddhi* genannt wird. Sie wird auch als Tür zum Herzen, als innerer Lotus, als inneres Auge und inneres Ohr, als innere Flamme und Licht im Inneren bezeichnet; wir stellen fest, in welcher Weise sie so symbolisiert werden kann. Diese mystische Fähigkeit entfaltet sich nur mit göttlicher Gnade: das intuitive Auge muss mit dem göttlichen Licht erleuchtet werden. In der letzten Meditation wird die *Anjali*-Haltung vorgestellt, um zu erkennen, welche Auswirkung diese Sichtweise auf den Leib hat.

21. Nous
22. Buddhi
23. Die innere Tür
24. Der Lotus des Herzens
25. Das innere Auge
26. Das innere Ohr
27. Die innere Flamme
28. Das innere Licht
29. Das Wirken der Gnade
30. Die sakrale Haltung von *Anjali*

21. Nous

Griechische Philosophen und Kirchenväter nennen die Fähigkeit der Intuition *nous*. Sie unterscheiden zwischen dem analytischen Verstand (*dianoia*) und dem intuitiven Erkenntnisorgan (*nous*). Die großen griechischen Philosophen sprechen von *nous* als kosmischer Intelligenz, als innewohnendes Prinzip der Harmonie und als intuitive Fähigkeit des Menschen, diese Harmonie ebenfalls wahrzunehmen. Es ist die spirituelle Antenne, die uns die »Welt der Ideen« (Platon), das »Wesen der Wirklichkeit« (Aristoteles) und das »EINE, aus dem das Viele hervorgeht« (Plotin) wahrnehmen lässt.

Die Kirchenväter, die maßgeblich vom Platonismus und Neuplatonismus beeinflusst waren, beschreiben *nous* als die intuitive Fähigkeit, mit deren Hilfe wir in den göttlichen Raum in uns schauen und den Prozess der Göttlichwerdung erkennen. Es ist der mystische Punkt, an dem sich Gott und Mensch treffen. *Nous* ist eine menschliche Fähigkeit, die aber durch das göttliche Licht erleuchtet werden muss: In ihm schauen wir in den göttlichen Bereich in uns, in das Herz. *Nous* ist die spirituelle Fähigkeit, mit der wir erkennen, dass wir als »Bild Gottes« geschaffen und dazu bestimmt sind, in die »Gottähnlichkeit« hineinzuwachsen. Ersteres ist die Wirklichkeit, letzteres ein Gnadenvorgang. Dies ist der Prozess der Göttlichwerdung. Genau genommen machen wir die Glaubenserfahrung mit *nous*. Augustinus nennt sie das »Auge des Glaubens« (*oculus fidei*, PL 35,1929).

Der Verstand objektiviert alles und analysiert die Wirklichkeit als das andere, während *nous* in die Tiefe der Wirklichkeit eintaucht, indem es sie mit dem wahrnehmenden Subjekt vereint. Der Verstand arbeitet nach dem Prinzip der Dualität und ordnet alles nach Strukturen und Eigenschaften ein; *nous* entfaltet sich nach dem Prinzip der Einheit und betrachtet alles im Sinne der universellen wechselseitigen Verbundenheit im Göttlichen. Der Verstand arbeitet horizontal in Bezug auf Personen und Dinge; *nous* wirkt vertikal und erforscht das Geheimnis der Wirklichkeit. Der Verstand durchdringt die Logik der Dinge, *nous* erforscht die Mystik der Wirklichkeit. Durch *nous* nimmt man den Prozess der Göttlichwerdung intuitiv wahr.

Nous ist das innere Auge, das die Schau (noesis) in die Welt der Ideen ermöglicht.

Platon, Leg. 10, 897b, 1

Nous sucht das EINE.

Plotin, Enneaden, 7, 32/24–25

Der nous, der sich gereinigt und über alles Materielle erhoben hat, um Gott klar zu schauen,
wird durch das Geschaute vergöttlicht (en ois theorei theopoieitai).

Origenes, In Johanneum, 32,17, PG 14,817a

Weil der Mensch zum Genuss der göttlichen Güter geschaffen ist,
musste er in seiner Natur etwas Verwandtes mit dem besitzen,
woran teilzunehmen er bestimmt war.
Darum ist er mit Leben, Vernunft und Weisheit
und überhaupt mit allen gotteswürdigen Gaben herrlich ausgestattet,
damit er durch jedes dieser Geschenke Verlangen trage
nach dem, was ihm verwandt ist.

Gregor von Nyssa, PG 45,21d

Nous wird für göttlich gehalten, insofern es gemäß seiner Veranlagung Gnade erfährt,
die das göttliche Wesen ausmacht.

Maximus Confessor, Ambiguorum Liber, 7, PG 91,1077ab

Nous ist die innere Fähigkeit, mit der man Theosis wahrnimmt.

Athanasius, PG 26,296b

Der nous des Aristoteles ist eine supra-individuelle Geistesgabe wie die des buddhi der indischen Spekulation.
Diese Fähigkeit innerhalb der orientalischen Traditionen ist supra-individuell, aber essenziell persönlich.

Mascarenhas, zitiert in: Panikkar, Christophanie, 258

MEDITATION

INNERER RAUM Ich komme zu einer leibhaften inneren Stille. Ich werde mir des Unterschieds zwischen dem extrovertierten Verstand (*dianoia*) und der nach innen gerichteten intuitiven Erkenntnis (*nous*) in mir bewusst.

INNERES BILD Ich versuche, zum Bewusstsein von *nous* in mir zu erwachen, das tiefer ist als der analytische Verstand. Ich lasse eines der Zitate der Kirchenväter/Philosophen über die Bedeutung von *nous* auf mich wirken. Ich meditiere über ein Bild oder ein Symbol für *nous*, um mich der inneren Wahrnehmungsfähigkeit stärker anzunähern. Ich spüre *nous* als die spirituelle Antenne, die den Menschen mit dem Göttlichen verbindet.

22. Buddhi

Nous, die intuitive Wahrnehmungsfähigkeit, wird im Osten als *buddhi* bezeichnet. »*Buddhi* ist jenseits des Verstandes« (Kath. Up. 3,10) – dies ist ein grundlegendes erkenntnistheoretisches Prinzip der Upanishaden, die die mystische Urquelle des Ostens darstellen. Der Verstand (*manah*) nimmt Dualität wahr, und *buddhi* erkennt intuitiv die Einheit der Wirklichkeit. Auf der Ebene des Verstandes entwickeln sich personifizierte Gottesbilder, während *buddhi* das Bewusstsein auf das transpersonale Gewahrwerden der Non-Dualität (*advaita*) hin vertieft.

Die Weisen der Upanishaden sprechen von fünf Hüllen (*kōśas*) des Bewusstseins, die man im Prozess des inneren Wegs erfährt. Zunächst befindet man sich auf der Ebene des grobstofflichen Körpers (*annamaya*). Dann wird man durch die Atmung zur subtilen Leibwahrnehmung (*prānamaya*) geführt. Von dort aus bewegt man sich nach innen in den mentalen Bereich (*manomaya*) und weiter hinunter zum intuitiven Bereich (*vijnānamaya*). Hier trifft man auf *buddhi*, das Organ der intuitiven Erkenntnis. Das Bewusstsein sinkt tiefer in den göttlichen Bereich, einen Raum reiner Glückseligkeit (*ānandamaya*) (Tait. Up. 2,2–5)

Man kann auch eine entsprechende Erweiterung des Bewusstseins zu den äußeren Ebenen spüren: die Ebene des grobstofflichen Körpers (*annamaya*), des feinstofflichen Leibes (*prānamaya*), des ätherischen Leibes (*manōmaya*), des Astralleibes (*vijnānamaya*) und der göttlichen Glückseligkeit (*ānandamaya*). In dieser Umwandlung des Bewusstseins dient *buddhi* als Eintrittspunkt zum Herzen, in dem man die Glückseligkeit des Einsseins von menschlichem Selbst und göttlichem Selbst erfährt. Der Übergang vom nach außen gerichteten Verstand (*manah*) zum nach innen gewandten *buddhi* geschieht durch Meditation (*dhyāna*), die als ein innerer Weg (*yāna*) in Richtung *buddhi* (*dhī* + *yāna* = *dhyāna*) beschrieben wird.

Die Bhagavad Gita bezeichnet *buddhi* als eine Fähigkeit, die sich vom Verstand unterscheidet und tiefer ist als dieser (3,40; 7,4; 5,11; 12,8; 6,25). Wenn *buddhi* durch das göttliche Licht (11,8) erleuchtet wird, erkennt man, dass man »dazu bestimmt ist, göttlich zu werden« (*brahmabhūyāya*, 18,53). Diese Erfahrung der Göttlichwerdung vollzieht sich im Herzen.

Bhargō dēvasya dhīmahi ... dhiyō yō nah prachōdayāt. –
Wir versenken uns andächtig in das Licht der göttlichen Sonne ...
Möge es unser Bewusstsein mit Kraft erfüllen.
Rig-Veda, 3.62.10

Manasastu parā buddhi – Größer als der Verstand ist buddhi.
Kath. Up. 1.3.10

Buddhi ist wie der Wagenlenker und der Verstand wie die Zügel.
Kath. Up. 1.3.3

Man meditiert mit buddhi, denkt mit dem Verstand und spricht mit Worten.
Garbha Up. 1

Dieser in allen Wesen verborgene Atman ist nicht sichtbar,
es wird nur geschaut von den subtilen Sehern durch ihren vorzüglichen buddhi.
Kath. Up. 1.3.12

Möge der buddhi mit erhabenen Einsichten mitschwingen.
Swet. Up. 3.4

Erhaben sind die Sinne; erhabener als die Sinne ist der Verstand. Erhaben über den Verstand ist buddhi, erhabener als buddhi ist ER (das Selbst).
Bh. Gita 3,42

Buddhi ist die höchste Entfaltung der Natur und daher dem unsterblichen Selbst am nächsten. Seine wahre Aufgabe ist die Kontemplation des Ewigen. Er ist die höchste Fähigkeit des Menschen, ganz auf das Göttliche hin ausgerichtet
Robert Zaehner, The Bhagavad Gita, 142–143

MEDITATION

INNERER RAUM Ich komme zu einer tiefen inneren Stille. Mir wird der Unterschied zwischen Reflexion und Meditation, zwischen *manah* und *buddhi* bewusst.

INNERES BILD Ich versuche, zur Erkenntnis von *buddhi* in mir zu gelangen, das tiefer ist als der analytische Verstand (*manah*). Ich lasse eines der Zitate der östlichen Weisen über die Bedeutung von *buddhi* auf mich wirken. Ich meditiere ein Symbol oder ein Wort, das sich auf *buddhi* bezieht, um Klarheit über die Funktion von *buddhi* auf dem Weg nach innen zu bekommen. Wenn in begnadeten Momenten das Auge des *buddhi* durch göttliches Licht erleuchtet wird, schaue ich in das Herz.

23. Die innere Tür

Geistliches Leben gleicht einer Pilgerfahrt. Wenn wir meditativ vom oberen Bereich des Verstandes in Richtung der intuitiven Fähigkeit gehen, befinden wir uns auf einer inneren Pilgerreise. *Nous/buddhi* ist wie die Tür zum Herz, dem Tempel Gottes in uns. *Weg* ist ein universelles Symbol des geistlichen Lebens. Die urchristliche Gemeinschaft begann als »Weg« (Apg 9,2). Hinduistische Weise beschreiben verschiedene Wege (*mārga*) zur Gotteserkenntnis. Buddhismus schlägt den Weg des Dharma vor. Im Taoismus ist Tao der *Weg*.

Auf der inneren Pilgerfahrt können wir Menschen nur bis zur Tür des Herzens vordringen. Das Warten vor der Tür kann Jahre dauern, doch gerade im Warten können wir die Berührung der Gnade spüren. Der Weg ist bereits das Ziel im spirituellen Leben. Wir bewegen uns nicht auf einen Gott zu, der uns an der Endstation erwartet, sondern wir werden die ganze Zeit vom göttlichen Geist auf dem inneren Pilgerweg geführt. Die Vereinigung mit dem Göttlichen findet im Tempel des Herzens statt. Das kann eine Erfahrung für einen Sekundenbruchteil sein. Aber solche intensiven Momente von *kairos* verleihen dem Leben, der inneren Pilgerfahrt, eine neue Qualität.

Nous/buddhi als die Tür zum Herzen ist auch die Tür des Glaubens (*porta fidei*). Daher nehmen wir durch *nous* die Göttlichwerdung wahr. »Lasst euch durch den Geist in eurem *nous* erneuern. Zieht den neuen Menschen an, der nach dem Bild Gottes geschaffen ist« (Eph 4,23–24). Wir erfahren Christus als den »Weg zum Vater« (Joh 14,6), die »Tür zu den Schafen« (Joh 10,7). Der innewohnende Christus öffnet die Tür des Herzens und ermöglicht den Zutritt zur göttlichen Wohnstätte. Der Geist ist die göttliche Dynamik im Inneren. Der Geist führt uns in die »Tiefen Gottes« (1 Kor 2,10).

Diese christlichen Sichtweisen dürfen nicht exklusiv aufgefasst werden, als ob sie die mystischen Wege und Schriften anderer Religionen außer Kraft setzten. Im Gegenteil, Christus als der Weg hilft uns, auch andere Wege zu sehen, die Menschen auf ihrer kulturbedingten Suche nach dem Göttlichen erfahren. Christus als die Tür zum Herzen lädt uns ein, »tiefen Respekt zu haben vor allem, was der Geist, *der weht, wo er will*, in Menschen hervorgebracht hat« (Johannes Paul II, *Red. Miss.* 56). Die Göttlichwerdung des Menschen ist eine universale Erfahrung, die von allen Religionen in der Tiefe des mystischen Bewusstseins geteilt wird.

Wenn man alles, was Sinne und Verstand anbieten, hinter sich lässt,
dann geht nous *unaufhörlich in die innere Tiefe, zu dem Punkt,*
an dem er in das Formlose und Unerkennbare eindringen kann.
Dort sieht man Gott.

Gregor von Nyssa, De vita Mosis, PG 44,376

In ihrer Reinheit ist die Seele dazu fähig, Gott in sich selbst wie in einem Spiegel zu schauen.

Athanasius, Contra gentes, 2 (BKV)

Nous *ist weit höher und innerlicher als die Kräfte der Seele, wie Verstand und Wille.*

Johannes Tauler, Predigt 53

Thomas von Aquin unterscheidet zwischen drei Funktionen der Seele: discernere, cogitare *und* intelligere. *»*Intelligere *ist nichts anderes als die reine Intuition des Intellektes über das, was sich ihm als verständlich darstellt«.*

IV Sent. I, dist. 3,q. 4,a. 5,c

Die Einheit (der Wirklichkeit) ist ein Geheimnis, ein unendliches Geheimnis, das Tor aller Wunder.

Lao Tse, Tao Te King, 1

Adi Granth, *die Heilige Schrift der Sikh Religion, spricht von neun Türen im Körper;*
Buddhi *ist die »zehnte Tür«, »die Eingangstür zur Heimat«, »der Durchgang zur Befreiung«.*

Adi Granth, Maru, M 1, 1036

MEDITATION

INNERER RAUM Ich komme zu einer inneren Stille. Ich werde mir des inneren Wegs vom Verstand zu *nous/buddhi* bewusst. Ich nehme ihn wahr wie eine innere Pilgerfahrt, auf der sich mein geistliches Leben entfaltet.

INNERES BILD Ich versuche, *nous/buddhi* als Tür zu spüren, die mir Zutritt zu meinem Herzen gibt. Ich stehe davor und warte, bis die Tür von innen geöffnet wird. Ich rufe mir die begnadeten Momente in meinem Leben in Erinnerung, in denen ich durch diese mystische Tür eintreten durfte. Ich erkenne, dass mich der göttliche Geist auf allen meinen Schritten dieser inneren Pilgerfahrt geführt hat, besonders in den Momenten, in denen ich an der Tür gewartet habe. Wenn sich durch göttliche Gnade die Tür öffnet, tritt das Bewusstsein ins Herz, den inneren sakralen Raum ein. Ich erfahre Christus als die Tür zur göttlichen Gegenwart im Herzen: »Ich bin die Tür« (Joh 10,7).

24. Der Lotus des Herzens

Ein Symbol, das in den religiösen Traditionen des Ostens oft zur Charakterisierung von *buddhi* verwendet wird, ist der Lotus. Obwohl der Lotus in trüben Gewässern wächst, entwickelt er wunderschöne Blütenblätter. Obwohl er aus den dunklen Tiefen des Schlamms kommt, blüht er im Glanz der Sonne. Daher wird der Lotus weithin als Symbol für Reinheit und Schönheit, Wohlstand und Fülle, Fruchtbarkeit und Kreativität, Transzendenz und Erhebung des Bewusstseins verwendet. Der Lotus symbolisiert die intuitiv-mystische Fähigkeit, die das Bewusstsein vertieft und erhebt.

So wie der Lotus aus dem schlammigen Wasser auftaucht, erhebt sich das Bewusstsein über die Verzerrungen der Sinne, die Ablenkungen des Verstandes und die Unruhen in der Psyche. In *buddhi* erblüht das Bewusstsein zur Reinheit und entfaltet sich in die unbegrenzten Horizonte des göttlichen Lichts. So wie die Lotusknospe sich nach der Sonne sehnt, geht die Seele mit spiritueller Disziplin dem Göttlichen entgegen. Wenn sie auf die göttliche Energieschwingung eingestimmt ist, öffnen sich die Blütenblätter eines nach dem anderen, bis sie zur vollen Blüte gelangen. Die Energiezentren (*Chakren*) entlang der Wirbelsäule werden ebenfalls mit einer Lotusstruktur dargestellt.

Buddhi wird der Lotus des Herzens (*hridaya-padma*) genannt. Im Lotus des *buddhi* trifft das Göttliche das Menschliche und erleuchtet die Seele. Daher werden die hinduistischen Götter und Göttinnen oft so dargestellt, als säßen sie auf dem Lotus des Herzens. Lakshmi, Brahma, Sarasvati und Parvati werden mit einem Lotus-Sockel dargestellt. In Hindu-Tempeln wird die zentrale Gottheit auf einen Lotus-Sockel (*padma-peetha*) platziert. Auch der erleuchtete Buddha wird auf einem Lotus sitzend dargestellt, denn er hat die Bindung an die trüben Gewässer dieser Welt vollkommen überwunden. In der indischen christlichen Kunst wird Jesus auf einem Lotus sitzend gezeigt.

Die Lotus-Haltung (*padmāsana*) wird als die beste Meditationshaltung angesehen. Wenn beide Füße auf den Oberschenkeln ruhen, sitzt man wie ein Lotus in voller Blüte, vollständig offen für das Einströmen des göttlichen Lichts. Die Lotus-Haltung kann sehr gut unterstützen, um in der Meditation zu *buddhi* zu gelangen.

Die Schönheit des Göttlichen ist Liebe.

Gregor von Nyssa, Dialogus de anima et resurrectione

Nous ist das intuitive Organ, durch das wir in die Ähnlichkeit mit Gott gelangen;
nous betrachtet die göttliche Schönheit, soweit es die Gnade gewährt.

Basilios, Epistulai, 233.1

Nous ist das, durch das die Seele innerlich die Schönheit Gottes schaut,
um vergöttlicht zu werden (apotheothenai).

Corpus Hermeticum, 10.6

So wie die Sonne ein gesundes Auge anzieht,
so zieht Gotteserkenntnis den gereinigten nous zu Gott in Liebe.

Maximus Confessor, Capita de caritate, 1.32, PG 90,968a

Die Gestalt des Geistes (Purusha) ist wie ein weißer Lotus, wie ein plötzlich aufleuchtender Blitz.
Sie ist die Wirklichkeit der Wirklichkeit, nicht so, nicht so (nēti, nēti).

Brih. Up. 2.3.6

Kein Auge könnte je die Sonne sehen, wenn es nicht sonnenhaft geworden.
So kann auch die Seele das Schöne nicht schauen, wenn sie nicht schön geworden.
Es werde also einer zuerst ganz gottähnlich und ganz schön, wenn er Gott und das Schöne schauen will.

Plotin, Enneaden, I.6.9

MEDITATION

INNERER RAUM Ich komme in eine innere Stille. Ich werde mir bewusst, wie sich das Bewusstsein von der Ich-Verhaftung löst und sich in *nous/buddhi* für das göttliche Licht öffnet.

INNERES BILD Ich versuche, die intuitive Fähigkeit in mir als eine Lotusknospe zu empfinden, die auf das göttliche Sonnenlicht wartet. Wenn das göttliche Licht auf sie fällt, entfalten sich die Blütenblätter. Mein *nous/buddhi* blüht wie ein vollständig geöffneter Lotus. Ich fühle die Kraft des göttlichen Lichts, das meine intuitive Wahrnehmung erhellt. Ich spüre, wie mein Verwurzeltsein in den trüben Gewässern der Anhaftung in ein leuchtendes Sein verwandelt werden kann. Ich erfahre Christus als das göttliche Licht, das mein *nous/buddhi* erhellt. »Dein Körper wird von Licht erfüllt sein« (Lk 11,36).

25. Das innere Auge

Ein Symbol, das allgemein verwendet wird, um das mystische Organ der Erkenntnis zu beschreiben, ist das *innere Auge*. Es ist dieses Auge, mit dem man in den Bereich der spirituellen Wirklichkeit tief in sich selbst und über sich hinaus blickt. Die Funktion von *nous* wird oft als Sehen (*theoria*) beschrieben, das später mit *contemplatio* übersetzt wurde: Sehen durch das *templum*, das spirituelle Auge, das zwischen den Augenbrauen liegt, das *dritte* Auge.

Mit dem »Auge des Herzens« (Eph 1,18) nehmen wir die tiefere Bedeutung der Wirklichkeit wahr. Hier werden Subjekt und Objekt eins. *Nous/buddhi* kennt keine Dualität. Intuition entfaltet sich in mystischer Einheit. Man sagt, dass Jesus den Jüngern die Augen des *nous* auf dem Weg nach Emmaus öffnete, so dass sie die Gegenwart Gottes in der Geschichte wahrnehmen konnten (Lk 24,45).

Die Weisen der Upanishaden fragen: »Wer sieht wirklich? Wer lenkt das äußere Auge?« Diese nach innen gerichtete Suche führt zur Einsicht: »Was für das Auge unsichtbar ist, wodurch das Auge sieht, erkenne das als das Göttliche«. Diese geheimnisvolle Wirklichkeit kann jedoch nicht zum Gegenstand des Sehens gemacht werden, denn »dorthin reicht das Auge nicht« (Kena Up. 1,1–3,7). Durch spirituelle Disziplin sinkt das Bewusstsein vom Verstand zu *buddhi*. Dort muss man warten, bis das innere Auge vom göttlichen Licht geöffnet wird. Das intuitive Auge wird sich der göttlichen Innerlichkeit in der Welt bewusst, des göttlichen Unterstroms als Geist, als Schwingung.

Es gibt einen wunderschönen Moment im Offenbarungsdialog in der Bhagavad Gita. Der menschliche Schüler (*Arjuna*) betet zum göttlichen Meister: »Herr, ich möchte dich sehen! Wenn du meinst, dass ich dich sehen kann, zeige mir bitte deine göttliche Form.« Der Herr antwortet: »Mit deinem natürlichen Auge kannst du mich nicht sehen. Ich verleihe dir ein göttliches Auge: nun sieh meine göttliche EINheit (*yogamaiswaram*)« (Bh. Gita 11,3; 8). Mit dem inneren Auge, das im göttlichen Licht geöffnet wurde, erfahren wir den Prozess der Göttlichwerdung.

Betrachten wir ihn im nous und schauen wir mit den Augen der Seele auf die Langmut seines Willens; betrachten wir, wie gütig Gott sich gegen seine ganze Schöpfung erzeigt.

Clemens von Rom, I Brief, 19.3 (BKV)

Auf das göttliche Licht hin öffnet sich das innere Auge
und verleiht eine Einsicht in sein unsichtbares Wesen.

Augustinus, Psalmkommentar

Augustinus spricht auch vom »Auge des Glaubens« (oculus fidei).

PL 35,1929

Johannes Klimakos spricht vom »Auge des Herzens, mit dem man die göttliche Sonne anschaut«.

Die Leiter, 27, PG 88,1112c

Es gibt eine Schau des Herzens über alle begrifflichen Energien hinaus.
Sie ist eine Schau unsres Herzens, welche alle verständigen Kräfte unserer Seele übersteigt.

Gregor von Palamas, Verteidigung der heiligen Hesychasten

Das Auge, in dem ich Gott sehe, das ist dasselbe Auge, darin mich Gott sieht;
mein Auge und Gottes Auge, das ist ein Auge und ein Sehen und ein Erkennen und ein Lieben.

Meister Eckhart, Qui audit me

Es ist das Auge des Großen Geistes, wodurch er alles sieht, und wodurch wir ihn sehen.
Das Auge des Herzens schaut alles und durch diese Schau kann ich mein Volk unterstützen.

Sioux Indianer von Dakota, USA

In islamischer Tradition wird die intuitive Fähigkeit als 'aql bezeichnet;
im Sikhismus wird das Auge der Seele nirat genannt;
die Saiviten des Hinduismus nennen es das dritte Auge.

MEDITATION

INNERER RAUM Ich komme in eine innere Stille. Ich nehme den Unterschied wahr zwischen den körperlichen Augen, mit denen ich die äußerlichen Dinge wahrnehme, und dem intuitiven Auge, mit dem ich in mystische Tiefen blicke.

INNERES BILD Ich versuche die intuitive Erkenntnisfähigkeit in mir als inneres Auge, als drittes Auge, wahrzunehmen. Dankbar spüre ich die Momente, in denen das Licht der göttlichen Gnade mein inneres Auge geöffnet hat. Ich schaue in das Herz und nehme mein wahres Selbst als ein Teilchen des göttlichen Selbst wahr, die Seele in Einheit mit dem Geist. Die Dualität von Subjekt und Objekt verschwindet, da ich mit einem göttlichen Auge begnadet bin. In Christus erkenne ich die göttliche Kraft, die mein intuitives Auge erleuchtet, »das Auge des Herzens« (Eph 1,18).

26. Das innere Ohr

Ein anderes Symbol für die intuitive Erkenntnisfähigkeit ist das innere Ohr. *Nous / buddhi* ist das mystische Organ, mit dem wir auf die innere Stimme lauschen. In den meisten Religionen wird dies als die *Stimme des Gewissens* verstanden. Das Gewissen ist die göttliche Weisung, die führt und lenkt, motiviert und unterscheidet, bestätigt und mahnt.

Der lateinische Begriff *con-scientia* bedeutet »Mit-Wissen.« Das heißt, dass jemand anderes weiß, was ich entscheide und tue. In jedem Menschen gibt es ein angeborenes Gespür dafür, was richtig und gerecht ist, was zu ganzheitlichem Wohlergehen (*srēyas*) führt, jenseits dessen, was eine momentane sinnliche Befriedigung (*prēyas*) (Kath. Up. 1.2.1) verschafft. Paulus spricht von einem im *nous* angeborenen Sinn, der »in das menschliche Herz geschrieben ist« (*syneidesis*) (Röm 2,15; Röm 1,20). Letztlich muss man seinem Gewissen treu bleiben. »Wir können angstfrei vor Gott sein, wenn das Herz uns nicht verurteilt« (1 Joh 3,21).

Oft wird das Gewissen als ein aktiver moralischer Zensor in uns verstanden. Es hat aber auch eine rezeptive mystische Dimension. Durch *nous* hören wir das, was jenseits von *nous* ist, nämlich die Stimme des Göttlichen im Herzen. Jesus sprach mit dem göttlichen Bewusstsein, dass der Vater durch ihn spricht (Joh 14,10). Paulus ermutigt, mit *nous* zu beten, nicht nur mit der Zunge (1 Kor 14,15). Die Bedeutung von *sraddha* (Bh. Gita 7,21) besteht darin, auf die göttliche Stimme im Inneren zu hören und sich von Weisheit, *jnana* (Bh. Gita 4,39), führen zu lassen: »Höre mein höchstes Wort, das tiefste aller verborgenen Geheimnisse« (Bh. Gita 18,64). Moralisches Gewissen entsteht aus dem mystischen Bewusstsein: Das Tun folgt dem Sein (*agere sequitur esse*).

In allen großen Schriften der Weltreligionen schwingt das Wort Gottes (*dabar, logos, vāc*). »Sprich, Herr, dein Diener hört« (1 Sam 3,9) ist ein Refrain, den wir in fast allen Offenbarungserfahrungen hören. Das innere Ohr wird eingestimmt auf die Schwingung der göttlichen Stimme, die im Herzen entsteht. Dadurch nimmt man den Prozess der Göttlichwerdung wahr.

Man muss die auf das Wahrnehmen gerichtete Fähigkeit der Seele rein bewahren,
bereit, die Stimmen von oben zu hören.

Plotin, Enneaden, V.1.2

Das Ohr schaut durch das Auge, und das Auge hört durch das Ohr.

Augustinus, Enarrationes in Psalmos, 130,6; PL 37,1707

Man kann sich nicht an das Göttliche annähern,
wenn nicht der Glaube vermittelt
und den suchenden nous *mit der unbegreiflichen göttlichen Natur vereint.*

Gregor von Nyssa, Contra Eunomium, 2.91

Im Streben nach Kontemplation
soll man die Sinneswahrnehmungen
sowie die Aktivitäten des Verstandes hinter sich lassen.

Dionysios Areopagita, De mystica theologia, 1.1, PG 3,997

Wenn ich im Schweigen der Kontemplation ruhe,
antwortest du, Herr, in der Tiefe meines Herzens und sprichst.

Nikolaus von Kues, De visione Dei, VII

Wenn der Mensch (die göttliche Gegenwart) wahrnimmt und wenn er bei sich selbst bleibt,
dann hört er die liebevolle Stimme, die in der Wüste, im göttlichen Grund ruft
und alles immer weiter hinleitet.

Johannes Tauler, Sermo 44

Die jüdische Kabbala spricht vom trans-mentalen Aspekt des Glaubens im Sinne eines Hinhorchens
*auf die göttliche Stimme aus dem Herzen (*bittul me-`ever le-ta`am we-da`at*).*
Im Sikhismus wird das »Ohr der Seele« surat *genannt; in den Upanishaden heißt es »Ohr des Ohres«*
*(*śrōtrasya śrōtram*, Kena Up. 1.2), mit dem man das »göttliche Wort (*vāk*)« hört.*

MEDITATION

INNERER RAUM Ich komme in eine innere Stille. Ich nehme den Unterschied wahr zwischen den körperlichen Ohren, mit denen ich äußere Geräusche höre, und dem intuitiven Ohr, mit dem ich auf die innere Stimme horche.

INNERES BILD Ich versuche, die intuitive Erkenntnisfähigkeit in mir als inneres Ohr zu spüren, als das Ohr des Gewissens, mit dem ich auf die göttliche Stimme in meinem Herzen höre. Ich rufe mir begnadete Momente in Erinnerung, in denen mich die göttliche Stimme von innen geführt hat. Mein intuitives Ohr ist auf den göttlichen Logos in mir eingestimmt. In Christus erkenne ich den göttlichen Meister, der die innere göttliche Stimme ist: »Was ihr hört, sind nicht meine Worte, sondern die Worte des Vaters« (Joh 12,49).

27. Die innere Flamme

Ein weiteres Symbol, das sich auf *nous / buddhi* bezieht, ist die innere Flamme. Feuer hat eine dreifache Funktion: es reinigt, verwandelt und erhebt. Feuer reinigt alles, was mit ihm in Berührung kommt. Feuer hinterlässt nichts, da es alles verzehrt, verwandelt und zur letzten Verwirklichung führt. In diesem Sinne erhebt das Feuer die Wirklichkeit von tieferen Schichten auf höhere Ebenen: vom Menschlichen zum Göttlichen. Die Rig-Veda, die älteste Heilige Schrift der Menschheit, beginnt mit dem Loblied: »Ich verherrliche das göttliche Feuer, den Priester, den Diener des Opfers, den höchsten Spender von Herrlichkeit« (Rig-Veda, 1.1.1.)

Nous / buddhi, dargestellt als innere Flamme, hat ebenfalls diese drei Bedeutungen: Das Bewusstsein wird gereinigt, verwandelt und zum Göttlichen erhoben. »*Nous*, gereinigt und über das Materielle erhoben, sieht das Göttliche im Prozess der Göttlichwerdung« (Origenes, PG 14,817a). Feuer ist ein grundlegendes biblisches Symbol für die Kraft und Gegenwart des göttlichen Geistes. Israel spürte die Führung Jahwes durch eine »Feuersäule« (Ex 13,21). Die erste christliche Gemeinschaft erlebte die Kraft des Heiligen Geistes in Form von »Feuerzungen« (Apg 2,3). Auch eine Taufe mit dem »Heiligen Geist und Feuer« (Lk 3,16) wird erwähnt.

Eine Flamme in einem windstillen Raum – dies ist ein klassisches Bild für einen Menschen, der in tiefer Meditation sitzt (Bh. Gita 6,19). Man könnte meinen, eine stille Flamme hätte eine bestimmte Form, aber in Wirklichkeit ist die Flamme eine ständige Bewegung, ein stetiges Fließen. Aus der Flamme fließt kontinuierlich Wärmeenergie aus. Asketen tragen im Osten safranfarbene Kleidung, die sie von der Farbe her ständig an das reinigende Feuer erinnert. Eine Flamme ist still und doch lebendig, unbeweglich und doch voller Bewegung, sie scheint statisch zu sein und hat doch eine ungeheure Dynamik. Durch *nous / buddhi* erwacht man zur Dynamik der göttlichen Gegenwart im Herzen, zum Prozess der Göttlichwerdung.

Das göttliche Feuer entzündet den nous, *die Lampe der Seele. Was für ein Wunder!*
Wir werden Nachkommen des göttlichen Geistes.
Symeon der neue Theologe, Die Reden, XV.3

Sobald die göttliche Sonne uns einmal anstrahlt,
umfängt sie alles mit ihrer Lichtkraft,
strahlt den Würdigen das beständige und ewige Licht ein,
ja, schafft sie selbst zu weiteren Sonnen um:
Die Gerechten werden leuchten wie die Sonne.
Gregor von Palamas, Verteidigung des heiligen Hesychasten

Langwährende Teilnahme am einstrahlenden göttlichen Licht
hat den Betenden ganz lichtförmig gemacht,
und indem er seine unteren Seelenvermögen ganz an sich selbst band,
hat er sie gänzlich in brennenden und unersättlichen Gottes-Eros
und in grenzenlose Gottes-Agape umgewandelt.
Maximus Confessor, Sprüche über die Liebe, II. 48

Manchmal habe ich gesagt, es gebe eine Kraft in der Seele, die allein frei ist.
Manchmal habe ich gesagt, es sei Hort des Geistes,
manchmal, es sei ein Licht des Geistes, manchmal, es sei ein Fünklein.
Diese Kraft fließt aus dem Geist und bleibt im Geist und ist durch und durch geistig.
In dieser Kraft lebt Gott und grünt und blüht voller Freude und in ganzer Herrlichkeit.
Meister Eckhart, Intravit Jesus

Von innen heraus verwandle ich die Dunkelheit, die aus Unwissenheit entsteht, ins Licht der Weisheit.
Bh. Gita 10,11

Tief in uns verborgen liegt ein Funke; er ermöglicht es, dass wir in einer Weise
göttlich gemacht werden können, die uns von allen anderen Wesen unterscheidet.
Raimon Panikkar, Christophanie, 68

MEDITATION

INNERER RAUM Ich komme zu einer inneren Stille. Ich nehme den Übergang des Bewusstseins vom nach außen gerichteten Verstand zum nach innen gewandten *nous/buddhi* wahr.

INNERES BILD Ich versuche, das intuitive Organ in mir als eine innere Flamme zu spüren - still, wach, lebendig und aufrecht. Wie eine Flamme in einem windstillen Raum flackert mein *nous/buddhi* nicht, sondern ist vollkommen wach für die göttliche Gegenwart im Herzen im gegenwärtigen Moment. Meine intuitive Erkenntnisfähigkeit ist eingestimmt auf den göttlichen Rhythmus, auf die Bewegung des göttlichen Geistes im Herzen. Ich erkenne Christus als die mystische Flamme, die *nous/buddhi* erhellt, um den Prozess der Göttlichwerdung wahrzunehmen.

28. Das innere Licht

Gott ist Licht – dies ist eine universelle Vorstellung, die sich in fast allen Religionen und Kulturen findet. Das innere Licht wird durch ein mystisches Organ wahrgenommen, das vom göttlichen Licht erleuchtet wird. Dieses Wahrnehmungsvermögen wird deshalb als *inneres Licht* beschrieben. In Gautama Siddhartha wurde *buddhi* so erleuchtet, dass er zum *Buddha* wurde. Die Weisen der Upanishaden erlebten diese intuitive Fähigkeit als *inneres Licht (antar-jyōti)*. In der Bhagavad Gita wird die innewohnende göttliche Gegenwart mit dem »Licht im Herzen« gleichgesetzt (Bh. Gita 13,18; Bh. Gita 10,11). Jesus erfuhr sein *nous* so von göttlichem Licht erfüllt, dass er sagen konnte: »Ich bin das Licht der Welt« (Joh 8,12). Und Jesus lädt uns ein, an dieser Erfahrung teilzuhaben und zu erkennen, dass wir das »Licht der Welt« sind (Mt 5,14). »In seinem Licht sehen wir das Licht« (Ps 36,10). Im Koran wird die innere Gegenwart Gottes als Licht in einer inneren Nische (24,35) beschrieben. In gewisser Weise laden alle Religionen die Suchenden ein, erleuchtete Menschen zu werden und damit einer höheren Bewusstseinsstufe entgegenzuwachsen. *Nous / buddhi* ist die innere spirituelle Fähigkeit, durch die diese Erfahrung ermöglicht wird.

Nous / buddhi befähigt, das göttliche Licht wahrzunehmen. Dennoch muss diese innere Fähigkeit von Gott erleuchtet werden (Bh. Gita 11,8). Die Entfaltung von *nous / buddhi* ist göttliche Gnade. Als Gefäß für das göttliche Licht ist *nous / buddhi* ein empfangendes Organ. Mit spiritueller Disziplin und Übung können wir uns nur dieser inneren mystischen Fähigkeit bewusst werden, aber die Erleuchtung ist ein Geschenk des göttlichen Lichts, das aus dem Inneren des Herzens sprudelt. Origenes spricht von *nous* als innerer Fähigkeit, die durch das göttliche Licht »gereinigt und erhoben« werden kann, um den Prozess der Göttlichwerdung wahrzunehmen (PG 14,817a). Wenn sie erleuchtet ist, dann wird das Göttliche als »strahlende Finsternis« wahrgenommen. (Dionysios Areopagita, *Mystische Theologie*,1)

Im göttlichen Licht, das durch *buddhi* durchscheint, entdeckt man sein wahres Selbst und seine eigentliche Identität. Man erfährt den inneren mystischen Ruf, die Einheit mit dem Göttlichen zu verwirklichen: Wir sind dazu bestimmt, mit der göttlichen Natur zu verschmelzen; dies ist ein Vorgeschmack der Unsterblichkeit.

Die im Lichte sind, erleuchten nicht selbst das Licht, sondern werden von Gott erleuchtet und erhellt.
Irenaeus, Adversus Haereses, 4.14.1 (BKV)

Wie die, welche das Licht schauen, in dem Lichte sind und an seinem Glanze teilnehmen,
so sind die, welche Gott schauen, in Gott und haben teil an seiner Herrlichkeit.
Diese Herrlichkeit aber macht sie lebendig, denn das Leben empfangen die, die Gott schauen.
Die ihn durch den Glauben fassen und schauen, macht Gott lebendig.
Iräneus, Adversus Haereses, 4.20.5 (BKV)

Der göttliche Strahl ist für jegliche Rede und jegliche Erkenntnis zu erhaben
und liegt überhaupt über jeden Verstand und jede Erkenntnis hinausgerückt.
Dionysios Areopagita, De divinis nominibus, 1.5 (BKV)

Erleuchtung ist die Erfüllung aller Sehnsüchte.
Das göttliche Licht ist das Ziel der Kontemplation.
Gregor von Nazianz, Orationes, 39.8

Gregor von Palamas spricht vom »Taborlicht der göttlichen Gnade, das das nous erleuchtet,
um Göttlichwerdung wahrzunehmen.«
Gregor von Palamas, Triaden 3.1.31

Sobald die göttliche Sonne uns einmal anstrahlt, umfängt sie alles mit ihrer Lichtkraft und schafft die,
die an jenem Licht teilhaben, selbst zu weiteren Sonnen um.
Gregor von Palamas, Verteidigung der heiligen Hesychasten

Licht über Licht. Allah führt zu Seinem Licht, wen Er will.
Koran 24,35

MEDITATION

INNERER RAUM Ich komme zu einer inneren Stille. Ich nehme den Übergang des Bewusstseins vom nach außen gerichteten Verstand zum nach innen gewandten *nous/buddhi* wahr.

INNERES BILD Ich versuche, die intuitive Fähigkeit in mir als ein Ausströmen von Licht zu erspüren. Das Licht strömt aus der göttlichen Quelle im Herzen und erleuchtet *nous/buddhi*. Ich sitze in einer vollkommen empfänglichen Haltung, gänzlich offen für die Lichtschwingungen des Göttlichen. In diesem Licht schaue ich in das Herz, in die Tiefe der Wirklichkeit. Das Bewusstsein sinkt in eine Lichtsphäre. Das erleuchtete *nous/buddhi* schwingt mit dem Energiefluss des göttlichen Lichts. Ich erfahre Christus als die göttliche Lichtenergie, die *nous/buddhi* erleuchtet, um den Prozess der Göttlichwerdung wahrzunehmen. »Ich bin das Licht der Welt« (Joh 9,5).

29. Das Wirken der Gnade

Alle großen Weisen, Mystiker und spirituellen Meister betonen, dass die Entfaltung der intutitiven Fähigkeit nur durch die göttliche Gnade geschieht. Das göttliche Licht erleuchtet *nous/buddhi*, das göttliche Feuer entfacht die innere Flamme, die göttliche Kraft öffnet das innere Auge, die göttliche Sonne bringt den inneren Lotus zur Entfaltung, die göttliche Stimme ruft das innere Ohr wach, der göttliche Meister spricht durch das innere Ohr, die göttliche Quelle strömt durch den inneren Brunnen. Diese empfangende Haltung ist entscheidend für die Erfahrung der Göttlichwerdung des Menschen.

Wo diese Empfangsbereitschaft fehlt, nimmt man das eigene Gottesbild ins Herz und setzt es absolut. Man kann an irgendeinem Element der Psyche hängen bleiben und es mit Gott identifizieren. Man kann sogar beanspruchen, eine Erscheinung des göttlichen Herrn zu haben, die in Wirklichkeit nichts anderes als eine psychische Projektion sein könnte. Wenn der Verstand auf etwas konzentriert ist, kann das Vorstellungsvermögen es auf eine handfeste Weise präsentieren. Hier muss man sehr wachsam sein und die inneren Bewegungen richtig unterscheiden. *Nous/buddhi* ist das Organ des Urteilsvermögens. Man kann Elemente der verstandesmäßigen Reflexion und psychologische Kenntnisse einbringen, Überreste aus der Vergangenheit und Sorgen bezüglich der Zukunft untersuchen; aber letztlich geschieht die *Unterscheidung der Geister* mit *nous/buddhi*, das vom göttlichen Licht erleuchtet wird.

Der Verstand ist aktiv, *buddhi* ist empfänglich. Der Verstand konstruiert das Ego-Selbst, *buddhi* erwacht zum wahren Selbst. Der Verstand ist extrovertiert, *buddhi* nach innen gerichtet. Der Verstand analysiert die äußere Wirklichkeit, *buddhi* ahnt die innere Tiefe der Wirklichkeit. Der Verstand nimmt die Endlichkeit wahr, *buddhi* ist offen für das Unendliche. Der Verstand pendelt zwischen Vergangenheit und Zukunft, *buddhi* ist ganz gegenwärtig im jetzigen Moment. Der Verstand ist an Phänomene gebunden, *nous* ist sensibel für das *Noumenon*. Der Verstand ist mit weltlichen Angelegenheiten (*vyāvahārika*) beschäftigt, *buddhi* schaut in den Bereich des Letztgültigen (*pāramārthika*). Durch *nous/buddhi* nimmt man den Prozess der Göttlichwerdung intuitiv wahr.

Durch Ordnung, Harmonie und Führung wird der erschaffene Mensch
zum Bild und Gleichnis des unerschaffenen Gottes.
Insofern der Mensch fortdauert in langen Ewigkeiten,
nimmt er die Kraft des Unerschaffenen an,
da ihm Gott in Gnaden ewige Fortdauer schenkt.

Irenaeus, Adversus Haereses, 4.38.3 (BKV)

Wir werden sogar Götter sein, wenn wir würdig werden,
diejenigen zu sein, von denen es heißt:
»Ich habe es gesagt, Götter seid ihr«,
jedoch nur infolge seiner Gnade,
nicht unseres eigenen Besitzes.
Denn er ist es allein, der Götter macht.
Wir haben dergleichen und werden es haben,
aber von ihm, nicht aus uns selbst.

Tertullian, Adversus Hermogenem, 5 (BKV)

Der Atman wird nicht erlangt durch Belehrung, durch den Verstand noch durch viel Schriftgelehrsamkeit.
Nur wen Er erwählt, von dem wird Er erlangt, diesem offenbart der Atman sein eigenes Wesen.

Kath. Up. 1.2.23

Die Bhagavad Gita betont die Rolle der Gnade in der spirituellen Heilserfahrung:
»Durch meine Gnade gelangst du in den ewigen Raum des Friedens« (18,56);
»Durch meine Gnade wirst du alle Hindernisse überwinden« (18,58);
»Durch deine Gnade habe ich Erkenntnis wiedergewonnen« (18,73);
»Durch seine Gnade wirst du zu höchstem Frieden in ewigen Wohnstätten gelangen« (18,62);
»Mit deinem (natürlichen) Auge kannst du mich nicht sehen; ich gebe dir ein göttliches Auge« (11,8).

MEDITATION

INNERER RAUM Ich komme zu einer inneren Stille. Ich nehme den Unterschied zwischen dem nach außen gerichteten Verstand und dem nach innen gewandten *nous/buddhi* wahr.

INNERES BILD Ich erkenne, dass ich vor dem Portal des Herzens nur stehen und warten kann. Der göttliche Geist muss die Tür von innen öffnen und mich in das Herz einlassen. Aber auch das Warten kann eine Erfahrung göttlicher Gnade sein, denn es ist der Geist, der die Sehnsucht nach dem Göttlichen in den Menschen eingewoben hat. Im Warten mache ich mich von allen Gottesbildern und konkreten Erwartungen frei. Ich bleibe in völliger Offenheit für die Bewegungen der göttlichen Gnade, in bedingungsloser Selbsthingabe an Christus, den innewohnenden göttlichen Meister. »Selig, die ein reines Herz haben, denn sie werden Gott schauen« (Mt 5,8).

30. Die sakrale Gebärde von *Anjali*

Der Leib ist die Ursprache des Menschen. Die Sprache des Leibes ist uns angeboren, die begriffliche Sprache aber lernen wir erst im Lauf der Zeit. Im klassischen indischen Tanz vermitteln die Gebärden (*mudra*) ein sehr feines ästhetisches Gefühl. Eine dieser Gebärden ist *anjali*: Beide Hände werden mit einander zugewandten Handflächen zusammengeführt und vor das Herzzentrum gehalten. Die Hände mit den nach oben gerichteten Fingern ähneln einer Lotusknospe, die auf die Sonne wartet.

Diese Haltung wird weithin verwendet, um Hingabe im Gebet, Respekt bei der Begegnung mit Älteren, Dankbarkeit für empfangene Gaben oder Achtung beim Begrüßen von Gästen auszudrücken. Manchmal sagt man in Indien zusammen mit dieser Gebärde *namastē* oder grüßt den anderen in achtungsvollem Schweigen, indem man nur den Kopf neigt. *Namastē* bedeutet »das Göttliche in mir grüßt das Göttliche in dir«. *Anjali* ist ein leiblicher Ausdruck von *buddhi*. So wie die Lotusknospe die Sonne erwartet, so wartet der spirituell Suchende auf die göttliche Sonne. Das Falten der Hände vor dem Herzzentrum ist in den meisten Religionen eine gebräuchliche Gebetshaltung. Andacht und Hingabe, Bitte und Anbetung kommen durch diese sakrale Gebärde zum Ausdruck. In dieser Haltung steht der / die Verehrende in Selbsthingabe und schaut intensiv auf ein Bild Gottes oder eines Heiligen. Oder der Suchende wird sich mit geschlossenen Augen der inneren göttlichen Gegenwart bewusst. *Anjali* ist eine Gebärde, die sich für liebevolle Hingabe an das göttliche *Du* oder für tiefe Versenkung / Meditation eignet, durch die *buddhi* erweckt wird.

Die Gebärde von *anjali* erinnert auch an eine Flamme. *Buddhi* wird oft als innere Flamme, als Herzensflamme gesehen. Mit *brennendem Herzen* wartet die Seele auf den göttlichen Herrn. Ein meditierender Mensch wird mit einer »Flamme in einem windstillen Raum« (Bh. Gita 6,19) verglichen. Die Flamme ist still, aber es gibt einen gewaltigen Energiefluss in ihr. In der Meditation erfährt man eine tiefe Stille; gleichzeitig ist man eingestimmt auf die dynamische Schwingung des göttlichen Geistes. Still und doch lebensprühend im Göttlichen – das ist die Erfahrung der Göttlichwerdung.

Während wir noch in unserer leiblichen Existenz waren,
hast du uns schon göttlich gemacht durch deine Weisheit.

Hermetica, Asclepius, 41

Der Leib ist das Unterpfand des Heils.

Ambrosius, Über christlichen Glauben, 5.14

Gelangt unsere Sehnsucht nun zu dieser seligen Wirksamkeit,
so wird auch unser Leib göttlich gemacht
durch Teilhabe an die göttlichen Energien.

Gregor von Palamas, Verteidigung des heiligen Hesychasten

Ich gieße meine Seele aus, über mich selbst hinaus.
Dort, wo ich über mich hinausgehe,
dort liegt der Wohnort Gottes in mir.
Von diesem inneren Ort aus führt mich Gott.
Tief in mir suche ich Gott.

Augustinus, Psalmenkommentar

Maximus Confessor spricht von einer zweifachen Kraft (syzygies) *in der Seele:*
Nous – Logos, Weisheit – Klugheit, Kontemplation – Aktion, Verständnis – Tugend,
anhaltende Erkenntnis – Glaube, intellektuell – vital, Wahrheit – Güte.
Der erste Begriff bezieht sich jeweils auf die Wahrnehmung, der zweite auf die Praxis.

Mystagogia, Kap. 5, PG 91,672

MEDITATION

INNERER RAUM Ich komme zu einer inneren Stille. In dieser kontemplativen Stille werde ich mir bewusst, wie sich *nous/buddhi* entfaltet.

INNERES BILD Ich sitze oder stehe und halte die Hände in der *anjali*-Gebärde vor dem Herzzentrum. Ich fühle in die Hände und spüre die Empfindungen, die diese Haltung in mir hervorruft. Ich nehme mich wahr wie eine Lotusknospe, die auf die göttliche Sonne wartet, oder wie eine Flamme, still und wach, in schweigendem Gebet: *Mit brennendem Herzen sehne ich mich nach Dir, Gott.* Ich spüre die betende Hingabe und das stille Warten in dieser Haltung. Ich beobachte, wie mein Leib mit der Gebetshaltung mitschwingt. Ich lasse diese Gebärde auf mich wirken und öffne mein Herz für Christus, den innewohnenden göttlichen Meister.

IV. Das Herz

Wenn *nous/buddhi* durch die göttliche Gnade erleuchtet wird, wenn das innere Auge vom göttlichen Licht geöffnet wird, dann schaut man in einen tieferen Bereich des Bewusstseins. In allen Kulturen und Religionen wird dieser Bereich als *Herz* bezeichnet. Dieses universelle Symbol bezieht sich weder auf das anatomische Herz noch meint es den Sitz der Emotionen, vielmehr symbolisiert es den Kern des Menschen, die göttliche Sphäre in uns. Im Herzen erfährt man die pulsierende Gegenwart des Göttlichen als *Geist*. In den folgenden Meditationen fühlen wir uns in die Symbole für das Herz hinein, die von den Weisen des Christentums, Hinduismus, Buddhismus und Sufismus vorgeschlagenen werden: Burg, Wohnstätte, Höhle, Śūnyata und Garten. Diese weisen nicht auf einen geschlossenen Raum in uns hin, sondern auf etwas, das den kosmischen Raum umfasst, nicht nur auf das menschliche Wesen, sondern auf den lebendigen Bereich des Reiches Gottes. Was im Herzen geschieht, ist ein geistlicher Geburtsvorgang: Die menschliche Seele wird ständig aus dem göttlichen Geist neu geboren und sie wiederum gebiert den Geist in die Welt.

31. Der Kern des Menschen
32. Der göttliche Raum in uns
33. Die innere Burg (Teresa von Ávila)
34. Die innere Wohnstätte (Meister Eckhart)
35. Die Höhle des Herzens (Hinduismus)
36. Der Bereich von *śūnyata* (Buddhismus)
37. Der mystische Garten (Sufismus)
38. Der innere kosmische Raum (Upanishaden)
39. Das Reich Gottes in uns
40. Der Geburtsraum

31. Der Kern des Menschen

Als *Personen* sind wir keine in sich geschlossenen *Individuen*, sondern wesensmäßig auf den anderen ausgerichtet. Es gibt einen grundsätzlichen Unterschied zwischen den beiden folgenden Feststellungen: Wenn ich sage *»ich bin ich, weil ich nicht du bin«*, bekräftige ich meine Individualität. Wenn ich aber sage *»ich bin ich, weil es dich gibt«*, erkenne ich mein Personsein an, mein Bezogensein auf den anderen. In diesem Sinn ist eine *Person* ein ekstatisches Wesen: Beständig geht man aus sich heraus und kommt – bereichert vom anderen – zu sich selbst zurück. In Beziehungen entfaltet sich unser Wesen als Person. Eine Person ist ein Gewebe aus Beziehungen. Personsein heißt Inter-Sein. *Persona est relatio subsistens.*

Beziehungen entwickeln sich auf sozialer, körperlicher, mentaler und psychischer Ebene. Aber die tiefste Ebene einer Beziehung ist die des Herzens. In allen Kulturen und Religionen symbolisiert das *Herz* den Kern des Seins und *Da*seins einer Person. Es bezieht sich auf die tiefste Ebene der Selbsterkenntnis und Selbsthingabe. Die Bibel spricht vom *lev*, um das Herz zu bezeichnen. Im Herz erkennt man die wesensmäßige Offenheit für das Unendliche, das Transzendente, das Jenseitige, das Göttliche. Die Begrenzung der Endlichkeit zu spüren bedeutet, die existenzielle Ausrichtung auf die unendlichen Horizonte des Geistes zu ahnen (siehe dazu die Erzählung vom *Vogel im Käfig*, Kap. 13).

Das Herz ist der »Ort«, in dem wir das Göttliche wahrnehmen und erfahren. Erst nachdem wir die innewohnende Gegenwart des Göttlichen im Herzen erfahren haben, können wir auf der Verstandesebene darüber nachdenken und mit den Sinnen sprechen. »Mit dem Herzen glauben und mit dem Mund bekennen« (Röm 10,10). Zwischen mystischer Erfahrung und sprachlichem Ausdruck, zwischen Herz und Verstand gibt es eine Kluft, die wir als Begrenzung der menschlichen Sprache akzeptieren müssen. Auf der Verstandesebene neigen wir dazu, uns an Namen und Formen, Dogmen und Definitionen festzuhalten, die von einer Religion vorgegeben werden; auf der Herzensebene aber sind wir immer spirituell Suchende. Man kann sich nie in einer bestimmten Wahrnehmung des Göttlichen beheimaten oder an einem Gottesbild hängen bleiben. Wir müssen ständig in einer Aufbruchstimmung sein, um in die *Tiefen Gottes* (1 Kor 2,10) einzutauchen. Der göttliche Geist führt immer weiter. Göttlichwerdung ist der Prozess, in dem wir im Herzen die tieferen Dimensionen des unfassbaren Geheimnisses des Göttlichen erkunden.

Mein Herz ist der Ort, wo ich ich bin, so wie ich bin.
Augustinus, Bekenntnisse, 10,3

Kehre in dich selbst ein: Im inneren Menschen wohnt die Wahrheit
Augustinus, De vera religione, 39,72

Das Herz ist »die Heimat von Nous«,
»der Ort der spirituellen Kenntnis«,
»der innerste Leib im Leib«,
»die Tiefe der Seele«,
»der Schrein der Intuition«,
»der Thron der Gnade«,
»der Wohnort des Heiligen Geistes«,
»die Mitte, aus der der Geist ruft Abba, Vater«.
Gregor von Palamas, Triaden, I.ii.3

Das »Herz« im spirituellen Klassiker Philokalie ist nicht das anatomische Organ, sondern das geistliche Zentrum des Menschen, der als Ebenbild Gottes geschaffen ist; es ist der innere Ort, an dem man wahrhaft und tief zu sich kommt, das innerste Heiligtum, in dem das Geheimnis der Vereinigung zwischen Gott und Mensch verwirklicht wird.
Philokalie-Glossar, »Herz«

Das Herz ist es, das Gott spürt, nicht der Verstand. Darin besteht der Glaube.
Das Herz ist empfänglich für Gott, nicht der Verstand.
Blaise Pascal, Pensees, 278

Das Herz ist das Heiligtum, in dessen Mitte es einen kleinen Raum gibt, wo der Große Geist schwingt.
Sioux Indianer

MEDITATION

INNERER WEG Ich komme zu einer tiefen inneren Stille. Ich bringe meine Aufmerksamkeit in das Zentrum meines Seins. Manche bringen es mit dem Vitalzentrum (*manipura/hara*) oder dem Herzzentrum (*anāhata/cor*) oder dem Stirnzentrum (*ājna/templum*) in Verbindung. Aber da es sich nicht um ein anatomisches Zentrum handelt, kann es nicht auf einen bestimmten Teil des Körpers festgelegt werden.

IM HERZEN Langsam wird das Bewusstsein vertieft und fokussiert. Ich versuche, das Zentrum meines Seins als das pulsierende Zentrum einer Spirale zu fühlen. Die Spirale dehnt sich immer weiter aus; ihre expandierende Kraft entspringt aus dem Inneren ihres zentralen Kerns, der selbst nicht still, sondern in ungeheurer Schwingung ist. Ich spüre den göttlichen Energiestrom, der aus dem Zentrum meines Seins hervorströmt. Mein Bewusstsein erwacht zu dieser zentralen göttlichen Urdynamik.

32. Der göttliche Raum in uns

Wenn unser Leib der *Tempel des Geistes* ist, dann ist das Herz das *Heiligtum*. Das Herz ist das Symbol für den innersten Bereich des Bewusstseins, in dem wir die pulsierende Gegenwart des Göttlichen erfahren. Im Herzen erkennen wir, wer wir wirklich sind, und wir ahnen, was das Göttliche ist. Im Herzen sind wir allein mit dem Göttlichen. Es ist eine Erfahrung von Unmittelbarkeit: Dort gibt es keinen Vermittler zwischen der Seele und dem Göttlichen. Wir können von einer dreifachen Dimension dieser Erfahrung im Herzen sprechen:

1. Wir begegnen Gott als personalem Du und geben uns Gott hin. Da die göttliche Gegenwart in der christlichen Erfahrung in Christus offenbart wird, ist es eine innere Begegnung mit Christus im Herzen. Christus wird als der »innere Meister« (Augustinus) erfahren. Die geistigen Bilder werden hier verfeinert und führen zu einer zarten Begegnung mit dem göttlichen Du *in Christo.*
2. Dies wird durch ein mystisches Eintauchen in den Geist Christi vertieft: Wir erfahren Christus als das göttliche Subjekt unseres Lebens. Christus »lebt in uns« (Röm 8,10), »nimmt in uns Gestalt an« (Eph 4,13), »wir wachsen in Christus« (Eph 3,16), »wir werden in Christus verwandelt« (2 Kor 3,18). »Wer mit dem Herrn vereint ist, der ist ein Geist mit ihm« (1 Kor 6,17). Christus, das *Du*, wird zu Christus, dem göttlichen *Selbst.*
3. Dies wird weiter vertieft zu einer mystischen Vereinigung mit Christus, bis hin zur Erfahrung, *in* Christus zu sein. Es ist eine vollkommene Wandlung des Subjektbewusstseins: »Nicht mehr ich lebe, Christus lebt in mir« (Gal 2,20). Es gibt keine Dualität mehr zwischen der Seele und Christus. In diesen Gnadenmomenten erwacht man zu einem Christusbewusstsein. Man kann diese Erfahrung als Christuswerdung (*Christificatio*) bezeichnen, eine Konkretisierung der Göttlichwerdung des Menschen.

Im Herzensraum kann ein ständiges Wechselspiel aller drei Dimensionen stattfinden, wobei die Seele in Resonanz mit der Schwingung des göttlichen Geistes kommt und immer wieder eine andere Dimension in den Vordergrund rücken lässt. Daher sollte man grundsätzlich für alle drei Arten der mystischen Erfahrung offen sein. Die Kirchenväter aus dem Osten nennen diese Erfahrung *hesychia*, was innere Ruhe, Alleinsein mit Gott, Beschaulichkeit, Abgeschiedenheit und Rückzug in die innere göttliche Stille bedeutet. Das ist ein Prozess, der nicht endet. Göttlichwerdung ist eine hesychastische Erfahrung.

Das Herz ist das Heiligtum des göttlichen Geistes.
Gregor vom Sinai, Philokalie

Christus, der innere Meister, wohnt im Inneren des Menschen.
Augustinus, De Magistro, 1.2

Christus, der innere Meister, vermittelt dem Herzen seinen Willen.
Ignatios und Kallistos Xantapoulos, Hundert Aphorismen, II. 84

Gottes Zelt auf Erden sind die gläubigen Menschen.
Augustinus, Psalmenkommentar

Gott macht aus mir einen Tempel,
da ich nach dem Gleichnis und Bild seiner göttlichen Majestät geschaffen bin.
Ignatius von Loyola, Geistliche Übungen, 235

Durch Achtsamkeit den Verstand im Herz verankern und dort ununterbrochen in göttlicher Gegenwart bleiben – das ist das Wesentliche im Gebet. Es ist wie der Schatz verborgen im Acker, wie die kostbare Perle.
Theophan der Einsiedler

Die mystische Tradition des Judentums, Kabbala, spricht von der »Ekstase des Herzens« (hitpa `alut ha-lev), in der man eine totale Abgeschiedenheit (bittul) von der Welt erlebt; sie führt zu einer ganzheitlichen Vereinigung (yihud) mit dem Göttlichen.

Wenn alle Begierden überwunden sind, die im Herzen Zuflucht fanden, dann wird der Sterbliche unsterblich und erlangt Brahman schon hier.
Brih. Up. 4.4.7

MEDITATION

INNERER WEG In tiefer inneren Stille komme ich in das geistliche Zentrum meines Wesens. Ich werde mir der dreifachen Dimension des Prozesses der Göttlichwerdung/Christuswerdung bewusst: Zuerst begegne ich Christus als dem personalen göttlichen *Du* vor mir, dann erfahre ich Christus als das göttliche Subjekt meines Lebens, als den lebenspendenden Geist, und dann spüre ich tiefes Einssein mit Christus in mir, jenseits aller Dualität. Das ist jedoch keine geradlinige Bewegung; die eine oder andere Dimension kann besonders kraftvoll spürbar werden.

IM HERZEN Mein Bewusstsein erreicht den Herzensraum. Ich werde mir des Übergangs von einer Dimension des Christusbewusstseins in die andere bewusst: sich ergeben in Hingabe, Gespür für das wechselseitige Innewohnen und die mystische Vereinigung. Ich lasse mich los: Die Seele fließt im Strom des göttlichen Geistes. Ich bleibe bei dem, was der göttliche Geist tief in meinem Herzen bewirkt: gegenwärtig zu sein für die Gnade des gegenwärtigen Moments, wach zu sein für die Bewegung des Geistes in mir.

33. Die innere Burg (Teresa von Ávila)

Die spanische Mystikerin Teresa von Ávila (1515–1582) beschreibt den inneren Raum als eine Burg mit sieben Wohnungen (*moradas*). Dem Schema unseres des inneren Weges entsprechend, können wir die ersten drei Wohnungen dem Weg vom Verstand zu *nous* und die anderen vier im Herzensraum einordnen:

1. In der Anfangsphase stößt man bei der Suche nach dem Göttlichen zunächst auf innere Widerstände und Blockaden. Aber: »Obwohl sie tief in der Welt stecken, haben sie doch ein gutes Verlangen, und zuweilen – wenn auch selten – empfehlen sie sich dem Schutze unseres Herrn und denken darüber nach, wer sie sind, sei es auch nicht sehr gründlich« (Teresa von Ávila, 1.1).
2. In der zweiten Wohnung ist man bereits empfänglicher geworden für die Einladungen und Geschenke der göttlichen Gnade. »Hier dagegen ist die Vernunft lebendiger, die Geisteskräfte sind wendiger ...« (ebd., 2.1).
3. In der dritten Wohnung kann man eine Trockenheit erfahren, die die menschlichen Grenzen und Verfehlungen bewusst macht. Durch diese Anfechtungen schürft der Geist tiefer (vgl. ebd., 3.1).
4. In der vierten Wohnung sinkt das Bewusstsein in den göttlichen Raum des Herzens. »Übernatürliche Erfahrungen beginnen hier« (ebd., 4.1.1).
5. In der fünften Wohnung erfährt die Seele im Gebet die erste oder einfache Gotteinung. Christus wird in der Gotteinung selbst unsere Wohnung, die wir erbauen können wie die Raupe den Kokon (vgl. ebd., 5.2).
6. In der sechsten Wohnung wird die Seele so stark vom innewohnenden göttlichen Bräutigam angezogen, dass eine »geistliche Verlobung« mit Christus stattfindet.
7. In der siebten Wohnung, »in der allerinnersten Mitte, ganz unten, in einer Tiefe, die sie nicht beschreiben kann ...« (ebd., 7.1) findet eine »geistliche Vermählung« zwischen der Seele und Christus, dem Bräutigam, statt. Diese Einheit ist nicht mehr zu trennen, »wie wenn Wasser vom Himmel in einen Fluss oder eine Quelle fällt, wo alles nichts als Wasser ist, sodass man weder teilen noch sondern kann ... (ebd., 7.2).

Denken wir uns also, dass diese Burg – wie ich schon gesagt habe – viele Wohnungen hat,
von denen einige oben gelegen sind, andere unten und wieder andere seitwärts,
und dass sie ganz innen, in der Mitte all dieser Wohnungen, die allerwichtigste birgt:
jene, wo die tief geheimnisvollen Dinge zwischen Gott und der Seele vor sich gehen.

Teresa von Ávila, Die innere Burg, 7,4

Freilich könnt ihr nicht in alle Wohnungen durch eigene Kraft gelangen
– auch wenn ihr von deren Macht und Gewalt überzeugt seid –,
wenn nicht der Burgherr selbst euch hineinführt.

Teresa von Ávila, Die innere Burg, 7,4

Was sich aber bei der Vereinigung der geistlichen Vermählung ereignet, ist völlig anderer Art.
Da zeigt sich der Herr in diesem Zentrum der Seele nicht in einer bildhaften Vision,
sondern in einer Verstandesschau (die freilich feiner ist als die früher erwähnten),
wie der den Aposteln erschien, ohne durch die Tür einzutreten,
als er zu ihnen sprach: »Friede sei mit euch«.
Was der Herr hier der Seele in einem Augenblick mitteilt,
ist ein so großes Geheimnis und eine so hohe Gnade,
und das Entzücken, das die Seele dabei empfindet, ist so übermächtig,
dass ich es mit nichts anderem vergleichen kann als der Seligkeit im Himmel ...
Es lässt sich nichts weiter davon sagen, als dass die Seele,
ich meine: der Geist dieser Seele – soweit man dies verstehen kann –,
eins geworden ist mit Gott.

Teresa von Ávila, Die innere Burg, 7,2

Durch die Menschwerdung »wohnt Christus in uns«,
»wohnt Gott in dieser kleinen Wohnung«,
»haben wir Teil am Unzerstörbaren«.

Teresa von Ávila, *passim*

MEDITATION

INNERER WEG Ich komme zu einer tiefen inneren Stille. Ich richte meine Aufmerksamkeit darauf, wie das Bewusstsein in den inneren göttlichen Raum sinkt. Ich spüre durch die sieben Wohnungen, die Teresa auf ihrem inneren Weg beschreibt. Ich nehme den schrittweisen Übergang wahr von Einsamkeit zu Verbundenheit, von Erschöpfung zu Freude, von Dunkelheit zu Licht, von Dualität zu Einssein.

IM HERZEN In der tiefen Stille des Herzens versuche ich wahrzunehmen, wie die Intimität zwischen der Seele und Christus wächst. Ich spüre die Verwandlung, die sich in meinem Herzen unter dem Einfluss der göttlichen Liebe vollzieht. Das Bewusstsein schwingt zwischen einer Liebes*begegnung* mit Christus und Liebes*einheit* in Christus.

34. Die innere Wohnstätte (Meister Eckhart)

Meister Eckhart, ein deutscher Mystiker (1260–1328), erforscht den inneren Raum des Herzens und erfährt das Göttliche als *Seinsgrund*. Diese Erfahrung geschieht im Herzen unter dem Einfluss des göttlichen Geistes. Das innere Auge, mit dem man ins Herz schaut, bezeichnet Eckhart als das *Seelenfünklein*.

Eckhart verwendet mehrere Bilder, um den inneren göttlichen Raum zu beschreiben: das *Herz*, das *Burgstädtchen*, die *dunkle Kammer der Gottesgeburt*, die *schweigende Wüste*, das *Innerste*, der *Seelengrund*, der *innere Mensch*, der *lebendige Brunnen, der in uns verborgen ist*, der *Quell der Gottheit*, der *innere Strom*, und die *Wohnstätte der Urbilder*. Im Herzen erfährt man nicht eine statische innewohnende Gegenwart Gottes, sondern die sich selbst verströmende Dynamik des Göttlichen.

Als Mystiker unterscheidet Eckhart durchgängig zwischen *Gott* und der *Gottheit*: *Gott* ist das personal erlebte Gegenüber; *Gottheit* ist das wahre Geheimnis. Er fordert, dass unsere spirituelle Suche uns über den Verstand hinaus ins Herz führen muss, über persönliche Namen und Formen hinaus in die transpersonale göttliche Gegenwart, über den verobjektivierten *Gott* hinaus zur *Gottheit* als unserem letztendlichen Seinsgrund. In diesem Bewusstsein und im Herzen erfährt man die *Gottesgeburt in der Seele*. Die *jungfräuliche* Seele wird vom göttlichen Geist befruchtet, sie wird so zur *Frau* und gebiert später als *Mutter* den Logos (Eckhart, *Intravi Jesus*).

Diese Vertiefung des Bewusstseins im Herzen verlangt Askese. Man muss das Festhalten am Ego loslassen (Eckhart: *Abgeschiedenheit*), sich von der besitzergreifenden Bindung an die Geschöpfe befreien, alle liebgewonnenen Gottesbilder hinter sich lassen, durch eine Phase des absoluten *Nichts* gehen und so Raum schaffen für das Wirken des göttlichen Geistes (Eckhart: *Durchbruch*). Das Göttliche erblüht in der inneren Wohnstätte des Herzens. Das ist Göttlichwerdung.

Ich habe oft gesagt, dass in der Seele eine Kraft ist (die Vernunft),
die weder mit der Zeit noch mit der Vergänglichkeit in Berührung kommt;
diese Kraft fließt aus dem Geist und ist durch und durch geistig.
In dieser Kraft lebt Gott und grünt und blüht dort voller Freude und in ganzer Pracht,
so wie er bei sich selbst ist ...
Gott ist nämlich in dieser Kraft wie in einem ewigen Augenblick ...
Sie ist von allen Namen frei und aller Formen bloß, ganz ledig und frei,
wie Gott in sich ledig und frei ist ...
Soll Gott jemals dort hineinschauen,
dann muss es ihn alle seine göttlichen Namen kosten
und seine Eigenschaften als Person.
Wenn nämlich Gott ein einförmiges Eins ist,
ohne alle Weise und Eigenschaft,
dann ist er weder Vater noch Sohn noch Heiliger Geist,
soweit es diesen Sinn betrifft.

Meister Eckhart, Intravit Jesus in quoddam castellum

Diese Kammer ist das stille Dunkel der verborgenen Vaterschaft.

Meister Eckhart, Ave gratia plena

Du musst reinen Herzens sein: Das Herz allein ist rein, das alle Geschöpflichkeit zunichte gemacht hat.

Meister Eckhart, In hoc apparuit

Soll das Herz Bereitschaft haben zum Allerhöchsten, so muss es auf einem reinen Nichts stehen,
und darin liegt auch die größte Möglichkeit, die sein kann.

Meister Eckhart, Von Abgeschiedenheit

MEDITATION

INNERER WEG Ich komme in eine tiefe innere Stille. Ich löse mich von allen Namen und Formen und spüre die Kraft des *Nichts* auf dem Weg nach innen. Ich nehme eines der oben erwähnten Herzensbilder von Meister Eckhart. Durch das Bild wird die innere Stille dichter, und allmählich verschwindet es. Das Gefühl des *Nichts* greift tiefer.

IM HERZEN In der Stille des Herzens spüre ich die Vertiefung des Bewusstseins zum *Seinsgrund* und die Entfaltung der *Gottesgeburt* in der Seele. Im Herzensraum gebiert sich das Göttliche ständig zum göttlichen Logos: Das ist Göttlichwerdung. Ich fühle mein Herz als innere Wohnstätte der Geburtswehen des Geistes, als einen pulsierenden Raum der Gottesgeburt.

35. Die Höhle des Herzens (Hinduismus)

Die upanishadischen Meister sprechen vom Herz als der inneren Höhle. Höhle ist ein archetypisches Bild, das auf mehrere Aspekte der spirituellen Erfahrung hinweist. Eine Höhle lädt uns zu Abgeschiedenheit und Innenschau ein. Die umhüllende Dunkelheit der Höhle weckt Geborgenheitsgefühle, ruft aber auch ein Gefühl des verborgenen Mysteriums hervor. Man wird sich der Begrenzung der Sinne und des Verstandes bewusst. Man findet sich an der Grenze der Existenz und spürt intensiv die Suche nach dem Jenseits (*parāt param*). Im äußersten Alleinsein sehnt man sich nach einem göttlichen *Du*.

Im Inneren des Herzens findet ständig ein mystischer Prozess statt. Indische Weisen sprechen von vier Phasen der Bewegung der Seele (*jīvātma*) in das Göttliche (*paramātma*): 1. *Sālōkya*: Zuerst befindet sich die Seele im Dunstkreis des Göttlichen, im Energiefeld der göttlichen Liebe. 2. *Sāmeepya*: Dann nähert sich die Seele der göttlichen Wirklichkeit, so wie sich die Geliebte dem Liebenden nähert. 3. *Sārūpya*: Nun erlangt die Seele die Gestalt des Göttlichen, umgestaltet durch das göttliche Liebesfeuer. 4. *Sāyūjya*: Schließlich wird die Seele eins mit dem Göttlichen, verwandelt im Liebesstrom. Dies ist jedoch keine geradlinige Bewegung, sondern die vier Phasen wechseln sich ständig ab.

Dieser Verwandlungsprozess im Herzen hat im Grunde drei Dimensionen: 1. *Dwaita*: Hier erfährt die Seele das Göttliche im Sinne der Dualität, innerhalb einer verfeinerten Ich-Du-Struktur. Das Göttliche ist ein personales *Du* für den Menschen. 2. *Viśishtādwaita*: Hier fühlt die Seele die Teilhabe an der göttlichen Wirklichkeit, eine liebende Verbundenheit mit dem göttlichen Sein. 3. *Adwaita*: Hier erwacht die Seele zum Bewusstsein des tiefen Einsseins mit dem Göttlichen; denn letztlich sind der Mensch und das Göttliche nicht eins, nicht zwei, sondern EINS.

Es kann vorkommen, dass die eine oder die andere Dimension in einem bestimmten Moment der mystischen Erfahrung deutlicher spürbar wird, dennoch sollte man offen sein für die beiden anderen Dimensionen. Im Prozess der Göttlichwerdung dringt der Geist tiefer in die Höhle des Herzens ein.

Brahman ist in der Höhle des Herzens verborgen (nihitam guhāyām).
Tait. Up. 2.1.1

Achtsamkeit (śraddha) ist im Herzen gegründet.
Im Herzen entsteht die Achtsamkeit;
mit dem Herzen erkennt man die Wahrheit.
Brih. Up. 3.9.21,23

Hier in dieser Burg Brahmans (dem Leib) befindet sich
eine Kammer in der Form eines kleinen Lotos.
In seinem Inneren ist ein kleiner leerer Raum.
Was sich in diesem Raum befindet, das soll man suchen, das soll man erkennen.
Chand. Up. 8.1.1

Die upanishadischen Weisen verwenden verschiedene Bilder,
um den inneren göttlichen Raum zu beschreiben:
»Herzenshöhle« (Mund. Up. 2.2.1; 3.1.7; Tait. Up. 2.1.1.), »Herzensraum« (Brih. Up. 4.4.22),
»Herzenslotos« (Dhyan. Up. 33–35, 93) »Burg Brahmans« (Chand. Up. 8.1.1),
»Grotte Brahmans« (Mahan. Up. 201, 469), »Vogelnest Gottes« (Hamsa Up. 13).

»Gott wohnt im Herzen aller Wesen« (Bh. Gita 18,61);
»Ich bin im Herzen aller wohnhaft« (Bh. Gita 15,15);
»Er ist das Licht der Lichter, jenseits der Dunkelheit; er wohnt im Herzen aller« (Bh. Gita 13,18).

Im Adi Granth beschreibt der Sikhismus den Leib als eine »Burg«,
in deren Mitte das Herz als »eine Höhle« besteht. Der Zugang dazu ist die »zehnte Tür«.
Adi Granth, Maru, Dakshini, M1 1033

MEDITATION

INNERER WEG Ich komme zu einer tiefen inneren Stille. Ich spüre, dass ich eine innere Höhle betrete, in der ich alleine bin. Ich nehme die durchdringende Dunkelheit wahr und die Suche nach Licht, das tiefgreifende Gefühl von Angst und den Durst nach Freude, äußerste Einsamkeit und die Sehnsucht nach dem göttlichen *Du*, das Gefühl eines allumfassenden Geheimnisses und die Suche nach göttlicher Liebe. Ich fühle, wie ich an der Grenze der Existenz stehe.

IM HERZEN Ich werde mir der vier Stufen der Bewegung der Seele zum Göttlichen bewusst: Im göttlichen Energiefeld sein, näher kommen, umgestaltet werden in die göttliche Form und schließlich in das Göttliche eingehen. Ich nehme die Hin- und Herbewegung wahr, in der sich der Prozess der Göttlichwerdung entfaltet.

36. Der Bereich von *Śūnyata* (Buddhismus)

In allen buddhistischen Meditationspraktiken nimmt das Bewusstsein den Weg vom Verstandesbereich zu intuitivem *buddhi* und weiter in den Herzensraum. Wenn *buddhi* erleuchtet wird, wird man *Buddha*. Im Herzen spürt man eine totale Durchlässigkeit zu *śūnyata*, dem tiefsten Wesen der Wirklichkeit. Das Wort *śūnyata* leitet sich von dem Sanskritverb *swi* ab, was anschwellen, ausdehnen, transzendieren heißt. *Śūnyata* bedeutet somit Ausdehnung, Bewegung, Schwingung und Vergänglichkeit. Die Erkenntnis »*Form ist śūnyata*« ist gleichbedeutend mit Erleuchtung (*prajna*): Man erkennt, dass alles Schwingung ist. *Form* ist das, was man durch die Sinne und durch den Verstand wahrnimmt. Wirklichkeit als Schwingung erscheint in äußeren Erscheinungsformen. Wenn man erkennt, dass »*śūnyata die Form ist*«, dann wird auch deutlich, dass alles in einem kausalen Abhängigkeitsverhältnis voneinander und zueinander steht: Alles ist mit allem tief verbunden (*pratīta-samutpāda*). Als Konsequenz wird das Leben von Mitgefühl (*karuna*) geprägt, das aus dem Herzen fließt.

»Das Herz-Sutra *(Mahāprajnāparamitā-Hridaya-Sūtra)* ist ein Instrument zur Erforschung der wahren Natur von uns und der Welt« (Thich Nhat Hanh). Auf der oberflächlichen Ebene der mentalen Wahrnehmung erfährt man Leiden und erforscht die Ursachen und Heilmittel des Leidens. Aber auf der mystischen Ebene des Herzens transzendiert man all das und erfährt absolutes *śūnyata*. Avalokitesvara-Buddha, der Bodhisattva des Mitgefühls, sagt: »Form ist nichts anders als śūnyata, śūnyata ist nichts anderes als Form. Form ist genau śūnya, und śūnyata ist genau Form. Alle Dinge sind śūnya: Nichts wird geboren, nichts stirbt, nichts ist rein, nichts ist unrein, nichts nimmt zu und nichts nimmt ab. Es gibt kein Leiden, keine Ursache des Leidens, kein Ende des Leidens, keinen Weg, dem man folgen kann. Es gibt kein Erlangen von Weisheit und keine Weisheit zu erlangen. Vorbei, vorbei, alles vorbei, vollständig vorbei. Erwacht! So sei es!« (Herz-Sutra).

Im Herz erkennt man die eigene Buddha-Natur und die Verbundenheit aller Wesen miteinander. Das *diamantene Herz* ist das Symbol für Reinheit und Unzerstörbarkeit.

Die Wohnung von Buddha ist das große und mitfühlende Herz in allen Lebewesen.
Lotus-Sutra, 10

Nibbana ist das Ziel des heiligen Lebens, Nibbana ist das Ende.
Samyutta Nikhaya, 3.188

Das Herz ist das Symbol für das Bewusstsein,
dass wir mit der dynamischen Einheit der Wirklichkeit mitschwingen,
in der alle Wesen aufeinander bezogen sind.
Thich Nhat Hanh, Das Herz von Buddhas Leere

Um das EINE zu wissen, muss die Seele in ein Nichtwissen kommen.
Plotin, Enneaden, 6.9.3

Abgeschiedenheit ist dem Nichts so nahe,
dass zwischen vollkommener Abgeschiedenheit und dem Nichts nichts sein kann.
Meister Eckhart, Von Abgeschiedenheit

Um den überwesentlichen Strahl des göttlichen Dunkels zu ahnen,
musst du in das Dunkel des Nichtwissens eintauchen.
Dionysios Areopagita, Die mystische Theologie, 1

Wer Ihn kennt, beschreibt Ihn nicht, und wer Ihn beschreibt, kennt Ihn nicht.
Al-Hallaj

Wer Wissen hat, redet nicht; wer redet, hat kein Wissen.
Lao Tse, Tao Te King, 56.1

Nicht verstanden von den Wissenden, verstanden von den Nichtwissenden.
Kena Up. 2.3

MEDITATION

INNERER WEG Ich komme zu einer tiefen Stille. Beim Beobachten des Atemvorgangs erkenne ich: Nicht ich atme, es atmet. Eine Loslösung vom gierigen Festhalten am Ego geschieht und auch ein inneres Erwachen zum wahren Selbst. Ich sinke in eine leere Stille, ohne Name und Form für Gott.

IM HERZEN Ich spüre das Innere des Herzens als einen schwingenden Raum, als *śūnya*, als intensive Bewegung. Aus diesem Bewusstsein heraus erspüre ich den gesamten Kosmos als Bewegung: Alles steht in tiefer Beziehung zu allem anderen; alles ist im Fließen; nichts steht still, nichts ist selbstbezogen. Ich spüre die kosmische Kraft der Liebe, die diesen Strom antreibt.

37. Der mystische Garten (Sufismus)

Sufis gehören zum mystischen Erbe des Islam. Sie bieten eine mystische Interpretation für einige Schlüsselverse des Koran. Für Sufis ist Allah nicht nur der transzendente Gott, der Herr und Schöpfer von allem, sondern vielmehr die immanente Präsenz, durch die die Menschen ein intensives Einssein erfahren. »Ich bin der, den ich lieb'; Er, den ich liebe, ist ich – zwei Geister, doch in einem Leib« (Al-Hallaj). Um zu dieser Erfahrung des Verschmelzens mit der göttlichen Liebe zu gelangen, praktizieren Sufis das rhythmische Singen bestimmter Koranverse, hingebungsvolles Wiederholen der Namen Allahs, kontemplative Stille, ekstatischen Tanz und eine asketische Lebensweise.

Auch die Sufis erfahren die Vereinigung mit dem Göttlichen im *Herzen*. Der mystische Raum im Herzen wird oft als »Garten des Erkenntnis« oder als »Garten der Seele« beschrieben. Ein Garten ist ein Ort von Schönheit und Frische, von Kreativität und Wachstum. In einem Garten erlebt man die positiven Schwingungen der Pflanzen und eine tiefe Einheit mit Mutter Erde. Die mit Gott vereinigte Seele erfährt intensiv die Schwingungen der Liebe Gottes und die daraus entstehende spirituelle Freiheit. »Du bist mein Geist, der Rhythmus des Atmens, Du bist der Herzknoten mir« (Al-Hallaj).

Im Garten des Herzens tanzt Gott mit der Seele. Die Beziehung zwischen Gott und der Seele wird wie eine Liebesbeziehung zwischen Bräutigam und Braut, zwischen Meister und Schüler, zwischen Freund und Freundin beschrieben. Diese ekstatische Erfahrung findet ihren Ausdruck in Trance und Tanz, in Gesang und Musik.

In Wüstenkulturen ist eine Oase ein Ort der Erholung und Hoffnung. Ein Garten schenkt Frische und Frieden und bietet einen Raum der Privatsphäre für Intimität, er ruft Schönheit und Freude an der Liebe hervor. In all diesen Elementen drückt sich die Erfahrung der Vereinigung der Seele mit Gott aus.

Allah ist das Licht der Himmel und der Erde.
Das Gleichnis seines Lichtes ist das einer Nische, in der eine Lampe ist.
Die Lampe ist in einem Glas. Das Glas ist, als wäre es ein funkelnder Stern. Licht über Licht.
Koran 24,35

Ich hatte ein Herz, und Du hast es verzehrt.
Dhu'n-Nun

O Du, den die innersten Herzen nicht erreichen, der durch jede Gestalt und Form zu erblicken ist:
Du bist es, der sich durch jeden Einzelnen manifestiert.
Al-Hallaj

Liebe, die im Garten des Herzens ertönt, entwird nicht und hört nimmer auf.
Ruzbihan-i Baqli

Du bist das Licht, das tief im Herzen ruht. Ich suche Dich im Herzen, in der Seele.
Du wohnst in meiner Seele immer drinnen, ich bin die Schale, Du der Kern tief innen.
Fariduddin `Attar

Im Garten sind tausend Entzückende fein, und Rosen und Veilchen mit Düften so rein,
und rinnendes plätscherndes Wasser im Fluss – dies alles ist Vorwand: Er ist es allein!
Dschelaluddin Rumi, Diwan

Der bengalische Sufidichter Lalon Shah bezeichnet eine geistlich weit entwickelte Person als »Mensch des Herzens«. »Im Körper des Menschen befindet sich das Ur-Mekka, das Herz. Warum rennst du atemlos von Land zu Land und suchst?«

MEDITATION

INNERER WEG Ich komme zu einer tiefen inneren Stille. Ich nehme das Sinken des Bewusstseins von dem nach außen gerichteten Verstand zum nach innen gewandten *buddhi* wahr. Ich erspüre den inneren Raum in mir als einen Garten voller Leben. Ich empfinde die göttliche Gegenwart als leidenschaftliche Liebe, die in den inneren Garten einströmt. Ich nehme den inneren Garten intensiv wahr und gehe in Resonanz mit den Schwingungen der Schönheit. Wenn es hilfreich ist, wähle ich einen passenden Ausspruch eines Sufis, um die innere Stille zu vertiefen.

IM HERZEN Ich empfinde das Herz als geistlichen Garten. Die Seele wird intensiv zum göttlichen Tänzer gezogen. Ich werde mir der Kraft der göttlichen Liebe bewusst, die den Menschen mit dem Göttlichen vereint. Innerhalb des pulsierenden Feldes der göttlichen Energie fühle ich eine tiefe Resonanz mit dem Göttlichen in mir und um mich herum. Die gesamte Schöpfung ist ein göttlicher Garten.

38. Der innere kosmische Raum (Upanishaden)

»Wie groß ist das Herz?«, fragt der Schüler den Meister. Dieser antwortet: »Das Herz ist der Ruheort von allem und der Grund aller Wesen, denn alle Wesen sind im Herzen gegründet« (Brih. Up. 4.1.7). Es besteht eine grundlegende Wechselbeziehung zwischen dem inneren Herzen und dem äußeren Raum, in dem alle Wesen miteinander verwoben sind. »Das Göttliche ist verborgen in der Höhle des Herzens ebenso wie im höchsten Himmel gegenwärtig« (Tait. Up. 2.1). Die göttliche Immanenz im Herzen ist »kleiner als das kleinste Atom« und daher undurchschaubar; gleichzeitig ist sie »größer als das Größte« und alles durchdringende Gegenwart (Swet. Up. 3.20). Der Raum innerhalb des Herzens und außerhalb ist der eine einzige unendliche Raum. Im tiefen mystischen Bewusstsein gibt es kein Innen und Außen mehr.

Mystisches Eintauchen ins Herz führt zu einer Ausdehnung des Bewusstseins über alle Grenzen hinaus. Wer zum sakralen Raum im Herzen erwacht, erwacht gleichzeitig zum göttlichen Raum im Kosmos. Es besteht eine tiefe Entsprechung zwischen der mikrokosmischen Innenschau und der makrokosmischen Wahrnehmung. Man erkennt sein Selbst als das Selbst von allem (*sarvabhūtātma bhūtātma*, Bh. Gita 5,7). Je tiefer man in das göttliche Bewusstsein eintaucht, desto mehr erkennt man die Verbundenheit aller Wesen im göttlichen Energiestrom, der den ganzen Kosmos durchdringt.

Aus dem Inneren des Herzens erwacht man zum Bewusstsein für den Prozess der Göttlichwerdung im gesamten Kosmos. Tatsächlich werden alle Wesen durch den göttlichen Geist in eine *neue Schöpfung* verwandelt. Der ganze Kosmos sehnt sich nach dem Offenbarwerden dieses neuen Seins und wartet darauf, dass die gesamte Wirklichkeit von Gott *durchdrungen wird* (Isa. Up. 1). Der mystische Weg nach innen ins Herz ist zugleich ein Weg nach außen ins Herz des Kosmos, in dem der göttliche Geist pulsiert. Meditation ist genau genommen ein tiefes Eintauchen in die kosmische Wirklichkeit. Der Prozess der Göttlichwerdung, den wir im Herzen erfahren, umfasst die ganze Schöpfung.

So weit dieser große Weltraum reicht,
ebenso groß ist dieser Raum im Inneren des Herzens.
Darin sind Himmel und Erde enthalten,
darin sind Feuer und Wind, Sonne und Mond, Blitz und Gestirne enthalten.
Darin ist alles enthalten.
Das, was im innersten Raum des Herzens verborgen ist,
altert nicht, wenn der Körper altert.

Chand. Up. 8.1.3,5

Wer das Brahman erkennt, erlangt das Höchste.
Brahman ist Wahrheit, Erkenntnis, Unendlichkeit (satyam, jnānam, anantham).
Wer es erkennt, verborgen in der Höhle des Herzens und im höchsten Himmel,
erlangt alle Wünsche im Göttlichen.

Tait. Up. 2.1.1

Dies ist mein Atman im Inneren des Herzens,
kleiner als ein Reiskorn oder Gerstenkorn oder Senfkorn
oder Hirsekorn oder der Kern eines Hirsekorns.
Dieser Atman im Inneren des Herzens ist allerdings
größer als die Erde, größer als der Luftraum,
größer als der Himmel, größer als diese Welten.

Chand. Up. 3.14.3

MEDITATION

INNERER WEG Ich komme zu einer tiefen inneren Stille. Ich spüre, wie das Bewusstsein vom nach außen gerichteten Verstand zum Herzen sinkt und sich über mich hinaus ausdehnt.

IM HERZEN Ich spüre tief in mein Herz. Ich werde mir der göttlichen Dynamik in ihm bewusst, der ungeheuren Bewegung des göttlichen Geistes, der sich spiralförmig über mein Herz hinaus ausdehnt. Die gesamte Schöpfung ist irgendwie in meinem Herzen. Es gibt kein Innen und Außen mehr. In dieser Ausdehnung spüre ich eine tiefe Gemeinschaft mit allen Wesen im Kosmos. Mein wahres Selbst, das mit dem göttlichen Selbst in Resonanz ist, wird zum Selbst von allem. Ich spüre die Freude an einem Spruch wie »Gott ist alles in allem« oder »Gott in allem sehen«.

39. Das Reich Gottes in uns

Die Wahrnehmung der göttlichen Gegenwart im Herzensraum hilft uns, die Sakralität der äußeren Wirklichkeit zu erkennen. Es ist eine Gnade zu wissen, dass Gott aktiv in der Welt gegenwärtig ist; gleichzeitig ist es ein Auftrag, mit dem göttlichen Geist zusammenzuwirken, um eine neue Schöpfung hervorzubringen. Dieser zweifache Aspekt wird in Jesu Verkündigung des Reiches Gottes angedeutet. Es ist eine Gnade, dass das Reich Gottes *in uns* ist (Lk 17,21); der Ruf zur *metanoia (Umkehr)* ist der Auftrag (Mk 1,15).

Um das Reich Gottes wahrzunehmen, muss man durch *nous* in das Herz gehen. Auf diesen Prozess weist der Begriff *meta-noia* hin: Geh über *nous* hinaus. *Metanoia* ist nicht nur eine Frage der moralischen Umkehr, sondern viel mehr noch eine Einladung zur mystischen Innenschau, zu einer Spiritualität jenseits von Religiosität (Joh 3,3–8). Wenn wir mit dem intuitiven, vom göttlichen Licht erleuchteten Auge (*nous*) tiefer ins Herz blicken, nehmen wir wahr, wie das Reich Gottes in uns hervortritt. Dies ist eine Vertiefung des Bewusstseins, eine Weise, mit dem göttlichen Auge tiefer in sich selbst hineinzuschauen.

Was die synoptischen Evangelien das »Reich Gottes« nennen, beschreibt Paulus als »neue Schöpfung« (2 Kor 5,17). Der Geist Gottes bringt ein Verwandlung vom *Alten* zum *Neuen* hervor: vom blinden Festhalten am Gesetz zum Geführtwerden durch den Geist, von der Knechtschaft der Sünde zur Freiheit der Gnade, von Werkgerechtigkeit zur Gerechtigkeit aus Glauben, von der Furcht zur Liebe und schließlich vom Tod zum göttlichen Leben (Röm 8,1–17; Gal 5,1; Röm 3,19–20).

Im Johannesevangelium bedeutet das Reich Gottes »Teilhabe am göttlichen Leben« (Joh 14,6). Jesus kam als Verkörperung und Vermittler des göttlichen Lebens, und er lädt uns ein, bei ihm *anzudocken* und aus ihm zu leben (Joh 6,57). Diese »Wiedergeburt aus dem Geist« ist eine Voraussetzung für den Eintritt in das Reich Gottes (Joh 3,5). Wir erkennen, dass wir im göttlichen Geist eins sind, so wie der Vater und der Sohn eins sind (Joh 17,21–23). Das Symbol »Reich Gottes« verweist auf den allumfassenden Prozess der Göttlichwerdung.

Ich glaube, dass mit »Reich Gottes« der selige Zustand des herrschenden Willens und die Ordnung der weisen Gedanken gemeint ist.

Origenes, De Oratione, 25.1 (BKV)

Denn so hat er auch den menschlichen Leib angenommen, um als Schöpfer diesen zu erneuern, in sich zu vergöttlichen und so uns alle nach seiner Ähnlichkeit in das Reich der Himmel einzuführen.

Athanasius, Contra Arianos, 2,70 (BKV)

Das Herz in dir ist eigentlich die Schatzkammer des Himmels.
Die Leiter, die dich zum Gottesreich führt, ist in dir verborgen; du findest sie in der Seele.
Geh tief in dich hinein und in deiner Seele wirst du die Sprossen der Leiter erkennen,
die dir beim Aufstieg dienen.

Isaak der Syrer

Das Herz ist ein kleines Gefäß, das aber alles enthält:
Gott und die Engel, Leben und Reich Gottes, die himmlischen Bereiche und die Schätze der Gnade.

Makarios

Das Reich Gottes ist eigentlich im Allinnersten des Grundes,
in der Verborgenheit des Geistes,
worin das wahre Bild Gottes liegt,
und dieses sich ganz in den göttlichen Abgrund erschwingt.

Johannes Tauler, Predigt 62

MEDITATION

INNERER WEG Ich komme zu einer inneren Stille. Ich werde mir des Leidens der Menschen in der Welt und der Wunde der Erde bewusst. Ich löse mich nicht von ihnen, sondern schaue mit dem inneren Auge auf sie. Ich nehme die Worte Jesu in mich auf: Das Reich Gottes ist in dir, schau tiefer!

IM HERZEN Mit dieser Einstellung schaue ich in mein Herz und nehme das Auftauchen des Reiches Gottes in mir wahr. Ich spüre eine Erweiterung des Bewusstseins in mir. Ich schaue auf die Welt und erkenne die Ausbreitung des Reiches Gottes in sozialen Beziehungen und ökologischer Harmonie, im Menschen und auch in der Natur. Ich werde mir des menschlichen Leidens und der Kreativität bewusst, als Teil im Verwandlungsprozess durch den göttlichen Geist. Ich versuche die Welt so zu betrachten, wie Jesus sie gesehen hat. Ich werde mir der Gnade und des Auftrags bewusst, den das Reich Gottes beschreibt.

40. Der Geburtsraum

Die mystische Erfahrung, die mit den oben erwähnten Symbolen verbunden ist, zeigt deutlich, dass die Weisen die göttliche Gegenwart im Herzen als eine selbst-entfaltende und selbst-transzendierende Bewegung erlebten. Der Geist, der im Herzen erlebt wird, ist eine göttliche Dynamik, die sich immer über das Gegebene hinaus bewegt. Der Geist dringt tiefer und dehnt sich über alle Grenzen hinweg aus. Die unendlichen Horizonte des göttlichen Geistes entfalten sich aus dem Inneren des Herzens. Die Endlichkeit wird bejaht und transzendiert.

Was man im Herzensraum erfährt, ist daher die lebendige Gegenwart des Göttlichen. Die ursprüngliche Bedeutung der Begriffe wie *Geist, Vater-in-den-Himmeln, Brahman, Ātman, Śūnyata, Al-lah, JHWH*, weist darauf hin, dass das Göttliche pure Schwingung ist. Im Herzensraum ist der Mensch auf diese göttliche Bewegung eingestimmt; die menschliche Seele schwingt mit dem göttlichen Geist mit.

Mystiker nennen das einen Geburtsprozess. Das Göttliche gebiert unablässig den Menschen; die Seele wird beständig aus dem Geist geboren. Genau genommen gebiert das Göttliche sich selbst im Inneren des Herzens. Kirchenväter und MystikerInnen bezeichnen es als »Gottesgeburt in der Seele«. Das Herz ist die Geburtskammer. Jesus bezieht sich darauf in dem Bild: Wenn ihr von mir trinkt, werdet ihr vom Geist getränkt, und Ströme lebendigen Wassers sprudeln in eurem Inneren auf und gebären göttliches Leben (vgl. Joh 4,13–14; 7,37–39). Wir sind dazu berufen, nicht nur Kinder Gottes, sondern auch *Mütter* Gottes zu werden und Gott im Leben der anderen zu gebären.

Im Herzen bekommt die Seele Flügel, um mit dem göttlichen Geist hoch aufzusteigen und die unendlichen Horizonte des Göttlichen zu erforschen. Im Herzen pulsiert der göttliche Geist mit der menschlichen Seele, und die Seele schwingt in der göttlichen Bewegung. Im Herzen fließt die Seele wie ein Tropfen im göttlichen Strom und tanzt wie eine Welle im göttlichen Ozean. Kontemplation ist ein dynamischer Prozess, der zu einer immer *größeren* Teilhabe an der Herrlichkeit des Göttlichen (*ad majorem Dei gloriam*) führt. Göttlichwerdung bedeutet aus dem Geist neu geboren zu werden (Joh 3,5).

Die Seele wird schwanger durch die Kraft des Geistes, von Gott befruchtet.
Plotin, Enneaden, 6.9.8

Unaufhörlich gebiert der Vater seinen ewigen Sohn in dieser Kraft (Herzensraum),
sodass diese Kraft selbst den Sohn des Vaters – aus der einzigen Kraft des Vaters
sich selbst als denselben Sohn – mitgebiert.
Meister Eckhart, Intravit Jesus in quoddam castellum

Gott wird in einer guten Seele wahrhaft geistig geboren alle Tage und alle Stunden.
Johannes Tauler, Sermo I

Gott trägt den Menschen durch die Liebe zu seinem menschgewordenen Sohn in seiner Brust,
das heißt im Geheimnis seiner Weisheit.
Hildegard von Bingen, Scivias, III,1

Gott gebiert seinen Sohn in dir.
Berührt dich Gottes Geist mit seiner Wesenheit, so wird in dir geboren das Kind der Ewigkeit.
Ich bin Gottes Kind, und Gott ist wieder mein Kind. Gott hat mich zur Muttter erkoren.
Aus Gott geboren sein und wieder Gott gebären: So gehst du aus und ein.
Bist du aus Gott geboren, so blüht Gott in dir.
Angelus Silesius, Cherubinischer Wandersmann, 5

Wird Christus tausendmal zu Betlehem geboren und nicht in dir, du bleibst doch ewiglich verloren.
Angelus Silesius, Cherubinischer Wandersmann, 5

MEDITATION

INNERER WEG Ich komme zu einer inneren Stille. In dieser Stille versuche ich, die dynamische Natur der göttlichen Gegenwart in mir wahrzunehmen: nicht als eine statische Person, sondern als eine schwingende Präsenz, nicht als in sich ruhende Wirklichkeit, sondern als sich verströmende Kraft. Ich vergegenwärtige mir das Bild einer Quelle, die ständig einen Fluss gebiert, aus dem Bäche hervorströmen und die ganze Gegend bewässern. Ich bin ein Bach des göttlichen Flusses, der sich in Jesus Christus offenbarte.

IM HERZEN Ich spüre die Dynamik der göttlichen Gegenwart im Herzen. Das Göttliche gießt sich als Geist ständig aus, gebiert sich selbst. Durch Gnade wird die Seele in diese göttliche Lebensdynamik hineingezogen. Ich fühle diesen Geburtsvorgang in meinem Herzen. Ich werde ständig aus dem göttlichen Geist geboren und gebäre den göttlichen Geist in die Welt.

V. Die Symbole

Nachdem wir die Ebenen des Verstandes, der Psyche, des *nous* und schließlich den Herzensraum wahrgenommen haben, fokussieren wir jetzt auf den Prozess der Göttlichwerdung im *Herz*. Es ist der göttliche Geist, der die Göttlichwerdung hervorbringt; in diesem Sinne ist es ein Prozess der Gnade. Das Leben jedes Menschen entwickelt sich im Umfeld göttlicher Gnade. Jeder durchlebt die Verwandlung im Geist. Wir können uns dessen nur rezeptiv bewusst werden und uns in diesen göttlichen Rhythmus des Lebens einstimmen. Die großen Weisen der Weltreligionen bieten verschiedene Symbole an, um das Bewusstsein für diesen Verwandlungsprozess zu wecken. In der folgenden Meditationsreihe greifen wir einige Symbole auf, die die unterschiedlichen Dimensionen der Göttlichwerdung deutlich machen. In jeder Meditation werden wir uns der dreifachen Dimension des Prozesses der Göttlichwerdung bewusst: Unterscheidung (*Ich-Du-Polarität*), Teilhabe (*Ich-in-dir, Du-in-mir*) und Vereinigung (*Ich-Du-Einheit*). Während der Meditation mit einem bestimmten Symbol kann eine der Dimensionen in den Vordergrund rücken; aber man sollte für die beiden anderen Dimensionen offen sein. Die menschliche Freiheit wird in diesem Prozess nicht aufgehoben, sondern verfeinert und verwandelt.

41. Kristall im göttlichen Licht
42. Flamme des göttlichen Feuers
43. Eisen im göttlichen Ofen
44. Teil des göttlichen Leibes
45. Zweig am göttlichen Baum
46. Strom aus der göttlichen Quelle
47. Welle des göttlichen Ozeans
48. In den Ozean fließender Fluss
49. Tanz des Göttlichen
50. Menschliche Freiheit in der Göttlichwerdung

41. Kristall im göttlichen Licht

Ein Bild, das von Mystikern oft verwendet wird, um Göttlichwerdung zu beschreiben, ist das eines Kristalls im Sonnenlicht. Wenn ein reiner Kristall ins Sonnenlicht gehalten wird, durchdringen die Lichtstrahlen jedes Molekül des Kristalls und verwandeln ihn in eine sonnenbeschienene Wirklichkeit. Die Sonne zerstört den Kristall nicht, aber der Lichtstrahl verwandelt ihn in ein *sonnendurchleuchtetes* Wesen.

Die göttliche Sonne scheint durch das menschliche Herz und bringt die Seele zum Leuchten. Der Mensch hört nicht auf, Mensch zu sein, aber die in ihm verborgene Göttlichkeit leuchtet durch. Die menschliche Seele wird in das Energiefeld der göttlichen Sonne hineingenommen. Die göttliche Gegenwart ist keine statische Wirklichkeit, sondern Bewegung, Dynamik, Schwingung: Gott ist *Geist*, Gott ist *Licht*. Licht ist keineswegs statisch, sondern ein Energiefluss. Es strömt von der Sonne aus, die selbst ein vibrierendes Wesen ist: Die Sonne brennt.

Kirchenväter verwenden das Symbol der Sonne, um die dynamische Natur des Göttlichen als dreieinig zu beschreiben. Der *Vater* ist wie die Sonne; der *Sohn* gleicht dem Lichtstrahl, der von der Sonne ausgeht; der *Geist* ist wie das Licht und die Wärme, die daraus ausströmen (Tertullian, *Adversus Praxean* 8). So wie ein Kristall erleuchtet wird, werden wir Menschen ständig von der göttlichen Sonne angestrahlt. Das ist Göttlichwerdung.

Der Kristall geht nicht in die Sonne ein, aber er ist völlig in der Sonne, da er von der Sonne durchleuchtet ist. Die Sonne ist vollkommen transzendent, dennoch immanent im Kristall. »Gott lebt in unzugänglichem Licht, das kein Mensch gesehen hat, noch je zu sehen vermag« (1 Tim 6,16). Gregor von Palamas unterscheidet zwischen dem *Wesen* des Göttlichen, an dem wir nicht teilhaben können, und der Wirklichkeit der göttlichen *Energien*, an denen wir teilhaben können. Wir Menschen haben Anteil an der göttlichen Natur (*physis*), nicht am göttlichen Wesen (*ousia*). Es gibt grundsätzlich drei Dimensionen in der Erfahrung der Göttlichwerdung: 1. Die menschliche Seele bleibt *verschieden*, aber nicht getrennt (*distincti, non separati*); 2. Die Seele hat *Anteil* an der göttlichen Natur; 3. Die Seele wird *eins* mit dem göttlichen Geist. Indem ich den göttlichen Geist mein Leben durchdringen und es verwandeln lasse, erkenne ich: ***Ich bin göttlich***.

Der Heilige Geist formt uns durch die Einheit mit sich zu geistlichen Menschen.
Fällt ein Sonnenstrahl auf eine durchscheinende Substanz,
wird diese selbst glänzend und strahlt von sich Licht aus.
So werden Geist-Tragende (pneumatophoroi), *als von ihm erleuchtete Seelen schließlich selbst geistlich.*
In Gottes Gegenwart erleben sie ein Gott-ähnlich-Werden und als Krone aller Sehnsüchte,
ein Gott-Werden (theon genesthai).

Basilios, Über den Heiligen Geist, 36

Gott ist Licht, und diejenigen, die in die Einheit mit ihm eingetreten sind und reinen Herzens sind,
lässt er an seinem Glanz teilhaben.

Symeon der neue Theologe, Katechesis, 15, 68.

Die Seele genießt das göttliche Licht wie ein Kristall, der den Sonnenstrahl widerspiegelt.

Teresa von Ávila, Die innere Burg, 1,2

Die Liebe Gottes wird dazu gelangen, den Menschen Gott gleich zu gestalten
und seinem ganzen Wesen und seinem Vermögen und seiner Fähigkeit nach zu erleuchten,
bis sie ihn soweit bringt, dass er Gott zu sein scheint.
Ganz wie der reine und klare Kristall, der vom Licht überfallen wird:
Er wird heller und heller, bis er ganz Licht zu sein scheint
und sich vom Licht nicht mehr unterscheidet;
allmählich erscheint der Kristall wie Licht!

Johannes vom Kreuz, Lebendige Liebesflamme, zur Strophe 1

MEDITATION

INNERER RAUM Ich komme zu einer tiefen inneren Stille. Ich werde mir des Übergangs vom Verstand zu *nous* bewusst.

INNERES BILD Ich nehme das Bild eines Kristalls im Sonnenlicht auf. Im Kern meines Wesens bin ich wie ein reiner Kristall in der göttlichen Sonne. Sie durchdringt mein ganzes Wesen und erhellt es. Ich werde zu einer sonnendurchdrungenen Wirklichkeit, verwandelt von der göttlichen Lichtquelle.

IM HERZEN Ich spüre, was tief in meinem Herzen geschieht. Es gibt ein ständiges Wechselspiel der drei Dimensionen: Unterscheidung, Teilhabe und Vereinigung. Bei der Göttlichwerdung bleibe ich (1) *unterschieden* von der göttlichen Sonne, aber (2) ich *nehme* vollständig am göttlichen Energiestrom *teil* und (3) so durchlichtet werde ich *eins* mit dem Göttlichen. Ich nehme die intensiven Momente der Gnade wahr, in denen ich fühle: Ich bin wie ein reiner Kristall im göttlichen Sonnenlicht, *ich bin göttlich*.

Göttlichwerdung ist vollkommene Durchlässigkeit für das Licht der göttlichen Sonne.

42. Flamme des göttlichen Feuers

Feuer ist ein archetypisches Symbol für die Dynamik der göttlichen Gegenwart. Feuer reinigt alles, was mit ihm in Kontakt kommt, und erhebt es in einen höheren Zustand. Feuer ist ein Bild für die Erhöhung des Bewusstseins. Im hinduistischen Erbe ist Feuer ein dynamisches Symbol für die alles durchdringende Immanenz des Göttlichen. Daher werden die meisten hinduistischen Rituale um das Feuer herum durchgeführt. In vielen traditionellen Hindufamilien brennt zu Hause Tag und Nacht eine Öllampe, die sie ständig an die göttliche Gegenwart erinnert. Auch in katholischen Kirchen weist eine Flamme auf die sakramentale Gegenwart Christi hin. Im Zoroastrismus ist Feuer das Grundsymbol des Göttlichen.

Feuer ist dynamisch, keineswegs statisch: Es brennt. Sein Sein ist *Werden*. Die Lebendigkeit des Feuers ist in den mannigfaltigen Flammen sichtbar. Die Flammen nehmen unablässig immer wieder neue Formen an. Keine Flamme ist genau wie eine andere und doch ist jede Flamme Feuer. Flammen bringen Schönheit hervor, aber Feuer ist die zugrunde liegende Wirklichkeit. Das eine Feuer entfaltet sich als viele Flammen. Die Flammen sind vorläufig und vergänglich; aber das Feuer bleibt. Jede Flamme ist Feuer, aber Feuer ist mehr als Flammen.

Wir sind wie Flammen des göttlichen Feuers. Die dynamische Gegenwart des Göttlichen entfaltet sich durch uns. Unser Leben entwickelt sich im göttlichen Energiefeld. Die Lebensenergie, die als Geist aus der unergründlichen Tiefe des Göttlichen ausströmt, durchdringt die Schöpfung. Wir Menschen können uns dieser göttlichen Schwingung bewusst werden, da wir ständig aus der göttlichen Quelle geboren und wiedergeboren werden, so wie die unzähligen Flammen aus dem Feuer. Wir sind *feurige* Wesen im Göttlichen. Dies ist Göttlichwerdung.

Während der Meditation kann man eine Öllampe oder eine Kerze anzünden. Sie erinnert uns daran, was wir wirklich sind: Eine Flamme des göttlichen Feuers. Eine Lampe oder eine Kerze brennt nicht für sich selbst. Sie gibt alles ab, indem sie Licht und Wärme ausstrahlt. In Christus, dem *Licht*, lässt der göttliche Geist jeden erkennen, dass man selbst auch *Licht* ist. Jede Flamme zündet andere Flammen an. Im Christusfeuer erkenne ich: ***Ich bin göttlich***.

Gott erscheint in der Wahrnehmung im Herzen zunächst als eine Flamme,
die die geliebte Seele reinigt, und dann als das Licht, das sie durchlichtet und Gott-ähnlich macht.

Johannes Klimakos, Die Leiter

Nicht also das überwesenhafte Wesen Gottes ist die vergöttlichende Gabe des Geistes,
sondern die vergöttlichende Energie des überwesenhaften Wesens Gottes.
Gottes Geist erstrahlt die Energien wie aus einem verborgenen Feuer.

Gregor von Palamas, Verteidigung der heiligen Hesychasten

So ist der Zustand der Seele in dieser Liebesumwandlung, worin sie sich zuständlich befindet,
wohl dem Holz vergleichbar, das dauernd von Feuer angefallen ist;
und die Akte dieser Seele gleichen der Flamme aus der Liebesglut
– einer Flamme, die umso stürmischer lodert, je durchdringender das verschmelzende Feuer ist.
Bei solcher Glut werden die Willensregungen in eines mit der Flamme des Heiligen Geistes emporgezückt ...

Johannes vom Kreuz, Die lebendige Flamme

Das Feuer der Erkenntnis verbrennt (jede Art des Anhaftens an die Früchte der) Tätigkeit.

Bh. Gita 4,37

MEDITATION

INNERER RAUM Ich komme zu einer tiefen inneren Stille. Ich spüre die lebendige Natur der kontemplativen Stille.

INNERES BILD In der Stille vergegenwärtige ich mir das Bild eines brennenden Feuers mit vielfältigen Flammen. Ich nehme die bewegliche Natur der Flammen und das Feuer als dynamische Grundlage wahr. Es gibt eine enorme Bewegung in den Flammen, die durch das zugrunde liegende Feuer angetrieben werden. Innerhalb des Energiestroms des Feuers entfalten sich die Flammen. Ich bin wie eine Flamme, die aufsteigt, erlischt, neu aufsteigt und unaufhörlich neue Formen annimmt. Das Göttliche ist das Feuer, ich bin eine Flamme.

IM HERZEN Ich spüre die dynamische Einheit zwischen meinem wahren Selbst und dem Göttlichen. In diesem Prozess erkenne ich die dreifache Dimension der Göttlichwerdung: (1) Die Flamme *unterscheidet* sich vom Feuer, da das Feuer als Grundlage viel mehr ist als die Flamme, (2) jedoch hat jede Flamme *Anteil* an der Strahlkraft des Feuers, aber (3) letztlich bilden die Flamme und das Feuer *eine* Wirklichkeit. Jede Flamme wird ständig aus dem Feuer geboren und wiedergeboren. Ich nehme die intensiven Momente der Gnade wahr, in denen ich fühle: Ich bin eine Flamme des göttlichen Feuers, *ich bin göttlich.*

Göttlichwerdung bedeutet, sich als eine Flamme aus dem göttlichen Feuer zu entfalten.

43. Eisen im göttlichen Ofen

Ein weiteres kraftvolles Symbol, das die Erfahrung der Göttlichwerdung des Menschen beschreibt, ist das Eisen im glühenden Ofen. Feuer durchdringt alle Poren des Eisens. Das Eisenstück nimmt die Natur des Feuers an, es wird eins mit dem Feuer. Dies ist eine dynamische Einheit in gegenseitiger Durchdringung: Feuer entfaltet sich durch das Eisen, Eisen glüht im Feuer. Das Eisenstück wird zum Medium, das die Hitze des Feuers überträgt. Es ist vollkommen *feurig* geworden.

Göttlichwerdung ist ein Prozess, bei dem man vom göttlichen Geist zum Glühen gebracht wird. Feuer ist ein klassisches Symbol für die verwandelnde Gegenwart des göttlichen Geistes. Israel erlebte die Führung Jahwes durch die »Feuersäule« (Ex 13,21): Der Herr ist »in Form von Flammen« (Lev 9,24; Ex 40,38) zu den Menschen herabstiegen. Feuer hat eine zweifache Wirkung: Es strahlt Wärme aus, so wie die Seele die Wärme des göttlichen Geistes erlebt, der sie reinigt und verwandelt. Alles, was mit Feuer in Berührung kommt, wird rein und neu. Außerdem spendet es Licht: Der göttliche Geist strahlt Licht in das Herz und auf die Lebenswege. Göttlichwerdung ist eine Erfahrung der Reinigung und Erleuchtung.

Nach der spirituellen Tradition Indiens erzeugt Askese die spirituelle Hitze (*tapah*). Asketische Praktiken machen den Menschen innerlich frei, die Bindung an das Ego wird überwunden. »Verzichte und genieße« (Iśa Up. 1). Die Seele wird in das Energiefeld des Göttlichen gebracht, in dem die Seele (*ātman*) durch den göttlichen Geist (*ĀTMAN*) *erwärmt* wird. Sie werden auf dynamische Weise eins, so wie Feuer ein Stück Eisen im Ofen durchdringt.

Das Eisenstück bleibt nach wie vor Eisen im Ofen. Doch es wird vom Feuer so tief verwandelt, dass es keine Trennung mehr zwischen den beiden gibt. Eisen hat die Natur des Feuers angenommen. In der tiefsten Erfahrung der Göttlichwerdung gibt es eine gegenseitige Durchdringung (*circumincessio*) zwischen dem Göttlichem und dem Menschen. Die menschliche Natur wird nicht vernichtet, sondern ins Göttliche verwandelt. Göttlichwerdung ist die Erfahrung, »von der ganzen Fülle Gottes erfüllt zu sein« (Eph 3,19). Im Christusfeuer glühend erkenne ich: ***Ich bin göttlich***.

Göttlichwerdung bedeutet vom Göttlichen durchdrungen zu werden, so wie im Feuer glühendes Eisen von der Hitze durchdrungen wird. So leuchtet die Schönheit der unfassbaren Dreifaltigkeit in uns durch.

Cyrill von Alexandrien, Commentarii in Joannem II

Wenn nun eine Eisenmasse stets im Feuer liegt,
in alle Poren, in alle Adern das Feuer aufnimmt und so ganz Feuer wird,
indem weder das Feuer in ihm erlöscht noch das Eisen vom Feuer getrennt wird,
wird man wohl sagen, diese im Feuer liegende und stets glühende Eisenmasse könne je Kälte aufnehmen?
Im Gegenteil wird sie ganz Feuer, sofern man nichts als Feuer an ihr sieht;
auch wird die Berührung desselben nicht das Gefühl vom Eisen, sondern vom Feuer geben.
Auf gleiche Weise ist jene Seele, die wie das Eisen im Feuer in der Weisheit, im Worte, in Gott liegt,
mit allem ihrem Denken, Fühlen und Tun Gott.

Origenes, De Principiis, 2.6.6 (BKV)

Eben habe ich nachgedacht,
ob nicht vielleicht von diesem Feuer des glühenden Kohlenbeckens,
das mein Gott ist, ein Funke heraussprang und in die Seele fiel,
sodass sie jenes flammende Feuer in sich fühlte.

Teresa von Ávila, Die innere Burg

In Feuerfarbe stirbt des Eisens Farb',
vom Feuer spricht es, bis sein Wort erstarb.
Ist es von Röte gleich wie Gold durchdrungen:
»Ich bin das Feuer«, ruft es ohne Zungen.

Dschelaluddin Rumi, Mathnawi

MEDITATION

INNERER RAUM Ich komme zu einer tiefen inneren Stille. Ich spüre die begnadeten Momente, wenn ich durch nous/*buddhi* den Bereich des Herzens betrete.

INNERES BILD Ich fühle mich wie ein Stück Eisen im glühend heißen Ofen. Ich versuche das Gefühl von Eisen, das im Feuer glüht, zu erspüren. Das Feuer zerstört das Eisen nicht, aber es durchdringt jede Zelle von ihm, reinigt es und lässt es wie Feuer erglühen. Das göttliche Feuer reinigt, erleuchtet und verwandelt die Seele. Die Seele bleibt menschlich, wird aber göttlich.

IM HERZEN Ich fühle in das Herz. Ich spüre den dreifachen Prozess: Unterscheidung, Teilhabe und Vereinigung. In der Göttlichwerdung (1) bleibe ich *unterscheidbar* im göttlichen Feuer, (2) dennoch nehme ich vollkommen am göttlichen Energiestrom *teil*, der mich verzehrt und (3) mich mit dem Göttlichen *vereinigt*. Ich nehme die intensiven Momente der Gnade wahr, in denen ich fühle: Ich bin wie ein glühendes Stück Eisen im göttlichen Ofen, *ich bin göttlich*.

Göttlichwerdung bedeutet, die Seele im Feuer des Geistes glühen zu lassen.

44. Teil des göttlichen Leibes

Paulus verwendet das Symbol des Leibes, um unser tiefes Einssein mit Christus zu beschreiben. »Wir sind der Leib Christi und als Einzelne seine Glieder« (1 Kor 12,27). Es gibt eine lebendige Einheit in der Beziehung des Hauptes mit dem Rest des Leibes. Zwischen dem Haupt und den Gliedern und innerhalb der Glieder gibt es Unterschiede, aber keine Trennung (1 Kor 12,17). Jedes Glied hat seine Funktion; ebenso hat jeder Mensch sein angeborenes Talent und eine bestimmte Rolle in der Gesellschaft. Paulus verwendet das Symbol des Leibes, um die Vielfalt der Charismen und die Einheit der Kirche zu beschreiben. Teile machen den Leib schön und wirkungsvoll, dennoch ist der ganze Leib eins. Dieses archetypische Symbol kann gut verwendet werden, um auf die tiefe spirituelle Einheit unter allen Menschen hinzuweisen, die von der dynamischen Gegenwart des Göttlichen belebt wird. Wir sind viele – das ist Schönheit; wir sind eins – das ist die Wahrheit.

Wir bilden den »Leib Christi« (1 Kor 12,27). In gewisser Weise ist der Kopf mit dem Gehirn das lenkende Organ, das den gesamten Leib steuert. In Christus erfahren wir den inneren Beweger, das lenkende Prinzip, die göttliche Quelle von Leben und Sinn (Kol 1,18; Gal 2,20). Die göttliche Lebensenergie fließt von Christus in den gesamten Leib der Kirche und vereint ihn. Der göttliche Geist schwingt im Herzen aller Menschen, belebt die Geistesgaben und verwandelt dadurch das Leben in eine neue Schöpfung (1 Kor 12,13). Das ist der Prozess der Göttlichwerdung. In der christlichen Vorstellung bedeutet das *Christosis*: Christus werden. »Wir wachsen in Christus hinein, der das Haupt ist und durch den der ganze Leib zusammengefügt ist« (Eph 4,16). Christus-im-Geist ist die dynamische göttliche Gegenwart in uns.

Die Kirchenväter beschreiben die Eucharistie als das Sakrament der Göttlichwerdung: Durch den Empfang des eucharistischen Brotes werden wir selbst zum Leib Christi. Die Eucharistie erinnert uns daran, dass wir berufen sind, am Leben Christi teilzuhaben und die verwandelnde Gegenwart Christi in der Welt sichtbar werden zu lassen. Durch die Eucharistie erkennen wir, dass unser Leib der »Tempel des Heiligen Geistes« (1 Kor 6,19) ist. Göttlichwerdung ist ein Prozess, durch den wir zum Leib Christi werden. Indem ich mich als Teil des Leibes Christi erfahre, erkenne ich: ***Ich bin göttlich***.

Denn wie der Herr mit der Annahme des Leibes Mensch geworden ist, so werden auch wir Menschen vom Worte in seinem Fleische angenommen und vergöttlicht und erben von nun an ewiges Leben.

Athanasius, Contra Arianos, 3.34

*Das Anhaften an Gott (*synaphe*) in menschlicher Natur garantiert deren Vergöttlichung.*

Athanasius, Contra Arianos, 2.70

*Gemäß seinem eigenen Gebet an den Vater werden wir dort sein, wo er selbst als Erstlingsfrucht unseres Geschlechtes ist. Wie er um unsretwillen Mensch geworden ist, so werden wir auch in entsprechender Weise um seinetwillen emporsteigen und ihm gemäß (*kat' auton*) durch das Geheimnis der Gnade Gott werden, ohne unsere Natur irgendwie zu wandeln. Mit ihm werden wir zu einem Leib.*

Maximus Confessor, PG 91,1280c–1281a

Ihr seid das Brot, der Leib Christi.

Augustinus, Sermo, 227

(In Göttlichwerdung) werden wir zum Leib Christi und unser Leib wird mit der Schönheit der Herrlichkeit Gottes geschmückt.

Symeon der neue Theologe, Hymnen, 15,141,157

Ein ewiger Teil von mir existiert in der Welt des Lebens als individuelle Seele.
Sie zieht die Sinne und den Verstand an sich, die in der Natur vorhanden sind.

Bh. Gita 15,7

MEDITATION

INNERER RAUM Ich komme zu einer tiefen inneren Stille. Ich spüre, wie die Stille meinen Leib durchdringt. Ich erlebe meinen Leib als den Ort, an dem ich die göttliche Gegenwart erfahre: Der Leib ist ein sakraler Raum.

INNERES BILD Ich nehme das Bild auf, das Paulus vorschlägt: Christus ist das Haupt, wir sind die Glieder. Ich fühle die organische Einheit zwischen dem Haupt und allen anderen Teilen des Leibes. Jedes Glied, jedes Organ hat eine bestimmte lebenswichtige Funktion im Leib, wobei der Kopf das koordinierende Zentrum ist. Ich werde mir der Tatsache bewusst: Vielfalt ist Schönheit, Einheit ist Wahrheit.

IM HERZEN Ich fühle ins Herz, den sakralen Raum in mir. Ich spüre Christus als das Haupt und die Menschen als Glieder. Ich nehme den dreifachen Prozess wahr: Unterscheidung, Teilhabe und Vereinigung. Jedes Glied behält (1) seine *Besonderheit*, (2) dennoch *nimmt* es an den Impulsen *teil*, die vom Haupt kommen und (3) wird zutiefst *vereint* mit dem Haupt, aber auch mit den anderen Gliedern. Ich vergegenwärtige mir die intensiven Gnadenmomente, in denen ich erkenne: Ich bin ein Glied des göttlichen Leibes, *ich bin göttlich*.

Göttlichwerdung bedeutet, sich als Teil des göttlichen Leibes wahrzunehmen.

45. Zweig am göttlichen Baum

Im Johannesevangelium wird das archetypische Symbol eines Baumes verwendet, um die tiefe Beziehung zwischen dem Menschen und dem Göttlichen zu beschreiben: »Ich bin der Weinstock, ihr seid die Rebzweige« (Joh 15,5). In einem Baum besteht eine lebenswichtige Beziehung zwischen dem Stamm und den Zweigen. Der Stamm hält die Zweige in Einheit und am Leben. Der lebenspendende Saft steigt von der Wurzel durch den Stamm auf; dadurch wachsen Zweige, Blätter entfalten sich, Blüten nehmen Farbe an und Früchte tragen Samen. Die Zweige in ihrer Vielfalt machen den Baum schön, und doch ist der ganze Baum eins.

Wenn wir erkennen, dass wir wie Zweige am göttlichen Baum sind, dann ist der göttliche Geist wie der belebende Strom des Lebenssaftes. Die Kirchenväter verwenden dieses Bild, um von der göttlichen Dynamik in der Dreifaltigkeit zu sprechen: Der Vater ist wie die verborgene Wurzel des Baumes, der Sohn ist wie der Stamm, der die Verborgenheit des Vaters offenbart, und der Geist ist wie der lebendige Saft, der von der Wurzel zum Stamm und wieder zurück zu den Wurzeln fließt (Tertullian, Adversus Praxean 8; Ambrosius, PL 16.642). Aus dieser innertrinitarischen Dynamik heraus leben wir wie Zweige. Die Erfahrung, dass das Göttliche drei-einig ist, beschreibt das Göttliche als eine sich selbst entfaltende Bewegung, eine sich selbst schenkende Wirklichkeit: Das Göttliche ist Schwingung, ist Liebesschwingung!

Das Göttliche entfaltet sich in uns und durch uns: Die Zweige sind eins mit dem Stamm und der Wurzel, nicht eine statische Einheit, sondern ein dynamisches Einssein in Gebären und Teilhaben. Die Zweige werden ständig aus der Wurzel durch den Stamm geboren. Ein Baum ist eigentlich eine fließende, sich ständig verändernde Wirklichkeit. Letztlich gibt es keinen Unterschied zwischen dem Stamm und den Zweigen, zwischen dem einen und dem anderen Zweig. Dennoch wird ein Zweig nicht zum Stamm, der eine Zweig nicht zum anderen Zweig. Es gibt zwar Unterschiede, aber keine Trennung; es gibt eine ungeheure Vielfalt, aber auch eine tragende Einheit. Die Zweige leben durch den Stamm und der Stamm entfaltet sich durch die Zweige. Es gibt eine durchdringende (*perichoretische*) Bewegung zwischen dem göttlichen Stamm und den Zweigen, die wir Menschen sind, ein gegenseitiges Innewohnen (*meinate*), eine ständige Durchdringung (*circumincessio*), einen bewundernswerten Austausch (*admirabile commercium*) zwischen dem Göttlichen und dem Menschen. Als ein Zweig des göttlichen Baumes erkenne ich: ***Ich bin göttlich***.

Gott hat das Wort hervorgebracht, so wie die Wurzel den Sprössling hervorbringt; ... und der Geist fließt wie der Saft.
Tertullian, Adversus Praxean 4,8

Der Vater ist die Wurzel des Seins vom Sohn. Der Sohn ist geboren aus der Gebärmutter des Vaters (de utero Patris).
Ambrosius, PL 16,642

Der Weinstock und die Reben stellen eigentlich dieselbe Natur dar.
Augustinus, Tractates 80

(Der Kosmos ist) wie ein unvergänglicher Baum,
dessen Wurzeln nach oben (ins Göttliche) wachsen
und die Zweige nach unten (in die Welt) ...
Ich nehme Zuflucht beim (göttlichen) Urgeist (Purusha),
vom dem die schöpferische Tätigkeit (wie der Lebenssaft) ausgeht.
Bh. Gita 15,1.4

Das Kreuz Christi hat uns das Paradies zurückgegeben.
Das ist der Baum, den der Herr dem Adam als Lebensbaum inmitten des Paradieses bezeichnete.
Dadurch hört der Hunger der Urzeit auf und die Gnade des Lebens wird wieder geschenkt.
Ambrosius, PL 14,954

Bist du aus Gott geboren, so blüht Gott in dir:
und seine Gottheit ist dein Saft und deine Zier.
Angelus Silesius, Cherubinischer Wandersmann, 5

MEDITATION

INNERER RAUM Ich komme zu einer lebendigen inneren Stille. Mit jedem Atemzug spüre ich, wie die Atemenergie meinen Leib durchströmt und belebt.

INNERES BILD In dieser Stille nehme ich das Bild eines Baumes auf. Ich identifiziere mich mit einem Zweig am göttlichen Baum. Ich fühle, wie der Zweig den inneren Fluss des lebenspendenden Saftes, den Halt im Stamm und weiter unten die Verwurzelung spürt. Mein Leben entfaltet sich aus der innertrinitarischen Dynamik des göttlichen Lebens heraus. Aus der göttlichen Wurzel strömt durch den Stamm der Lebenssaft durch mich hindurch und lässt mich am göttlichen Leben teilhaben.

IM HERZEN Ich fühle ins Herz. Ich spüre die dreifache Dimension: Im Prozess der Göttlichwerdung (1) bleibe ich als ein Zweig *unterschieden*, (2) doch ich *nehme* vollkommen am göttlichen Lebensstrom *teil*, der mich durchdringt und (3) mich mit dem göttlichen Stamm und der Wurzel *vereint*. Letztlich gibt es keinen Unterschied zwischen Christus als dem Stamm und dem Zweig, der ich bin. Ich werde mir der intensiven Momente der Gnade bewusst, in denen ich fühle: Ich bin ein Zweig des göttlichen Baums, *ich bin göttlich*.

Göttlichwerdung bedeutet, sich als Zweig am göttlichen Baum zu erkennen.

46. Strom aus der göttlichen Quelle

Ein weiteres Symbol für den Prozess der Göttlichwerdung des Menschen sind Ströme, die aus einer Quelle hervorsprudeln. Im Gespräch mit der Frau am Jakobsbrunnen sagte Jesus: »Wer von diesem Wasser (das heißt aus dem Jakobsbrunnen) trinkt, wird wieder Durst bekommen; wer aber von dem Wasser trinkt, das ich ihm gebe, wird nicht mehr durstig sein, vielmehr wird das Wasser, das ich ihm gebe, in ihm zur sprudelnden Quelle werden, deren Wasser ewiges Leben schenkt« (Joh 4,13–14). Vor dem Hintergrund des Laubhüttenfestes sagte Jesus in der Öffentlichkeit: »Wer durstig ist, komme zu mir und trinke; aus seinem Inneren (*koilia*) werden Ströme von lebendigem Wasser hervorfließen« (Joh 7,37–38).

Die Kirchenväter erweitern dieses Bild, um von der innertrinitarischen Dynamik zu sprechen: Der Vater ist wie die verborgene Quelle, der Sohn ist wie der Fluss, der aus dieser göttlichen Quelle entspringt, der Geist ist die Kraft des Strömens (Tertullian, Adversus Praxean 8; Origenes, De Johanneum, 2.2.10; Hippolytus, PG 10,817). Wir sind wie Ströme, die aus dem göttlichen Fluss fließen, den wir in Christus erfahren. Wir sind tatsächlich Ströme, die *aus* der göttlichen Quelle entspringen und sich aus dem göttlichen Fluss herausentwickeln dadurch, dass die göttliche Strömungskraft uns durchfließt. Dies ist die Vorstellung von der Göttlichwerdung des Menschen.

Es ist die innewohnende Strömung, die die verborgene Quelle den Fluss gebären lässt, aus dem die kleinen Ströme herausfließen. Der göttliche Geist, die Kraft Gottes (*dynamis tou theou*), lässt den Vater den Sohn gebären und die Menschen als Ströme hervorsprudeln, »deren Wasser ewiges Leben schenkt« (Joh 4,14). Indem wir aus dem göttlichen Fluss geboren sind, werden auch wir zu Überbringern des göttlichen Lebens. Christus, der Fluss, ist von Natur aus (*kat' ousian*) göttlich, wir sind wie Ströme, die durch Teilhabe (*kata metousian*) göttlich gemacht werden. Schönheit besteht darin, dass wir wie vielfältige Ströme sind, aber die Wahrheit ist, dass das Wasser, das durch uns alle fließt, ein und dasselbe ist (1 Kor 12,4).

Aus dem Göttlichen geboren, gebären wir Gott in der Welt. Wenn der göttliche Geist durch einen Menschen fließt, wird er zum Strom, der Gott in die Welt hineingebiert. Als Strom, der aus dem göttlichen Fluss entspringt, erkenne ich: ***Ich bin göttlich***.

Eile also zur Quelle, verlange nach Quellwasser.
Bei Gott ist der Quell des Lebens – ein nie versiegender Quell.

Augustinus, Psalmkommentar

Der göttliche Vater ist Quelle und Ursprung der ganzen Gottheit« (fons et origo totius divinitatis).

Konzil von Toledo

Gottes Bild, Gottes Sohn, ist in der Seele Grund wie ein lebendiger Brunnen.

Meister Eckhart, Vom edlen Menschen

Dein Wort aber, mein Gott, ist die Quelle des ewigen Lebens.

Augustinus, Bekenntnisse, 13,21

Das Wort ist Fleisch geworden, um uns Anteil an der göttlichen Natur zu geben (2 Petr 1,4):
Dazu ist das Wort Gottes Mensch geworden und der Sohn Gottes zum Menschensohn,
damit der Mensch das Wort in sich aufnehme und, an Kindesstatt angenommen, zum Sohn Gottes werde.

Irenaeus, Adversus Haereses, 3,19,1

Das Wort Gottes wurde Mensch, damit wir vergöttlicht würden.

Athanasius, De Incarnatione, 54,3

MEDITATION

INNERER RAUM Ich komme zu einer tiefen inneren Stille. Ich spüre den Strom der Atemenergie in meinem Leib: Der Atem Gottes atmet in mir.

INNERES BILD Ich stelle mir das Bild eines riesigen Flusses vor, von dem aus mehrere Seitenströme in alle Richtungen fließen. Ich identifiziere mich mit einem dieser Ströme. Die verborgene Quelle im Berg gebiert sich selbst als Fluss mit einer kraftvollen Strömung. Gott, der Vater, bringt den Sohn in der Kraft des Geistes hervor. Ich erfahre dieses Selbstausgießen der göttlichen Quelle in Christus, dem göttlichen Fluss. Die Kraft des göttlichen Geistes lässt mich aus Christus herausströmen als einen Strom, der die Brunnen des göttlichen Geistes in vielen Menschen speist.

IM HERZEN Ich spüre in den spirituellen Raum des Herzens. Ich werde mir der dreifachen Dimension der Göttlichwerdung bewusst: Ich fließe (1) als *einzelner* Strom, (2) dennoch *nehme* ich vollständig am Lauf des Flusses *teil* und (3) bin tatsächlich *eins* mit dem Fluss. In diesem Prozess erkenne ich: *Ich bin göttlich.*

Göttlichwerdung bedeutet sich als Strom aus der göttlichen Quelle anzunehmen.

47. Welle des göttlichen Ozeans

Ein Bild, das zahlreiche buddhistische Meister verwenden, ist das Bild des Ozeans und der Wellen. Tief im Inneren des Ozeans gibt es eine ungeheure Bewegung. Die ozeanischen Unterströmungen kommen als Tanz der Wellen zum Vorschein. Manchmal nehmen sie eine furchterregende Form an (*tremendum*), zu anderen Zeiten sind sie faszinierend ruhig (*fascinosum*). Jede Welle steht in Beziehung mit jeder anderen Welle; keine Welle, kein Tropfen, steht für sich allein, vollkommen getrennt von den anderen. Der gesamte Ozean ist eine dynamische Wirklichkeit, auch wenn die Wellen verschiedene Formen und Intensitäten haben. Die Wellen entstehen aus dem Ozean; der Ozean zeigt sich durch die Wellen. Der Tanz der Wellen bedeutet *Schönheit*, aber der zugrundeliegende Ozean stellt *Einheit* her. Dass alles mit allem verbunden ist (*pratīta-samudpāda*), ist eine grundlegende Einsicht des Buddhismus.

Die Welle ist der Ozean. In gewisser Weise ist der ganze Ozean in jeder Welle vorhanden, doch ist der Ozean weit mehr als die Wellen. Die Wellen entstehen und vergehen im Ozean. Wellen sind von derselben Natur wie der Ozean: Alles ist Wasser. Wenn eine Welle diese Wahrheit nicht erkennt, sondern sich an ihrer vorübergehenden Form festhält, ist sie in der Angst gefangen, ihre Identität als Welle zu verlieren; erst im Loslassen lebt eine Welle.

Dieses kraftvolle Bild erinnert uns an wesentliche Aspekte des Prozesses der Göttlichwerdung. Individualität steht für Getrenntheit, Personalität für Beziehung. Die Individualität wird bestätigt, wenn man sagt: »Ich bin ich, weil ich nicht du bin.« Die Personalität wird bejaht, wenn man sagt: »Ich bin ich durch dich.« Das Festhalten an der Individualität löst Angst vor Auslöschung aus; sich als eine Person zu entwickeln, erzeugt innere Freude und Freiheit. Individualität ist statisch, Personalität ist dynamisch. Individualität ist mit einem *Ich-Sinn* verbunden, Personalität drückt sich in einem *Wir-Gefühl* aus. Jeder Mensch braucht ein befreiendes und befreites Ich-Gefühl, denn in Individualität steckt etwas *Unteilbares*. Als Personen sind wir wesenhaft aufeinander angewiesen und bezogen. In tiefer Kontemplation fühle ich mich wie eine Welle im göttlichen Ozean und komme zur Erkenntnis: ***Ich bin göttlich***.

Das erste, worüber der denkende Geist in bewunderndes Staunen gerät,
ist die schlechthinnige Grenzenlosigkeit Gottes, dies unabschreitbare und vielersehnte Meer.

Maximus Confessor, Sprüche über die Liebe

Wie ein Tropfen Essig im Meer gehen wir ins Göttliche ein.

Gregor von Nyssa, Antirrheticus adv. Apollinarium, 42

Es ist wichtig, dass die Welle erkennt, dass sie Wasser ist und nicht bloß Welle.
Eine Welle entsteht und vergeht, aber das Wasser bleibt.
Wir neigen dazu zu meinen, dass wir Individuen sind, ganz getrennt von den anderen Lebewesen.

Thich Nhat Hahn, Das Herz von Buddhas Leere

Heißt das, dass Gott und ich eins sind?
Nicht eins. Nicht zwei.
Wie ist das möglich?
Die Sonne und das Licht, der Ozean und die Welle,
der Sänger und sein Gesang – nicht eins, nicht zwei.

Anthony de Mello, One Minute Wisdom, 34

Das Göttliche und das Menschliche sind weder eins noch zwei.

Raimon Panikkar, Christophanie, 69

Ich treibe dahin wie die Wellen des Meeres.

Lao Tse, Tao Te King, 20

MEDITATION

INNERER RAUM Ich komme zu einer inneren Stille. In der Stille werde ich mir meiner Begrenztheit und der tiefen Verbindung mit allen anderen Wesen bewusst.

INNERES BILD Ich stelle mir das Bild eines Ozeans mit Wellen vor. Ich spüre die tiefen Unterströmungen, die als tanzende Wellen auftauchen. Die göttlichen Unterströmungen entfalten sich durch die Wellen, die die Einzelwesen sind. Als Welle spüre ich die Zerbrechlichkeit meines Seins, die Unbeständigkeit meiner Individualität und die Vergänglichkeit meines Daseins; gleichzeitig spüre ich den gebärenden Mutterboden des göttlichen Ozeans, die Dynamik des göttlichen Geistes, die jeder Welle ermöglicht zu entstehen, und die tiefe Verbundenheit mit allen anderen Wellen.

IM HERZEN Ich fühle in das Herz. Ich bin (1) *unterschieden* als Welle, aber (2) ich *nehme* an der Bewegung des Ozeans *teil*, weil ich (3) *eins* mit dem Ozean bin. Die Welle ist der Ozean; dennoch ist der Ozean weit mehr als die Welle. Ich werde mir der intensiven Momente der Gnade bewusst, in denen ich fühle: Ich bin eine Welle des göttlichen Ozeans, *ich bin göttlich*.

Göttlichwerdung bedeutet, zu der Melodie des göttlichen Geistes zu tanzen.

48. In den Ozean fließender Fluss

Weise des Ostens und des Westen verwenden das Bild des Flusses, der in den Ozean fließt, um den Prozess der Göttlichwerdung zu umschreiben. Wenn wir einen Fluss fragen: »Warum bist du so rastlos und ungestüm?«, dann würde der Fluss antworten: »Jeder meiner Tropfen wird vom Ozean angezogen und ich ruhe nicht, eher ich dort angekommen bin.« Tatsächlich gib es in jedem Tropfen eine innere Dynamik, die vom Schub der Quelle am Anfang und dem Sog des Ozeans am Ende erzeugt wird. Dies lässt jeden Tropfen seinem letzten Bestimmungsort entgegeneilen. Wenn der Fluss in den Ozean eingeht, wird der Fluss nicht vernichtet, sondern verwandelt.

Die ganze Wassermenge des Flusses wird in die dynamische Natur des Ozeans verwandelt. Jeder Tropfen des Flusses tanzt zur Melodie der Wellen im Ozean. Der Fluss verliert seinen Namen und seine Form, beide waren zufällig: Der Name kommt von den Menschen und die Form ist eine vorübergehende Gestalt, die vom Ufer bestimmt wird. Der Fluss muss sich dieser vorläufigen Identität entledigen, um seine wahre Natur im Ozean zu erkennen. Wenn der Fluss auf den Ozean trifft, kann es durch die Konfrontation mit dem *mysterium tremendum* einen Moment der Angst und des Erzitterns geben. Aber wenn der Fluss in seinen Urgrund, den Ozean, eingeht, kann dies zu einer Erfahrung des *mysterium fascinosum* werden.

Dies ist ein archetypisches Bild für die Ausrichtung der Menschen auf das Göttliche. Auf der Ebene der Weltbezogenheit neigen wir dazu, an unserem Namen und an unserer Form festzuhalten; vieles davon wird durch die Identifikation mit unserem Körper verursacht. Aber unser wahres Selbst entfaltet sich in der Tiefe des Bewusstseins. In begnadeten Momenten, denen oftmals Kontemplation vorausgeht, können wir einen Vorgeschmack auf unsere letzte Bestimmung erhalten. Wenn sich die Göttlichkeit in unserem Herzen entfaltet, werden wir »Teilhabende an der göttlichen Natur« (2 Petr 1,4). Dies ist eine Vertiefung, Verwandlung und Erweiterung des Bewusstseins in die Göttlichwerdung.

Ein verwandtes Bild dazu ist das der Regentropfen, die in einen Fluss fallen. Obwohl einzelne getrennte Tropfen fallen, werden alle eins mit dem Fluss; wenn sie sich mit dem Fluss vereinigen, tanzen sie mit der Melodie der Flussströmung. Indem ich wie ein Fluss werde, der sich mit dem göttlichen Ozean vereint, erkenne ich: ***Ich bin göttlich***.

Dieser von unten stammende Mensch wurde Gott,
da er Gott vermischt wurde und eins mit ihm geworden ist.
Dabei hat der stärkere Teil (Gottheit) obsiegt,
damit ich ebenso Gott werde,
wie jener Mensch geworden ist.

Gregor von Nazianz, Orationes, 29,19, PG 36,100a

Es lässt sich nichts weiter davon sagen, als dass die Seele eins geworden ist mit Gott.
Hier ist es, wie wenn Wasser vom Himmel in einen Fluss oder eine Quelle fällt, wo alles nichts als Wasser ist,
sodass man weder teilen noch sondern kann, was nur das Wasser des Flusses ist und das Wasser,
das vom Himmel gefallen; oder es ist wie wenn ein kleines Rinnsal ins Meer fließt,
von dem es durch kein Mittel mehr zu scheiden ist.

Teresa von Ávila, Die innere Burg, 7,2

So wie die strömenden Flüsse im Ozean untergehen und Name und Gestalt aufgeben, ebenso geht der Weise,
von Name und Gestalt befreit, zu dem höchsten, göttlichen Purusha. Er wird selbst zu Brahman.

Mund. Up. 3.2.8–9

Möge der Tropfen, der du bist, zum Meer werden.

Dschelaluddin Rumi, Die Ode, 12

MEDITATION

INNERER RAUM Ich komme zu einer tiefen inneren Stille. Ich fühle die innere Dynamik in der Stille, das Zirkulieren der Energie meines Atems.

INNERES BILD In der Stille lasse ich das Bild eines Flusses in mir auftauchen, der zum Ozean fließt. Ich fühle die Kraft des göttlichen Geistes, der mich vorwärts treibt und den Ruf der göttlichen Bestimmung, die mich am Ende erwartet. Ich bemerke die verschiedenen Gefühle in mir: Die Angst, meine gegenwärtige Form zu verlieren, und die Furcht vor der Begegnung mit der Unermesslichkeit des göttlichen Ozeans, die Freude, das göttliche Ziel zu erreichen, und die anhaltende Hoffnung, von allen Beschränkungen frei zu werden. Ich versuche, dem Empfinden des Flusses im Ozean nachzuspüren: Kein Tropfen ist verloren, aber Name und Form sind nicht mehr da.

IM HERZEN Ich fühle in mein Herz. Ich werde mir der intensiven Momente der Gnade bewusst, in denen ich fühle, dass ich meinen Namen und meine Form im göttlichen Ozean verliere. Auch hier nehme ich die dreifache Dynamik von Göttlichwerdung wahr: Ich fließe (1) als eine *eindeutige* Menge Wasser hinein, aber (2) ich bin ein *Teil* des göttlichen Ozeans, und indem ich in ihn einströme, (3) werde ich *eins* mit dem Ozean. Ich bin wie ein Fluss, der sich mit dem göttlichen Ozean vereint, *ich bin göttlich.*

Göttlichwerdung bedeutet, in die göttliche Dynamik hineinzufließen.

49. Tanz des Göttlichen

Schöpfung ist der Tanz des Schöpfers. In der mythischen Beschreibung der Schöpfung im Buch Genesis (Gen 1,1–31) scheint der Schöpfergott in der Schöpfung zu schwelgen: Er findet alles gut und schön. Diese Freude findet ihren Höhepunkt in der Erschaffung des Menschen »als Abbild Gottes« und als »Mann und Frau« (Gen 1,27). Der Niedergang kommt mit dem *Fall* (Gen 3,1–24). Der Mensch setzt die von Gott gegebene Freiheit gegen den Willen des Schöpfers durch. Damit ist das göttliche »Abbild« verzerrt, nicht zerstört, und der Weg zur Verwirklichung des »Gleichnis-Seins« ist blockiert. Gemäß den Kirchenvätern wurde diese Harmonie in Christus wiederhergestellt. In Jesus Christus begegnen wir »dem neuen Adam« (Röm 5,18).

In diesem Sinn ist Göttlichwerdung die Wiederherstellung der ursprünglichen Unverfälschtheit und Harmonie. Es bedeutet, zur Melodie des göttlichen Geistes zu tanzen. Um auf die Wechselbeziehung zwischen Vater, Sohn und Geist in der Dreifaltigkeit zu verweisen, verwendeten die Kirchenväter den Begriff *Perichorese*. Dieses griechische Wort bedeutet »zusammen tanzen« (*choros* = Tanz). Dreifaltigkeit bedeutet also, dass das Göttliche ein ewiger Tanz ist, eine dynamische Bewegung der gegenseitigen Durchdringung (*circumincessio*). Das Göttliche als Dreifaltigkeit bedeutet Gott-ist-Liebe: Die göttliche Wirklichkeit ist eine dynamische Beziehung, eine Liebesbeziehung. Aus dem innertrinitarischen Tanz entfaltet sich die Schöpfung als ein Ausfließen der göttlichen Güte und Liebe: *bonum est diffusivum sui*. Und wir sind in diesen schöpferischen Strom hineingenommen. Das ist Göttlichwerdung.

In der hinduistischen Tradition ist der Kosmos der Tanz des Śiva (Shiva). *Śiva*, die gnädige Gegenwart des Göttlichen, pulsiert in jedem Atom. In der Ikonografie ist der tanzende Śiva (*natarāja*) Anfang, Mitte und Ende von allem (*sarvam sarvātmakam*). Im klassischen indischen Tanz gibt sich der Tänzer vollkommen in den Tanz hinein: Tänzer und Tanz werden eins. Der göttliche Tänzer drückt sich durch die menschliche Seele aus; der Mensch entfaltet sich aus dem Göttlichen. Indem ich der Tanz des Göttlichen bin, erkenne ich: ***Ich bin göttlich***.

Die göttlich gewordenen Seelen tanzen mit den Engeln um den ungezeugten, ewigen und wahren Gott. Der Logos schließt sich an den Lobgesang an.

Clemens von Alexandrien, Protrepticus, 12.93.

In dieser gesegneten und heiligen Umarmung ist das geniale Geheimnis einer Vereinigung verwirklicht, bei der Gott ein Fleisch und ein Geist mit der Seele wird und die Seele mit Gott.

Maximus Confessor, Mystagogia 5, PG 91,680d.

Jeder in jedem, jeder in allem, alle in jedem, alle in allem, alle in Einem.

Augustinus, De Trinitate, 7.6.11

Es lässt sich nichts weiter davon sagen, als dass die Seele eins geworden ist mit Gott.
Es ist wie in einem Zimmer mit zwei Fenstern, durch die ein starkes Licht einfällt:
dringt es auch getrennt ein, so wird doch alles zu einem Licht.

Teresa von Ávila, Die innere Burg, 7,2

Wie das Wasser sich mit dem Wein verbindet zum heiligen Zeichen,
so lasse uns dieser Kelch teilhaben an der Gottheit Christi,
der unsere Menschennatur angenommen hat.

Gebet zur Gabenbereitung der römischen Liturgie

MEDITATION

INNERER RAUM Ich komme zu einer tiefen Stille. Ich fühle, wie die Atemenergie alle Teile meines Leibes durchströmt. Ich genieße die Schönheit der kontemplativen Stille, in die Harmonie einkehrt.

INNERES BILD In dieser inneren Harmonie und Stille stelle ich mir die göttliche Gegenwart als eine Spirale vor, die aus meinem Herzen entspringt. Die göttliche Gegenwart ist ein Ausströmen von Leben und Liebe, Schönheit und Güte: Gott ist Geist, Bewegung, Dynamik. Innerhalb dieser Bewegung entwickelt sich mein Leben eigentlich als Tanz des Göttlichen.

IM HERZEN Ich fühle in mein Herz. So wie Tänzer und Tanz in einer ästhetischen Bewegung eins werden, so vereinigt sich die Seele mit dem göttlichen Geist: Die Seele ist (1) *verschieden*, und (2) doch *nimmt* sie vollkommen am Tanz des Geistes *teil* bis zu (3) einer tiefen *Einheit*. Ich werde mir der intensiven Momente der Gnade bewusst, in denen ich fühle: Ich bin der Tanz Gottes, *ich bin göttlich*.

Göttlichwerdung ist perfekte Harmonie mit dem Göttlichen.

50. Menschliche Freiheit in der Göttlichwerdung

Eine Frage, die in all diesen symbolbezogenen Meditationen auftauchen kann, ist die nach dem Stellenwert der menschlichen Freiheit im Prozess der Göttlichwerdung. Die menschliche Person ist mit Freiheit ausgestattet; sie gehört zur unverletzlichen Grundstruktur und unantastbaren Würde des Menschen. Durch Freiheit wird das *Individuum* zur *Person* (vgl. Kapitel 47). Freiheit entfaltet sich in Beziehung.

Es gibt jedoch keine absolute Freiheit. Die menschliche Freiheit wird immer von verschiedenen Faktoren eingeschränkt, die mit der eigenen Biografie und den Bedingungen des sozio-kulturellen Umfelds zusammenhängen. Entscheidungen werden in einer ständigen Spannung zwischen Freiheit und Unfreiheit getroffen. Wir leben bewusst auf der Ebene des Verstandes, wo sich das *Ich*-Gefühl entwickelt. Jeder braucht ein gesundes Gespür für das *Ich*. Wenn das *Ich* im Einklang mit dem wahren Selbst ist, wirkt Freiheit erbauend. Wenn sich das *Ich* gegen den göttlichen Rhythmus durchsetzt, könnte die *Ego-Zentriertheit* dominieren und die Freiheit falsch nutzen.

Im Prozess der Göttlichwerdung wird die menschliche Freiheit nicht unterdrückt, sondern verfeinert. Die göttliche Gnade zerstört die menschliche Freiheit nicht, sondern bringt die göttliche Dimension des Menschen zum Erblühen. Die Seele wird in das Energiefeld der göttlichen Liebe gehoben. Freiheit, die in Liebe ausgeübt wird, trägt Frucht. Liebe bringt Freiheit zur Erfüllung. Im Schwingungsfeld der göttlichen Liebe bleibt der Mensch weiterhin frei, aber die Qualität der Freiheit ist eine höhere. In tiefer Freiheit und Freude kann man sagen:

Ich bin ein Zweig, der aus dem göttlichen Stamm wächst;
Ich bin ein Glied, das im Rhythmus des göttlichen Leibes schwingt;
Ich bin eine Flamme, die aus dem göttlichen Feuer emporsteigt;
Ich bin ein Stück Eisen, das im göttlichen Ofen glüht;
Ich bin ein Kristall, der von der göttlichen Sonne durchschienen wird;
Ich bin ein Strom, der aus der göttlichen Quelle herausfließt;
Ich bin ein Fluss, der in den göttlichen Ozean mündet;
Ich bin eine Welle, die zur Melodie des göttlichen Ozeans tanzt;
Ich bin der Tanz des Göttlichen; ***Ich bin göttlich.***

Wir werden erkennen, so wie wir erkannt sind.
Gregor von Nazianz, Orationes 28,17

Gott hat den Menschen mit Freiheit und Selbstbestimmung begabt erschaffen.
Theophilos von Antiochien, Ad Autolykum, 2,27 (BKV)

Das überwesenhafte Wesen Gottes ist völlig unteilhabbar.
Es gibt etwas zwischen dem unteilhabbaren Wesen und den Teilhabenden,
wodurch diese an Gott teilhaben.
Wenn du aber das, was zwischen dem Unteilhabbaren und den Teilhabenden ist, wegnimmst, – O Leere! –,
dann trennst du uns von Gott,
nimmst das Verbindende weg und reißt eine große, unüberschreitbare Kluft
zwischen Gott und dem Werden und Walten der Gewordenen.
Es gibt also etwas zwischen den Gewordenen und jener unteilhabbaren Überwesenheit:
*Es sind Energien jener Überwesenheit (*ousia*), welche allein und einiglich in sich*
das Gesamt des Teilhabbaren voraus- und zusammenfasst.
Gregor von Palamas, Verteidigung der heiligen Hesychasten

Dir habe ich Worte der Weisheit gesagt, tiefer als alle tiefen Mysterien.
Bedenke alles als Ganzes, dann handle, wie du willst.
Bh. Gita 18,63

MEDITATION

INNERER RAUM Ich komme zu einer tiefen inneren Stille. Ich nehme den Übergang vom Verstand zu *nous/buddhi* wahr, vom Ego-Selbst zum wahren Selbst.

INNERES BILD In der Stille werde ich mir bewusst, dass die Freiheit, die ausschließlich vom Ego-Selbst ausgeübt wird, schädlich sein kann; aber wenn ich den inneren Bewegungen des göttlichen Geistes entsprechend das Leben gestalte, kommt die Freiheit zum Erblühen. Ich lausche auf die Schwingungen des Geistes in mir, die mein wahres Selbst in Einklang mit dem göttlichen Selbst bringen.

IM HERZEN Ich fühle in mein Herz. Ich werde mir des Prozesses der Göttlichwerdung bewusst, der meine Freiheit vertieft, eins mit dem Göttlichen zu sein, und meine Freiheit erweitert, in der Liebe mit allem zu sein. Ich erspüre Göttlichwerdung als Verfeinerung der menschlichen Freiheit im göttlichen Raum, als Erweiterung meines Bewusstseins ins Göttliche. Ich erkenne, dass Freiheit zur Erfüllung kommt, wenn der Mensch mit der Dynamik des göttlichen Geistes mitschwingt, wenn er erkennt: *Ich bin göttlich.*

VI. Der Prozess

In dieser Meditationsreihe versuchen wir, theologisch Klarheit über Göttlichwerdung zu gewinnen. Zuerst greifen wir die Begriffe auf, die von den Kirchenvätern und Mystikern zur Beschreibung dieses Prozesses verwendet werden. Danach erkunden wir die innewohnende Dynamik, die darin liegt, Abbild Gottes zu *sein* und in seine Ebenbildlichkeit *hineinzuwachsen*. Dann stellen wir uns die Frage: Wer ist das Subjekt der Göttlichwerdung? Hier wird uns das dreifache göttliche Subjekt von Göttlichwerdung bewusst: Der göttliche *Logos*, der sich in *Christus* offenbart und der durch den *Geist* lebt. In der Tiefe des Bewusstseins spüren wir eine dynamische Einheit zwischen den dreien. Das führt uns zur Wahrnehmung der dreifachen Dimension von Göttlichwerdung: *inter*-personale Hingabe, *intra*-personale Teilhabe und *trans*-personale Einheit. In den drei folgenden Meditationen fühlen wir die Kraft und die Bedeutung jeder Dimension innerhalb des gesamten Weges hin zur Erkenntnis: *Ich bin göttlich*. Schließlich erwachen wir zur Erweiterung des Bewusstseins mit vier Mantren der Göttlichwerdung aus den Upanishaden.

51. Göttlichwerdung (*theosis*) - der Begriff

Göttlichwerdung wird von Kirchvätern und Mystikern mit folgenden Begriffen ausgedrückt:

- *apotheoō, apotheioō, apotheōsis* (=als Gott geweiht): Clemens von Alexandrien, Origenes, Athanasius, Apollinarius, Didymus der Blinde, Nestorius, Makarios der Ägypter, Maximus Confessor
- *ektheoō, ektheioō, ektheōsis* (=aus Gott entstehen): Clemens von Alexandrien, Dionysios Areopagita
- *theopoieō, theopoiēsis, theopoios, theopoiōmenoi* (=göttlich gemacht werden): Clemens von Alexandrien, Hippolitus von Rom, Origenes, Eusebius, Athanasius, Didymus der Blinde, Kappadokier, Makarios der Ägypter, Cyrill von Alexandria, Maximus Confessor, Gregor von Palamas
- *theoō, theōsis* (=Göttlichwerdung): Clemens von Alexandrien, Appolinaris, Gregor von Nazianz, Dionysios Areopagita, Maximus Confessor, Johannes von Damaskus
- *theoforoi* (=Träger Gottes): Ignatius von Antiochien
- *theos gignomai* (=Gott werden): Justin der Märtyrer, Theophilus von Antiochien, Athenagoras, Hippolitus von Rom, Gregor von Nazianz
- *theon poieō* (=Gott machen): Gregor von Nazianz
- *theoeidēs ginethai* (=gottgleich werden): Gregor von Nyssa
- *logotheises* (=zu Logos erhoben): Athanasius
- *theon gennēsthai* (=als göttlich geboren): Basilios, Gregor von Nyssa
- *theon teleōo* (=als göttlich vollendet): Gregor von Nazianz
- *theos eimi* (=Gott sein): Gregor von Nazianz
- *metousia* (=Teilnahme): Ignatius von Antiochien, Irenaeus, Gregor von Nyssa, Cyrill von Alexandria
- *homoiosis* (=Gottähnlichkeit): Dionysios Areopagita
- *mimesis* (=Nachahmung Christi): Basilios

Was verstehen die Kirchenväter unter Göttlichwerdung (*theosis*)?

- *Irenaeus: Annahme als Kinder Gottes.*
- *Origenes: Erhebung des Bewusstseins, Befreiung von Tod und Verderben.*
- *Athanasius:* synaphe, *Verwandlung der sterblichen Natur zum ewigen Leben mit dem göttlichen Vater.*
- *Hippolytus von Rom: Verwirklichung der Göttlichkeit durch Gleichförmigkeit mit Christus.*
- *Basilios: Teilhabe an göttlichen Tugenden durch Erleuchtung durch den Geist Gottes.*
- *Gregor von Nyssa:* metousia, *Teilhabe an göttlichen Eigenschaften, Hineinwachsen in das Ebenbild Gottes.*
- *Gregor von Nazianz:* Theosis, *Göttlichwerdung.*
- *Cyrill von Alexandrien: Gleichsein durch Gnade mit dem Sohn, der von Natur aus Sohn ist.*
- *Dionysios Areopagita: Rückkehr zum göttlichen Vater, aus dem die Schöpfung entsteht.*
- *Evagrios Pontikos: ganzheitliche Angleichung an Christus.*
- *Maximus Confessor: Aufstieg zur perichoretischen Eingliederung in Gott.*
- *Symeon der neue Theologe: Wiederbelebung des ursprünglichen Ebenbildes Gottes.*
- *Justinus der Märtyrer ist der erste Theologe, der von »Gottwerdung«* (theos gignomai) *gesprochen hat. Athanasius verwendete den Ausdruck* theopoieō, theopoiēsis. *Gregor von Nazianz ist der Erste, der das Wort* Theosis *benutzte.*

MEDITATION

INNERER WEG Ich komme zu einer inneren Stille. Ich verinnerliche einen der Begriffe, die traditionell verwendet werden, um auf den Prozess der Göttlichwerdung hinzuweisen, und versuche, die darin enthaltene Dimension der Göttlichwerdung zu erfassen.

IM HERZEN Ich spüre, wie das Bewusstsein langsam in das Herz sinkt. Ich fühle in die mystische Erfahrung hinein, die in dem Begriff enthalten ist. Ich nehme den dynamischen Charakter des Prozesses der Göttlichwerdung wahr.

52. Göttlichwerdung (*theosis*) - die Dynamik

Die tiefste Erfahrung der Göttlichwerdung ist die Erkenntnis, dass wir eins mit dem Göttlichen sind. Diese EINheit ist keine statische Erfahrung, sondern ein dynamischer Prozess, der sich nicht auf die numerische Eins (*unus/ēkah, männl.*) bezieht, sondern vielmehr auf das umfassende EINE (*unum/ēkam, neutr.*). Die EINE dynamische göttliche Wirklichkeit entfaltet sich in mannigfaltigen Formen. So wie die verborgene Quelle im Schoß des Berges sich selbst ausgießt in Form eines Flusses und dadurch zahlreiche Ströme hervorbringt, so gießt sich die göttliche Quelle in Liebe aus, auf vielfältige Weise. So wie die Sonne durch Millionen von Strahlen Licht verströmt, erleuchtet die göttliche Lichtquelle das Universum auf verschiedenste Weise. So wie der Stamm viele Zweige belebt und unterstützt, nährt das Göttliche alle Wesen der Schöpfung. Der göttliche Logos pulsiert in den Herzen aller Menschen; der göttliche Geist schwingt im menschlichen Leben; die göttliche Gegenwart entfaltet sich in der Schöpfung.

Da wir *als* Abbild Gottes erschaffen sind, schlummert in uns eine göttliche Dimension. Da wir *auf* die Ebenbildlichkeit Gottes *hin* geschaffen sind, sind wir zu einem göttlichen Bewusstsein berufen. Ersteres verweist auf die Struktur des *Seins*, Letzteres ist ein Prozess, ein *Weg*; Ersteres ist *datum* (das Gegebene), Letzteres ist *debitum* (die Aufgabe). Abbild Gottes zu sein bedeutet, Gott erkennen und lieben zu können; Ebenbildlichkeit Gottes heißt, sich der Einheit mit dem Göttlichen bewusst zu werden. Wir Menschen sind tief in den perichoretischen Prozess der Dreifaltigkeit einbezogen. Die Selbstentfaltung des Göttlichen geschieht in der Schöpfung. Wir werden ständig im Göttlichen neu geboren, und das Göttliche gebiert sich selbst in uns. Die Seele ist mit göttlichen Energien aufgeladen und durch göttliche Strahlen erleuchtet. Die Seele schwingt mit dem lebendigen göttlichen Geist. Das ist eine Dynamik voller Gnade; wir sollten uns ihrer bewusst sein und sie leben – darin liegt die Aufgabe des geistlichen Lebens.

Wir wissen, dass wir endliche Wesen sind, und dennoch offen für das Unendliche. Wir erkennen, dass wir Geschöpfe sind, und dennoch sind wir berufen, »an der göttlichen Natur teilzuhaben« (2 Petr 1,4). Göttlichwerdung ist nicht die Vernichtung der menschlichen Natur, sondern ihre Erhöhung zur göttlichen *Natur*, nicht jedoch zum göttlichen *Wesen*. Wir erkennen, dass wir *göttlich* sind, aber wir sind nicht *Gott*. Der göttliche Geist führt alle Menschen zu einem höheren Bewusstsein, zur Erkenntnis: ***Ich bin göttlich***.

Alle Menschen sind erschaffen,
um die Würde zu erhalten, Söhne/Töchter Gottes genannt zu werden.
Justin der Märtyrer, Dialog mit Tryphon, 124.4 (BKV)

Die Gläubigen tragen in Liebe das Gepräge Gottes (charaktera theou) *des Vaters durch Jesus Christus.*
Ignatius von Antiochien, Ad Magn. 5.2 (BKV)

Es ist also gut, dass ihr in vollendeter Eintracht lebt,
damit ihr auch an Gott allezeit Anteil habt.
Ignatius von Antiochien, An die Epheser, 4.2 (BKV)

Nicht von Natur (physei), *sondern durch Annahme* (thesei)
werden wir Söhne/Töchter genannt.
Athanasius, Zweite Rede gegen die Arianer, 2,59

Es gibt einen göttlichen Samen im Menschen;
der Mensch wird nicht zum Gott werden, aber er wird vergöttlicht.
Clemens von Alexandrien, Stromata 7.10.57

Menschwerdung Gottes macht Gott zum Menschen durch die Vermenschlichung Gottes (anthropopoiesis)
und den Menschen zu Gott durch die Göttlichwerdung des Menschen (theopoiesis).
Maximus Confessor, Ambigua, PG 3,100a

MEDITATION

INNERER WEG Ich komme zu einer inneren Stille. Ich spüre den Unterschied zwischen Verstand und *nous*, zwischen dem Ego-Selbst und dem wahren Selbst. Ich erkenne, dass mein wahres Selbst nach dem *Abbild Gottes* geschaffen ist, und ich spüre die Sehnsucht, in die *Ebenbildlichkeit Gottes* hineinzuwachsen. Bild Gottes zu sein gehört zum menschlichen Wesen, das Hineinwachsen in die Ebenbildlichkeit Gottes ist ein Prozess. Ich versuche diese innewohnende Sehnsucht, diese Bewegung zu erspüren.

IM HERZEN Ich nehme wahr, wie das Bewusstsein langsam ins Herz sinkt. Ich spüre, wie die nach dem *Abbild* Gottes geschaffene Seele im göttlichen Geist in die *Ebenbildlichkeit* Gottes hineinwächst. Abbild zu sein, ist das Geschenk in der Schöpfung, in die Ebenbildlichkeit hineinzuwachsen, ist ein Prozess der Gnade. Ich finde mich mitten in einem dynamischen Geschehen, bei dem ich in das vergöttlichende Energiefeld des Göttlichen hineingenommen werde.

53. Logos macht uns göttlich

Logos ist das Prinzip der göttlichen Selbstartikulation: die *ek-stasis* des Göttlichen. Er ist nicht von der göttlichen Wirklichkeit getrennt, sondern der Selbstausdruck des göttlichen Geheimnisses. Diese dynamische Beziehung des Logos zur göttlichen Quelle klingt in den Beschreibungen an, die im Johannesprolog verwendet werden: *eis ton theon* (auf das Göttliche hin, Joh 1,1), und *ein ton kolpon* (Anklammern an die nährende Mutterbrust, Joh 1,18). Logos als »Wort« zu übersetzen, schmälert den Bedeutungsumfang. Wir Menschen drücken uns nicht allein durch Worte aus, sondern auch durch den Körper und durch Gebärden, durch Tanz und Musik. Logos bezeichnet die Ganzheit des göttlichen Selbstausdrucks, die Dynamik der göttlichen Selbsthingabe.

Logos ist auch das, wodurch alles geschaffen wurde. »Durch den Logos sind alle Dinge entstanden« (Joh 1,2). Daher ist Logos das »Leben aller Wesen und Licht im Menschen« (Joh 1,4). Logos ist die Artikulation der göttlichen Stille, das Strahlen der göttlichen Sonne, der Tanz Gottes in der Schöpfung. Logos belebt alles und erleuchtet das menschliche *nous*. Logos ist das Grundprinzip der Göttlichwerdung, im Menschen und auch in der Schöpfung. Im Konflikt mit Arius stellte Athanasius eine entscheidende Frage: »Wie kann etwas, das selbst nicht göttlich ist, uns göttlich machen?« (PG 26,784b). Nur eine feurige Substanz kann etwas entzünden. Nur Gott kann das menschliche Bewusstsein zum göttlichen Bewusstsein erheben. Der Logos ist wesensgleich (*homo-ousios*) mit dem göttlichen Seinsgrund.

Logos als göttliches Leuchten wirkt in allen Dingen und ist im Herzen jedes Menschen gegenwärtig. Der Logos als Selbstausdruck des Göttlichen schwingt in den Schriften und Symbolen der Weltreligionen. Die gesamte Geschichte der Menschheit ist in gewisser Weise die Geschichte der göttlichen Selbstoffenbarung. Damit bildet die ganze Menschheit das pilgernde Volk Gottes. Göttlichwerdung ist die göttliche Dynamik, die diesem Pilgerprozess Sinn und Orientierung gibt. Der Logos vibriert im Herzen und vertieft das menschliche Bewusstsein zur Erkenntnis: ***Ich bin göttlich***.

Der Erleuchtete ist geformt nach Gott,
geformt nach dem Logos.

Philo von Alexandrien, Corp. Herm. 1,26

Der Logos als die göttlichmachende und erleuchtende Kraft des Vaters,
in der alle Dinge belebt und vergöttlicht werden, ist dem Vater nicht wesensfremd,
sondern er ist vom selben Wesen (homousios).
Wenn er selbst göttlich gemacht worden wäre, könnte er uns nicht göttlich werden lassen.

Athanasius, PG 26,784b

Das Wort Gottes, Jesus Christus, unser Herr,
ist wegen seiner übergroßen Liebe das geworden, was wir sind,
damit er uns zu dem mache, was er selbst ist.

Irenaeus von Lyon, Adversus Haereses, 5, PG 7,1120

Der Logos macht uns zu Teilhabenden an der göttlichen Natur durch den Geist.

Cyril von Alexandrien, Contra Nestorium, 3.2

Der Logos wurde, was wir sind,
damit er uns in das verwandelt, was er ist.

Gregor von Nyssa, Antirrhetikus adversus Apollinarem, 11

Wenn es also heißt, der Geist komme zu jemand, so ist darunter der Logos zu verstehen,
der in ihm den Geist spendet. Das Zeugnis, das vom Geist kommt, ist das Zeugnis des Logos.

Athanasius, Briefe an Serapion, 1,31 (BKV)

MEDITATION

INNERER WEG Ich komme zu einer inneren Stille. Im Leib spüre ich das Durchströmen der Atemenergie und die Wärme des Lebens. Ich versuche, den Logos als Selbstausdruck der göttlichen Stille, die Selbstausgießung der göttlichen Quelle und das Strahlen der göttlichen Sonne zu erspüren. In dieser Dynamik des Logos entfaltet sich die Schöpfung. Ich nehme das Sprudeln des göttlichen *Lebens* in allem und das Erstrahlen des göttlichen *Lichts* in allen Menschen wahr (Joh 1,4).

IM HERZEN Langsam sinkt das Bewusstsein ins Herz. Ich nehme mich im Strahlenfeld des göttlichen Logos wahr. Leben und Licht des Logos verwandeln mein wahres Selbst in göttliches Leben und Licht. Die Seele wird durch Gnade in den Strom des Logos gezogen. Ich spüre die Erweiterung meines Bewusstseins. Der Logos macht mich göttlich.

54. Christus macht uns göttlich

Der Logos, die dynamische göttliche Gegenwart in der gesamten Schöpfung, hat in einer begrenzten menschlichen Person Gestalt angenommen. Dadurch hat Gott das Begrenztsein der menschlichen Natur bejaht. Der Logos »entäußerte sich« und ist »Fleisch geworden und hat unter uns gewohnt« (*kenosis*, Phil 2,7; Joh 1,14). Der göttliche Logos hat Anteil an den Zweideutigkeiten der menschlichen Existenz, um Menschen zum göttlichen Leben zu befreien. Die göttliche *kenosis* (Selbstentäußerung) ist die Gnade, die die *Theosis* (Göttlichwerdung) im Menschen ermöglicht. Dieses Abstiegs-Aufstiegsschema nennen die Kirchenväter den »wundersamen neuen Austausch« (*synallagma*).

Der Mensch ist nach dem Abbild und auf die Ebenbildlichkeit Gottes hin geschaffen. Durch den Sündenfall wurde das Abbild verzerrt, nicht zerstört, und der Weg in die Ebenbildlichkeit wurde blockiert. Durch Jesus Christus wurde das Abbild erneuert und der Weg in die Ebenbildlichkeit neu geöffnet (1 Kor 15,22). *Theosis* ist der Prozess, in dem diese Neugestaltung in den Menschen und in der Schöpfung verwirklicht wird. In Christus werden wir in eine neue Schöpfung verwandelt. Er ist göttlich vom Ursprung her, wir sind göttlich durch Gnade. Christus als Sohn hat Anteil am göttlichen Wesen (*ousia*), wir nehmen teil an der göttlichen Natur (*physis*).

Paulus beschreibt diesen Reintegrationsprozess als Übergang vom Alten zum Neuen. Adam ist der alte Mensch, der noch in uns lebt; Christus ist der neue Mensch, der in uns Gestalt annimmt. Adam ist das Symbol für die existenzielle Schwachheit, die wir durchleben; Christus ist die heilbringende göttliche Gegenwart in uns (Röm 5,14–19). Mehr als eine chronologische (horizontale) Sichtweise ist eine kairologische (vertikale) Perspektive hilfreich, um die Kraft der *Theosis* zu erfassen: Wir schauen in die göttliche Tiefe des *Jetzt*. Dann erkennen wir Christus als Gott-mit-uns, Gott-in-uns (*Immanuel*).

Der Erneuerungsprozess der neuen Schöpfung erreicht die ganze Menschheit zu allen Zeiten und an allen Orten, selbst vor dem Kommen Jesu Christi. Man kann das Christusereignis nicht vom Boden der Geschichte abtrennen (das widerspricht der Fleischwerdung Gottes in Christus) oder die Person Jesu in einer ausschließenden Weise darstellen (das steht im Widerspruch zur universellen Gegenwart des *Logos*). In Christus erkennen wir Christen die universelle Heilsgegenwart des göttlichen Geistes. Im Christuslicht nehme ich den allumfassenden Prozess der Göttlichwerdung wahr: ***Ich bin göttlich***.

Der Logos ist vermenschlicht worden (enanthropesen),
damit wir vergöttlicht (theopoiethomen) werden.

Gregor von Nazianz, Orationes, 1,5; Epistulae, 101

Er wurde Mensch, damit wir vergöttlicht würden. Er offenbarte sich im Leibe,
damit wir zur Erkenntnis des unsichtbaren Vaters gelangten;
er ließ sich den Frevelmut seitens der Menschen gefallen,
damit wir die Unsterblichkeit ererbten.

Athanasius, De Incarnatione, 54.3 (BKV)

Gott ist Mensch geworden, damit der Mensch Gott werde.
(Deus homo factus est, ut homo fieret Deus.)

Augustinus, PL 38,1997

Ich könnte zu Gott gemacht werden, wie Christus Mensch wurde.

Gregor von Nazianz, Orationes, 29,19

Der Logos Gottes ist Mensch geworden, damit du von einem Menschen lernst,
wie der Mensch Gott werden kann.

Clemens von Alexandrien, Protrepticus, I. 8

Christus hat sich in unsere Sprache gekleidet, damit er uns in seine Seinsweise kleiden kann.
Er verleiht uns die Göttlichkeit, wir haben ihm das Menschsein gegeben.

Ephräm der Syrer, Hymni de Fide, 31, 5.7

Weil uns der eingeborene Sohn Gottes Anteil an seiner Gottheit geben wollte, nahm er unsere Natur an,
wurde Mensch, um die Menschen göttlich zu machen.

Thomas von Aquin, Opusc. 57

MEDITATION

INNERER WEG Ich komme zu einer inneren Stille. Ich fühle das Durchströmen der Atemenergie, die mich am Leben hält. Mit jedem Atemzug werde ich neu geboren. Ich spüre im Leib einen ständigen Prozess, in dem die Kraft des Lebens die Kraft des Todes überwindet. Ich verweile in der göttlichen *kenosis* (Selbstentäußerung), die die Gnade der *Theosis* (Göttlichwerdung) schenkt. In Jesus Christus hat Gott an meiner Schwachheit teilgenommen, um mich am göttlichen Leben teilhaben zu lassen.

IM HERZEN Langsam fühle ich in mein Herz: Ich spüre die Erweiterung des Bewusstseins. Ich fühle mich in den lebenspendenden Strom des kosmischen Christus hineingenommen. Christus ist das göttliche Subjekt meines Seins. Ich erfahre Christus als Gott-mit-mir, als Gott-in-mir. Ich fühle die Gegenwart Christi, die mein Sein in ein neues Sein verwandelt: Ständig werde ich in Christus wiedergeboren; Christus macht mich göttlich.

55. Der Geist macht uns göttlich

»Der Herr ist Geist« (2 Kor 3,17). Paulus präsentiert den Heiligen Geist als die Kraft und Gegenwart Christi in uns und in der Schöpfung. Der innewohnende Christus wirkt durch den Heiligen Geist. Es ist der Geist, der die *Neue Schöpfung* hervorbringt, die im auferstandenen Christus aufscheint (Röm 8,11). Der Geist erhebt das menschliche Bewusstsein zum Christusbewusstsein: zu der Erkenntnis, dass wir Töchter und Söhne Gottes in Christus sind (Röm 8,15). Aus dem Herzen heraus ruft der Geist *Abba, Vater*, und befähigt uns, Gott *Abba, Vater* zu nennen (Röm 8,15; Gal 4,6). *Theosis* bedeutet, in die Familie Gottes aufgenommen zu werden.

Im Licht der paulinischen Reflexionen können wir fünf Wirkungen der *Theosis* durch den Heiligen Geist in uns herausstellen: (1) *Befreiung aus der Sklaverei, hin zur Freiheit:* Unser Leben wird nicht bestimmt von der Knechtschaft ans Gesetz, sondern von den inneren Bewegungen des Geistes, der uns frei macht (Röm 8,2; 2 Kor 3,17). (2) *Übergang von Angst zu Liebe:* Der Geist befähigt uns, nicht aus der Angst heraus, sondern in vertrauensvoller Liebe mit Gott in Beziehung zu treten (Röm 8,14). (3) *Veränderung der Motivation von Werken zu Glauben:* Wir tun unsere Werke nicht zwanghaft unter Druck von innen oder außen, sondern als freie Antwort auf den Ruf des Geistes (Röm 3,20). (4) *Wechsel des Fokus von Sünde zu Gnade:* Die Neigung zur Sündhaftigkeit wird durch die Kraft der göttlichen Gnade überwunden (Röm 6,14). (5) *Übergang vom Tod zum Leben:* Das Abgeschnittensein von der göttlichen Quelle wird durch die Gnade der Teilhabe am göttlichen Lebensstrom überwunden (Röm 6,8).

Der Begriff *Geist* (*ruach, pneuma, spiritus*) bedeutet Hauch, Atem, Schwingung, Bewegung. Der *göttliche Geist* ist die dynamische Gegenwart des Göttlichen im Herzen aller Menschen und in der gesamten Schöpfung, zu allen Zeiten, in allen Religionen und Kulturen: Alles schwingt mit dem Geist. Der Heilige Geist, der in Jesus Christus sichtbar wurde, befähigt uns, die Gnade und den Ruf des göttlichen Geistes in unterschiedlichen Kulturen und Religionen und in den Geschehnissen dieser Welt zu erkennen. Der göttliche Geist »reißt die Mauern nieder«, die wir Menschen aufgrund von Religion und Kultur, Glaube und Erbe aufstellen (Eph 2,14; 1 Kor 12,13). Mit dem Geist, der aus dem Herzen *Abba*, Vater ruft, erkenne ich: ***Ich bin göttlich***.

Es ist der Geist, der uns vergöttlicht.

Basilios, Adversus Eunomium, 3.5

Der Geist Gottes erhebt die Menschen zum göttlichen Leben.

Irenaeus, Adversus Haereses, 5.9.2

Die Einpfropfung des Geistes macht die Menschen lebendig.

Irenaeus, Adversus Haereses, 5.11.1 (BKV)

Christus nimmt in uns Gestalt an durch den heiligen Geist,
der die Göttlichkeit in uns wiederherstellt.

Cyrill von Alexandrien, PG 75,1088

Seines Geistes teilhaftig gemacht, werden wir Götter.

Athanasius, De Decretis, 14 (BKV)

Es wird gesagt, dass wir alle durch den Geist an Gott teilhaben.
Wenn der Heilige Geist aber ein Geschöpf wäre, so würde uns durch ihn keine Gemeinschaft mit Gott zuteil.
Wenn er aber vergöttlicht, ist unzweifelhaft, dass seine Natur göttlich ist.

Athanasius, Serapion, 1.24

Der Antrieb des Logos ist der Geist.

Clemens von Alexandrien, Paidagogos, 2.2.19.4 (BKV)

Durch den Geist erwerben wir unsere Gottähnlichkeit; tatsächlich erhalten wir,
was weit jenseits unserer größten Erwartungen liegt – wir werden Gott.

Basilios, PG 32,109c

MEDITATION

INNERER WEG Ich komme zu einer inneren Stille. Ich fühle das Durchstömen der Atemenergie, die mich am Leben hält. Der Atem Gottes atmet in mir. Ich werde mir der Kraft des Christusgeistes bewusst, der mein Bewusstsein in die *Tiefen Gottes* führt.

IM HERZEN In tiefer kontemplativer Stille erwache ich zum Herzensraum. Ich spüre die Erweiterung des Bewusstseins. Ich fühle mich in den lebenspendenden Strom des Heiligen Geistes durch die Gnade hineingenommen. Die Seele wird in das Energiefeld des Geistes aufgenommen. Ich nehme in mir die Wirkungen des Übergangs vom *Alten* zum *Neuen* wahr. Der Geist macht mich göttlich.

56. Dimensionen der Göttlichwerdung

Wenn das Bewusstsein ins Herz sinkt, übernimmt der göttliche Geist vollständig die Führung. Im Licht der Erfahrungen der Kirchenväter und der christlichen Mystiker lassen sich drei grundlegende Dimensionen von *Theosis* feststellen:

1. Inter-personale Beziehung mit Christus: Da die göttliche Selbsthingabe in und durch Jesus Christus erfahrbar wird, wird *Theosis* als eine *Ich-Du-Beziehung* mit dem innewohnenden Christus empfunden. Hier erfährt die Seele eine intensive Beziehung *zu Christus*; die Dualität steht im Vordergrund. Diese Anziehung wird in der Mystik oft als Liebessehnsucht einer Braut nach dem Bräutigam ausgedrückt. Die Hingabe an die Person Jesu und das meditative Verweilen bei den Worten und Werken Jesu bringen in dieser Phase viel innere Freude und Trost.
2. Intra-personale Teilhabe am Geist Christi: Da die dynamische göttliche Gegenwart als Geist im Inneren erfahren wird, wird *Theosis* als mystische Teilhabe an der Schwingung des göttlichen Geistes empfunden: ein verfeinertes *Ich-in-dir-/Du-in-mir-Gefühl*. Das gegenseitige Ineinander wird betont, und daher wird die innere Gegenwart des Göttlichen als Sein *in Christus* erfahren. Eine ständige Achtsamkeit gegenüber dem, was der Geist im Herzen sagt, leitet den Menschen. Geführt vom Geist das Leben zu gestalten, bringt viel Be*geist*erung und Mut mit sich.
3. Trans-personale Vereinigung mit dem göttlichen Seinsgrund: Das Gespür für die Unfassbarkeit des göttlichen Geheimnisses ist die Tiefendimension der *Theosis*. Hier erfährt der Mensch das Göttliche als das EINE, als die alles durchdringende und alles transzendierende Wirklichkeit. Die Seele vereinigt sich mit dem EINEN (nicht *unus*, sondern *unum*, vgl. Kapitel 52). Hier ist Christus kein Objekt mehr für andächtige Hingabe, sondern das Subjekt der mystischen Erfahrung. Mit Paulus könnte man rufen: »Nicht mehr ich lebe, sondern Christus lebt in mir« (Gal 2,20).

Beziehung, Teilhabe und Vereinigung sind die drei wesentlichen Dimensionen des Prozesses der Göttlichwerdung. Gebet fördert Beziehung, Meditation vertieft Teilhabe, Kontemplation sensibilisiert die Seele für die Vereinigung. Im Prozess der Göttlichwerdung kann es einen ständigen Wechsel von einem zum anderen geben. Es gilt, offen zu sein für diesen Wechsel, der erkennen lässt: ***Ich bin göttlich***. (In den nächsten drei Meditationen gehen wir jeder einzeln nach.)

Es gibt drei Dimensionen in der Beziehung Jesu mit dem Vater:

(1) *Die Sendung: »Der Vater hat mich gesandt; ich komme aus ihm; ich bin gekommen, um seinen Willen zu tun« (Joh 5,36; 8,42; 6,38).*

(2) *Die Innewohnung: »Der Vater, der mich gesandt hat, ist bei mir; ich bin im Vater, und der Vater ist in mir; ich lebe durch den Vater« (Joh 8,29; 14,10; 6,57).*

(3) *Die Einheit: »Ich und der Vater sind eins« (Joh 10,30; 17,22).*

Und Jesus lädt uns ein, an dieser dreifachen Erfahrung teilzuhaben:

(1) *Die Sendung: »Wie du mich in die Welt gesandt hast, so habe ich auch sie in die Welt gesandt; wie mich der Vater geliebt hat, so habe ich auch euch geliebt; wie mich der Vater kennt und ich den Vater kenne, so kenne ich die Meinen, und die Meinen kennen mich« (Joh 17,18; 15,9; 10,14).*

(2) *Die Innewohnung: »Wie du, Vater, in mir bist und ich in dir bin, sollen auch sie in uns sein; wie ich in der Liebe des Vaters bleibe, so werdet ihr in meiner Liebe bleiben; wie ich durch den Vater lebe, so werdet ihr durch mich leben« (Joh 17,21; 15,10; 6,57).*

(3) *Die Einheit: »Sie sollen eins sein, wie wir eins sind. Sie sollen vollendet sein in der Einheit« (Joh 17,21.23).*

Gregor von Nyssa spricht von drei Phasen im Prozess der Göttlichwerdung:
apatheia (der Weg des Lichtes, Reinigungsphase), theoria (der Weg der Wolke, Kontemplatio)
und hesychia (der Weg der Dunkelheit, Betroffensein vom Geheimnis des Göttlichen).

De vita Moysis

Evagrios Pontikos beschreibt drei Phasen im Aufstieg der Seele zu Gott:
praktike (Kampf gegen Leidenschaften), gnosis (Betrachtung des Wesens der Schöpfung)
und theoria (Kontemplation des göttlichen Geheimnisses).

Praktikos 36

MEDITATION

INNERER WEG Ich komme zu einer inneren Stille. Ich fühle das Durchströmen der Atemenergie, die mich am Leben hält. Ich werde mir der Kraft des Christusgeistes bewusst, der mein Bewusstsein vertieft.

IM HERZEN In tiefer Stille erwache ich zum Herzen. Ich spüre, wie der göttliche Geist mich durch diese drei Erfahrungsebenen hin und her führt: die inter-personale Beziehung mit Christus, die intra-personale Teilhabe am Geist und die trans-personale Vereinigung mit dem göttlichen Grund. In jeder von ihnen komme ich in Resonanz mit der göttlichen Schwingung.

57. Liebende Hingabe

Auf der mentalen Ebene ist die Ich-Du-Beziehung zu Gott deutlich spürbar. Während das Bewusstsein durch *nous* in das Herz sinkt, wird die *inter*-personale Beziehung zunehmend verfeinert. Nach und nach verschwinden Namen und Formen, Bilder und Symbole. Dennoch bleibt im Herzen ein subtiles Gefühl von liebender Hingabe an das göttliche Du erhalten. Gläubige verschiedener Religionen haben eigene Symbole für diese liebevolle Beziehung. Christen begegnen dem Göttlichen als dem innewohnenden Christus im Tempel des Herzens. Es ist wie die feine, aber intensive Begegnung von Maria und dem auferstandenen Christus im Garten (Joh 20,11–18). Die Seele sehnt sich nach der Liebe des göttlichen Meisters, und der Meister begegnet der Seele mit liebender Zuneigung. Doch die Seele kann sich *nicht* am Meister *festhalten*, um ihn mit vertrauten Namen und Formen zu besitzen.

In der liebevollen Beziehung mit dem göttlichen Du entdeckt man Schritt für Schritt sein wahres Selbst. Mystiker/innen aller Religionen verwenden verschiedene Bilder, um ihre tiefe Begegnungserfahrung zu beschreiben: Die Seele verhält sich zum Herrn wie eine Braut zum Bräutigam, wie ein Schüler zum Meister, wie eine Tochter/ein Sohn zur Mutter/zum Vater, wie ein/e Freund/in zum/zur Freund/in. Diese Bilder sind keine Konstrukte des Verstandes, sondern der verfeinerte Ausdruck einer intensiven spirituellen Beziehung im Herzen. Die Bilder auf der mentalen Ebene sind eher grob mit statischen Formen und Gestalten, Konturen und Farben. Sie sind oft in Ritualen und in der Ikonografie zu finden. Die mystischen Bilder, die im Herzen entstehen, sind subtil, ohne feste Formen und Farben; sie sind dynamisch, eines übersteigt das andere und relativiert letztlich alle Bilder.

Im Prozess der *Theosis* wird die inter-personale Dimension nicht ausgelöscht, sondern verwandelt. Die Freiheit, die in der Begegnung erfahrbar ist, wird nicht aufgehoben, sondern erhoben. Die Liebe, die das Herz erfüllt, wird nicht beseitigt, sondern verfeinert. Liebe kann bei der Göttlichwerdung keinesfalls verschwinden, denn *Gott ist Liebe*.

In der liebenden Beziehung mit dem göttlichen Du erkenne ich: ***Ich bin göttlich***.

Gottesliebe ist der Weg zur Göttlichwerdung.

Gregor von Nazianz, Carmina, 1.2.34.161, PG 37,957

Wer Gott liebt, zeigt sich selbst als Gott.

Maximus Confessor, Epistula, 2, PG 91,379b

Maximus Confessor beschreibt Göttlichwerdung als »Hochzeit zwischen Seele und Logos«.

Expositio orationis dominicae, 4, PG 90,893d

Nimm, Herr, und empfange meine ganze Freiheit, mein Gedächtnis, meinen Verstand und meinen ganzen Willen, all mein Haben und mein Besitzen. Du hast es mir gegeben; Dir, Herr, gebe ich es zurück.
Alles ist Deines, verfüge nach Deinem ganzen Willen.
Gib mir Deine Liebe und Gnade, denn diese genügt mir.

Ignatius von Loyola, Geistliche Übungen, Nr. 234

Der Logos Gottes ist Mensch geworden, damit du von einem Menschen lernst,
wie der Mensch Gott werden kann.

Clemens von Alexandrien, Protrepticus, I. 8

Nimm Zuflucht zu Gott mit deinem ganzen Sein;
durch seine Gnade wirst du zu höchstem Frieden, zu ewigem Wohnort, gelangen.
Lass alles hinter dir zurück und nimm Zuflucht bei mir allein;
ich werde dich von allem Bösen befreien, sei nicht betrübt.

Bh. Gita 18,62.66

MEDITATION

INNERER WEG Ich komme zu einer inneren Stille. Mit jedem Atemzug werde ich mit der Gabe des Lebens beschenkt: Der Atem Gottes atmet in mir. Ich nehme ein Bild der spirituellen Beziehung in mich auf, das mich anspricht: Braut - Bräutigam, Schüler - Meister, Kind - Eltern, Freundin - Freund ... Oder ich stelle mir Jesus in einer Szene des Evangeliums vor. Mit inneren Sinnen nehme ich die Gefühle wahr, die das Bild in mir auslöst. Wenn es mir hilft, kann ich auch Worte liebender Hingabe aus der Bibel nehmen, die ich einige Male wiederhole.

IM HERZEN Langsam sinkt das Bewusstsein ins Herz. Die Gefühle von Liebe und Hingabe werden immer feiner. Das Bild verliert seinen statischen Charakter und seine personifizierte Form; es wird dynamischer. Das Wort sinkt in eine lauschende Stille. Ich fühle mich in den Liebesstrom des innewohnenden Christus hineingenommen.

58. Verweilen im Göttlichen

Liebe beginnt mit einer inter-personalen Begegnung zwischen dem Ich und dem göttlichen Du. Langsam kommen sich *Ich* und *Du* näher, und man begegnet dem göttlichen Du in sich selbst: Ich bin in dir, du bist in mir; ich bin in Gott, Gott ist in mir. Diese intra-personale Erfahrung des Göttlichen ist eine wesentliche Dimension im Prozess der Göttlichwerdung.

Der Verstand bringt eher statische Bilder des Göttlichen hervor; aber im Herzen entfaltet sich eine Achtsamkeit auf die göttliche Dynamik. Wenn Jesus die Jünger auffordert, in ihm zu *bleiben* (*meinate*), verdeutlicht er dies mit dem Symbol des Weinstocks und der Rebzweige. Der Weinstock entfaltet sich durch die Zweige, und die Zweige wachsen durch den Weinstock. Die Zweige sind Zweige zueinander: Alles wächst durch alles andere hindurch. Wir wachsen *in Christus* zur geistlichen Reife, Christus entwickelt sich durch uns zur göttlichen EINheit. Es gibt eine perichoretische Beziehung zwischen Christus und den Menschen und auch unter den Menschen.

In dem Maß, in dem die innewohnende Gegenwart Christi als verwandelnde Gegenwart des göttlichen Geistes erfahren wird, kommt man in dieser Phase mit dem Geist in Schwingung. Das Herz ist der Resonanzbereich des Geistes, der *Tempel* des Geistes. Das menschliche Selbst geht in den göttlichen Strom ein. Der Mensch wird in das Energiefeld des Göttlichen geholt. Die Seele schwingt mit dem Geist.

Göttlichwerdung ist ein Geburtsprozess. Im göttlichen Energiefeld verweilen heißt, vom göttlichen Geist durchtränkt zu werden. So wie der Weinstock durch die Reben Frucht hervorbringt, so trägt Christus Frucht durch uns (Joh 15,5). Der Geist Christi bringt durch uns Menschen eine neue Schöpfung hervor. Wenn wir die göttliche Kraft der Liebe in unser Herz (Röm 5,5) und durch uns in die Welt fließen lassen (1 Kor 13,1–13), gebären wir Gott in den Herzen der anderen. Wir werden zu Kanälen der göttlichen Fruchtbarkeit (Joh 4,14).

Die Erfahrung des Verweilens im Göttlichen führt zur Erkenntnis: ***Ich bin göttlich***.

Alle Menschen sind erschaffen,
um die Würde zu erhalten, Söhne Gottes genannt zu werden.

Justin der Märtyrer, Dialog mit Tryphon, 124.4 (BKV)

Dies ist das deutliche Geheimnis:
Gott ist im Menschen, und der Mensch ist göttlich.

Clemens von Alexandrien, Paidagogos, 3.2.1

Wer dem Herrn gehorcht und der durch ihn gegebenen Weissagung folgt,
der wird nach dem Ebenbilde des Meisters vollkommen zu einem im Fleisch wandelnden Gott gemacht.

Clemens von Alexandrien, Stromata, 7.101.4 (BKV)

*In den Schriften von Gregor von Palamas finden sich die folgenden Ausdrücke für göttliche Energien (*energia*), an denen wir teilhaben: »Taborlicht«, »Gnade der Göttlichwerdung«, »Theophanien«, »sichtbarer Aspekt des Göttlichen«, »Gottes Wille«, »Vollkommenheit«, »göttliche Kräfte (*dynameis*)«, »Worte (*logoi*)«, »göttliche Namen«, »göttliche Offenbarungen« und »göttliche Attribute« (wie Heiligkeit, Unsterblichkeit, Unverweslichkeit, Ewigkeit, Unendlichkeit, Freiheit, Weisheit, Güte, Liebe, und Leben).*

Die Bhagavad Gita spricht oft von Innewohnen in Gott*:*
»Diejenigen, die mich in Hingabe liebend verehren, sind in mir, und ich bin in ihnen« (9,29);
»... er wird in mir wohnen« (6,31); »Du wirst einzig in mir wohnen« (12,8).

MEDITATION

INNERER WEG Ich komme zu einer inneren Stille. Ich spüre das Durchströmen der Atemenergie (*prānah*), die mich am Leben erhält. Jede Zelle wird ständig durch diesen Energiestrom erneuert. Mein Leib entwickelt sich in *prānah*; *prānah* entfaltet sich durch meinen Leib: einer im anderen, eine lebendige Durchdringung. Ich spüre, wie sich die Ich-Du-Beziehung in eine innewohnende und teilhabende Erfahrung des Geistes vertieft.

IM HERZEN In tiefer Stille erwache ich zum Herzen. Ich spüre Christus in mir und mich selbst in Christus. Ich fühle mich vom Geist in den Strom des göttlichen Lebens hineingenommen. Ich erlebe Christus als den lebenspendenden Geist, der in mir wohnt. Die Seele wird in das Energiefeld des göttlichen Geistes gebracht. Ich spüre der mystischen Bedeutung der Einladung Jesu nach: »Bleibt in mir, ich bleibe in euch« (Joh 15,4).

59. Verschmelzen mit dem Göttlichen

Das Bewusstsein sinkt von einer *inter*-personalen Beziehung mit dem göttlichen Du in *Christus* in die *intra*-personale Erfahrung des Hineingenommenwerdens in die göttliche Schwingung des *Geistes* und weiter zum *trans*-personalen Bewusstsein für die Dynamik des göttlichen Geheimnisses, das im Bild des *Vaters* symbolisiert wird. Im Prozess der Göttlichwerdung lässt man den göttlichen Geist die Seele »in die Tiefen Gottes« (*baia theou*, 1 Kor 2,10) führen. In der innersten Tiefe gibt es weder Name noch Form, weder Bild noch Symbol. Hier erfährt die Seele ein tiefes Verschmelzen mit dem göttlichen EINEN. Alle Trennungen verschwinden, alle Unterschiede lösen sich auf. Es gibt nur ein Empfinden der puren Präsenz in dem EINEN.

Das ist eine tiefe mystische Erfahrung, die auf der Verstandesebene nicht leicht analysiert und kategorisiert werden kann. Jeder Versuch, dies im Sinne des Monismus zu interpretieren, ist Gewalt gegenüber dieser mystischen Innenschau. Der Verstand nimmt Dualität wahr, *buddhi* erwacht zur Einheit des Seins. Der Verstand betrachtet alles als Objekt, *buddhi* erfasst das Subjekt. »Dort kehrt das Wort um, der Verstand kommt zurück, ohne das Göttliche zu erreichen« (Tait. Up. 2.4.1).

»Das Göttliche ist weit jenseits von Denken und Wissen« (Dionysios Areopagita, *Epistula*, 5, PG 3,1076a). Man muss sich in die *Wolke des Nichtwissens* begeben, um den Glanz des reinen Lichts, die *strahlende Finsternis* zu erfahren. Nur mittels verneinender Beschreibungen kann die Erfahrung der Vereinigung mit dem Göttlichen angedeutet werden.

Biblische Bilder wie Weinstock und Reben, Haupt und Glieder, Erben Gottes und Miterben Christi und der Ausdruck, »wir werden mit der ganzen Fülle Gottes erfüllt sein« (Eph 3,19) weisen letztlich auf eine dynamische Einheit des Menschen mit dem Göttlichen hin: Im göttlichen Strom des Lebens wird der Mensch verwandelt, im Glanz des göttlichen Lichts wird die Seele erleuchtet; im Mitschwingen mit dem lebendigen Geist ist der Mensch EINS mit dem Göttlichen. Zu behaupten, *ich bin Gott*, ist das Ergebnis der Erbsünde; aber es ist eine Gnade zu erkennen: ***Ich bin göttlich***.

Theosis besteht darin, dass wir Gott möglichst ähnlich werden (homoiosis)
und zur Einheit mit Gott gelangen (henosis).
Dionysios Areopagita, PG 3,376a

Die Seele ist geschaffen in der Form Gottes.
Gregor von Nyssa, De beatitudinibus, 6.4

Die Seele gelangt zur Ähnlichkeit mit Gott.
Cyril von Alexandrien, PG 10,1096ab

Wer Gott erkennt, wird gottförmig (deiformis fit).
Thoms von Aquin, ST. I.12.5.ad 3

Wahrlich, wer das höchste Brahman kennt, wird selbst zu Brahman.
Mund. Up. 3.2.9

Die göttliche Natur ist Eins, und jede Person ist auch Eins und ist dasselbe Eine, das die Natur ist.
Eines mit Einem, Eines von Einem, Eines in Einem und in Einem Eines ewiglich.
Im Einen findet man Gott, und Eins muss der werden, der Gott finden soll.
Sei Eins, auf dass du Gott finden könntest.
Meister Eckhart, Vom edlen Menschen

Das Gemüt hat ein gottförmiges und ewiges Zurückschauen auf Gott.
Es erkennt sich als Gott in Gott und ist doch geschaffen.
Johannes Tauler, Sermo 53

Ich bin der, den ich liebe;
Er, den ich liebe, ist ich – zwei Geister, doch in einem Leibe.
Und wenn du mich siehst, hast du ihn gesehen,
und wenn du ihn siehst, siehst du uns beide!
Al-Hallaj

MEDITATION

INNERER WEG Ich komme zu einer inneren Stille. Ich spüre das Durchströmen der Atemenergie (*prānah*), die mich am Leben hält. Die Wahrnehmung des Atems vertieft die innere Stille zu einer dynamischen Leere. Alle Bilder und Namen lösen sich vollständig auf.

IM HERZEN Ich sitze in der leeren Stille und erspüre die Dynamik, die darin vorhanden ist: Es ist keine statische Leere, sondern eine lebendige EINheit. Ich fühle mich vom Geist hineingenommen in die »Tiefen Gottes« (1 Kor 2,10), zu dem unergründlichen Geheimnis des Vaters. Es gibt nur ein Gefühl der puren Präsenz, in der die Seele mit dem Göttlichen vereint ist.

60. ALLES werden

Die Upanishaden bieten vier Schlüsselsätze (*mahāvākya*) an, um die verschiedenen Dimensionen der Erkenntnis des Göttlichen zu beschreiben. Da sie Ausdrucksformen eines mystischen Bewusstseins sind, können sie von der Verstandesebene aus nicht als monistisch oder pantheistisch beurteilt werden. *Brahman* (*brh* = ausdehnen, erweitern) bezieht sich auf die dynamische Präsenz des Göttlichen im Kosmos; *Ātman* (*an* = atmen, bewegen) bezeichnet die pulsierende Gegenwart des Göttlichen im Herzen.

1. **Aham Brahmāsmi**, »Ich bin Brahman, ich bin göttlich« (Brih. Up. 1.4.10). Im Mitschwingen mit der Dynamik des Göttlichen kommt die Seele zur Erkenntnis: *Ich bin göttlich.* Der göttliche *ĀTMAN* und der menschliche *ātman* sind nicht eins, nicht zwei; es gibt eine nichtduale Beziehung (*advaita*); damit ist nicht die Auslöschung des menschlichen *ātman* gemeint, sondern das Eingehen des *ātman* in den *ĀTMAN*. Gleichzeitig erweitert sich das Bewusstsein und erlebt eine tiefe Einheit mit der ganzen Wirklichkeit: »Man wird all das, *sa idam sarvam bhavati*« (Brih. Up. 1.4.10).
2. **Tat tvam asi**, »Das bist du« (Chand. Up. 6.8.7). Wer tief in sich hineinschaut und erkennt, *ich bin göttlich*, schaut nun mit dem erleuchteten inneren Auge auf jeden in der Welt draußen und sagt: Du bist das! »Das ist die Wahrheit, das ist das Selbst« (Chand. Up. 6.8.7). Was man tief in seinem Inneren erfährt, schwingt in jedem Atom, in jeder Zelle, in jedem Stückchen Wirklichkeit: »Das Selbst ist das SELBST von allem« (*sarvabhūtātma bhūtātma*, Bh. Gita 5,7).
3. **Ayam ātmā Brahma**, »Dieser *ātman* ist wirklich Brahman« (Brih. Up. 4.4.5., Mand. Up. 2). Im tiefsten mystischen Bewusstsein gibt es keinen wahrnehmbaren Unterschied zwischen dem menschlichen *ātman* und dem göttlichen Brahman. Verschleiernde Unwissenheit wird vollständig entfernt; jede Form von Dualität wird überwunden: Es gibt nur die Seinseinheit.
4. **Prajnānam Brahma**, »Bewusstsein ist Brahman« (Ait. Up. 3.1.3). In der tiefsten mystischen Erfahrung wird das menschliche Bewusstsein vollkommen durchlässig für die Entfaltung der göttlichen Dynamik. Es gibt nur eine einzige Bewegung, das Ausfließen des einen Bewusstseins (*kēvala jnāna*): eine mystische *Ekstase*, in der man erkennt: ***Ich bin göttlich.***

Alles in allem.

Anexagoras

Die menschliche Seele besteht auf gewisse Weise aus allen Dingen.

Aristoteles, De Anima 3,8

... damit wir die Fülle Gottes in allem füllen können (*ut impleamini in omnem plenitudinem Dei*)

Bonaventura, Soliloquia, Prolog

Du bist EINS, Du bist alles, Du bist niemand, Du bist nicht Einer, Du bist nicht alles.

Gregor von Nazianz, PG 37,38

Gieß aus, damit du erfüllt werden kannst. Geh aus, damit du eingehen kannst.

Augustinus (zitiert von Johannes Tauler in Sermo 1)

Das Göttliche und das Menschliche sind weder eins noch zwei.

Raimon Panikkar, Christophanie, 69

In der Versunkenheit vergeht der Geist, und erst hier ist es recht um ihn bestellt;
denn Gott ist ihm alles geworden, und alle Dinge sind ihm irgendwie Gott geworden.

Heinrich Seuse, Deutsche Schriften

Da ist Gottes Grund mein Grund und mein Grund Gottes Grund.
Da lebe ich ebenso aus meinem Eigenen, wie Gott aus seinem Eigenen lebt.
Aus diesem innersten Grund sollst du alle deine Werke ohne Worumwillen wirken.

Meister Eckhart, In hoc apparuit caritas Dei

Wer sein Selbst als das Selbst aller Wesen erkennt, befleckt sich nicht, auch wenn er überall tätig ist.

Bh. Gita 5,7

MEDITATION

INNERER WEG Ich komme zu einer inneren Stille. Ich nehme das Durchströmen der Atemenergie (*prānah*) wahr, die mich am Leben hält. Ich fühle, dass ich durch den Kosmos atme, der gesamte Kosmos atmet durch mich: Ich spüre ein intensives Einssein mit allem. Alles schwingt im göttlichen Energiefeld. Ich nehme einen Schlüsselsatz der Upanishaden und wiederhole ihn eine Weile. Ich versuche, dem mystischen Gehalt des Satzes nachzuspüren.

IM HERZEN Langsam sinkt das Bewusstsein ins Herz. Ich fühle, wie sich mein spirituelles Herz über alle Grenzen hinaus ausdehnt und die gesamte Schöpfung im Fließen des göttlichen Energiestroms umarmt. Es gibt kein Innen und Außen mehr. Die Seele vereinigt sich mit dem Geist, der die ganze Schöpfung durchdringt. Ich spüre die mystische Bedeutung des Satzes: *sarvabhūtātma bhūtātma*, dieses Selbst ist das SELBST von allem.

VII. Das Jesus-Gebet

Den Namen Gottes andächtig zu wiederholen ist eine einfache und beliebte Gebetsform, die die meisten Religionen eingeführt haben, um sich der beständigen göttlichen Gegenwart bewusst zu werden. In der christlichen Tradition geschieht dies in Form des Jesus-Gebets. Es ist eine klassische kontemplative Methode, um zum Prozess der Göttlichwerdung im Herzen zu erwachen. Am Anfang des Jesus-Gebets steht eine hingebungsvolle Ich-Du-Beziehung mit Christus im Vordergrund, die sich dann schrittweise vertieft in die kontemplative Wahrnehmung der innewohnenden Gegenwart Christi. Durch das meditative Wiederholen des Namens Jesu gelangt man ins Energiefeld des Geistes Christi. Wenn man den Namen Jesu mit Mantren summt, ruft das Summen oder Singen geistliche Schwingungen im Inneren hervor. Das menschliche Bewusstsein kommt in Resonanz mit den Schwingungen des göttlichen Geistes. In dieser Reihe von Meditationen üben wir verschiedene Formen des Jesus-Gebets, die alle zur mystischen Erfahrung der *Christifikation / Christosis* führen: *Nicht mehr ich lebe, sondern Christus lebt in mir; Sō-ham.*

61. Der Name
62. Anrede
63. Mantra
64. Wiederholung
65. Prozess
66. Gnade
67. Früchte
68. Gehen
69. Schreiben
70. *Sō-ham*

61. Der Name

Wir benennen Personen und Dinge. Namen zu geben, macht vertraut, hilft beim Wahrnehmen der Gegenwart des anderen und stellt Beziehung zu einer Person her. Aber wir sind uns bewusst, dass kein Name das Geheimnis der Wirklichkeit einer anderen Person vollständig ausdrückt oder anspricht. Dies gilt umso mehr, wenn man das Unnennbare, das Göttliche, zu benennen versucht.

Das Göttliche ist mehr als *Gott. Gott (God)* – mit der Wortwurzel *Güte (goodness)* verwandt – ist ein universeller Begriff, mit dem wir das unbegreifliche göttliche Geheimnis begrifflich zu erfassen versuchen. Der Begriff *Gott* wird durch konkrete Offenbarungserfahrungen noch genauer gefasst. In jeder Religion gibt es einen bestimmten Namen, durch den die Gegenwart des Göttlichen angesprochen und mitgeteilt wird. Dieser Name ist für die Gläubigen der jeweiligen Religion sehr wertvoll, ja, heilig. Einige Beispiel für solche Namen, die das spirituelle Empfinden wecken, sind Elohim, Vater, Jesus, Shiva, Krishna, Allah, Rahim, Buddha, Azuda Mazda, Mahaveera und so weiter.

Viele Religionen nehmen an, dass die andächtige und meditative Wiederholung des Gottesnamens bewirkt, dass göttliche Energie das Herz erfüllt und das Leben verwandelt. Einige der verwendeten Anredeformen sind:

Hinduismus: *Ōm namah Śivāya / Ōm namō Nārāyanāya / Ōm Śakti.*
Buddhismus: *Ōm mani padmē hum / Namō amita butsu.*
Islam: Die Wiederholung einiger der 99 Namen Gottes, die im Koran genannt werden.
Der Sikhismus lädt die Gläubigen ein, den Namen Gottes ständig zu wiederholen.

In der christlichen Tradition begann die andächtige Wiederholung des Namens Jesu mit den Wüstenvätern und -müttern des 4. / 5. Jahrhunderts in Ägypten. Um den Widrigkeiten des kargen Lebens in der Wüste standzuhalten und die negativen Gefühle in Schach zu halten, die von der Einsamkeit hervorgerufen wurden, praktizierten sie eine einfache Form des Gebets, indem sie nur den Namen wiederholten: *Jesus*. Diese Methode wurde Monologia (*mono* = eins, *logos* = Wort) genannt. Ihre Praxis wurde später eine grundlegende kontemplative Übung, um zur Erfahrung der Göttlichwerdung (*theosis*) zu erwachen. Mit der Wiederholung des Namens Jesu erkenne ich: ***Ich bin göttlich***.

Bleibe in der andächtigen Wiederholung des Namens Jesu Christi,
damit das Herz den göttlichen Herrn verinnerlicht
und der Herr das Herz im Besitz nimmt: Beide werden eins.
Johannes Chrysostomos, PG 60,75

Der Name des Sohnes Gottes ist groß und grenzenlos;
sein Name erhält die ganze Schöpfung.
Hirte von Hermas, III,14

Der Name Jesu ist wie Nektar im Mund, Honig auf der Zunge,
sanftes Licht in den Augen, Klang des Lebens in den Ohren. Er ist belebende Ambrosia.
Wenn du ihn einmal geschmeckt hast, kannst du nicht ohne ihn.
Paulinus von Nola, PL 61,741a

Wir sollen den Name Jesu so tief verinnerlichen, dass Christus in unser Herz eindringt,
in die Tiefen hinabsteigt und der Seele das Leben gibt.
Nikephoros, PG 147,965–966

Wir sollen dem nous nichts anderes geben als den Ruf »Herr Jesus«.
Diodochus von Photike, Hundert Kapitel über die geistliche Vollkommenheit, 59

MEDITATION

JESUS-GEBET Ich komme zur inneren Stille. Ich versuche, meinen Herzschlag zu spüren. Es kann hilfreich sein, den Puls am Handgelenk zu fühlen, um den Herzschlag wahrnehmen zu können. Mit jedem Herzschlag wiederhole ich halblaut und entspannt den Namen Jesu, zum Beispiel so: *Je-su, Je-su* ... Ich bleibe eine Weile bei diesem mit dem Herzen verbundenen Summen. Allmählich lässt meine Aufmerksamkeit auf das physische Herz nach, aber mein ganzer Leib vibriert mit dem Summen. Mein Leib schwingt mit dem Energiestrom, der dem göttlichen Namen Jesu innewohnt.

IM HERZEN Es stellt sich eine tiefe innere Stille ein, die von der Kraft des Namens Jesu erfüllt ist. Das Bewusstsein sinkt in das spirituelle Herz. Die Seele wird durch Gnade in das Energiefeld des innewohnenden Christus hineingenommen. Die Seele schwingt mit der Dynamik des Geistes. In tiefer kontemplativer Stille fühle ich mich in den Prozess der *Christifikation / Christosis* hineingezogen.

62. Anrede

Nach der Zeit der Wüstenväter entwickelten sich klösterliche Gemeinschaften auf der Sinai-Halbinsel, wo sich die Praxis des Jesus-Gebets entfaltete. Evagrios Pontikos (345–399), ein großer spiritueller Meister, lehrte, dass die meditative Wiederholung des Namens Jesu über die anfänglichen Bilder und Formen hinausführen solle. Der Übende komme in eine tiefe kontemplative Stille, zu einem Bewusstsein der puren Präsenz (*hesychia*). Im Herzen gibt es keine Dualität. Selbst der Name entschwindet in der Tiefe des mystischen Bewusstseins.

Man beginnt, indem man aus einer hingebungsvollen Ich-Du-Beziehung heraus auf der mentalen Ebene den Namen »Jesus« wiederholt, oft laut und mit dem Atemrhythmus. Aber bald wird man die verbale Wiederholung des Namens beenden. Selbst die mentale Wiederholung sinkt in eine kontemplative Stille. Zuerst spürt man eine innere Leere im psychischen Bereich, aber bald erfüllt ein Empfinden purer Präsenz das Herz. Christus wird mehr als Gegenwart-in-sich denn als Person-vor-sich erfahren, mehr als Subjekt denn als Objekt. Die interpersonale Ich-Du-Beziehung sinkt in ein transpersonales Empfinden der göttlichen Gegenwart. Man gelangt zu einem Christusbewusstsein: Christus ergreift die Seele (Phil 3,12).

Der Mensch wird in das Energiefeld des Geistes Christi gebracht, denn der auferstandene Christus ist lebendigmachender Geist geworden (1 Kor 15,45). Wenn »der Herr Geist ist« (2 Kor 3,17), dann ist derjenige, der mit dem Herrn vereint ist, »ein Geist mit ihm« (1 Kor 6,17). Dieser Übergang von der Hinwendung zur Person Jesu zum Bewusstsein der Gegenwart Christi, von der hingebungsvollen Anbetung zum kontemplativen Eingehen, von der Ausrichtung auf das göttliche Du zur Erfahrung des Göttlichen als tiefes Selbst zeigt die Gnade der kontemplativen Praxis des Jesus-Gebetes.

Diese mystische Erfahrung kann man *Christifikation / Christosis* nennen. Es ist die Erfahrung, vollkommen durchlässig für die Kraft und Gegenwart Christi zu sein. Man erlebt kein statisches Innewohnen des Herrn, sondern eine dynamische Selbstausgießung des Geistes Christi. Der auferstandene Christus wird als der lebendigmachende Geist in uns und um uns (1 Kor 15,45) erfahren. Die Seele schwingt mit der Dynamik des Geistes Christi, in der ich erkenne: ***Ich bin göttlich***.

Wiederhole den Namen Jesu mit deinem Atem
und du wirst die Kraft der puren Präsenz (hesychia) erleben.
Johannes Klimakos, Die Leiter, 27, PG 88,1112c

Lass die Vergegenwärtigung Jesu verbunden sein
mit deinem Atem und mit deinem ganzen Leben.
Johannes Klimakos, Die Leiter, 27, PG 88,1112c

Atem ist der natürliche Weg zum Herzensraum.
Um den Verstand zum Herzen zu bringen,
atme bewusst ein und aus und wiederhole dabei den Namen Jesu.
Nikephoros

Der Name Jesu reinigt das Herz und zündet es an.
Diodochus von Photike, Hundert Kapitel über die geistliche Vollkommenheit, 97

Unser Denken gelangt nicht glücklich zum Unfassbaren und Grenzenlosen,
wenn es nicht zuvor durch den Glauben das Sichtbare mit fester Faust gefasst hat.
Gregor von Nyssa, Kommentar zum Hohelied, 5,6–11

MEDITATION

JESUS-GEBET Ich komme zur inneren Stille. Ich werde mir bewusst, wie die Atemenergie (*prānah*) meinen Leib durchströmt: Gottes Atem atmet in mir. Mit jedem Atemzug summe ich den Namen Jesu: Entweder verlängere ich den Namen *Jēsū* mit jedem Ausatem, oder sage innerlich *Jē-* beim Einatmen, und *sū* oder *sum* beim Ausatmen. Ich bleibe eine Weile bei diesem mit dem Atem verbundenen Summen. Mein Leib schwingt im Energiestrom, der dem göttlichen Namen Jesu innewohnt. Allmählich nimmt der Klang der Wiederholung ab und meine Aufmerksamkeit auf die Atmung wird geringer. In einem leibhaften Rhythmus wiederholt sich der Name Jesu in mir.

IM HERZEN Nach einiger Zeit verblasst auch der Name und ich komme in eine tiefe mystische Stille, die von der Dynamik des *Atems* Gottes erfüllt ist. Ich werde in das spirituelle Herz hineingetragen, das zum Christusbewusstsein erwacht. Die Seele wird durch die Gnade in das Energiefeld des innewohnenden Christus hineingenommen. Die Seele schwingt mit der Dynamik des Geistes. In tiefer kontemplativer Stille spüre ich die lebendige Gegenwart Christi, die durch mich strömt.

63. Mantra

Vom Sinai gelangte die Praxis des Jesus-Gebets im 13. Jahrhundert in die monastischen Kreise des Berges Athos. Gregor von Palamas (1296–1360), der große spirituelle Meister des Jesus-Gebets und Theologe des Hesychasmus (= innere Ruhe), sprach von der göttlichen *Essenz* als dem unergründlichen Geheimnis und dem allertiefsten Ursprung des Lebens. Aus dieser göttlichen Quelle entspringen die göttlichen *Energien*, die unser Leben in göttliches Leben verwandeln. Wir haben nicht teil an der göttlichen Essenz (Wesen), sondern an den ungeschaffenen göttlichen Energien (Kräfte). Das ist wie bei der Sonne, die immer unerreichbar und geheimnisvoll bleibt, und doch durchdringt die Sonnenenergie jede Zelle der Lebewesen. Die Sonne ist weit entfernt, dennoch leben und wachsen wir in der Sonne. Die göttliche Essenz und die göttlichen Energien sind nicht getrennt, sondern verschieden (*distincti, non separati*).

Die Griechischen Väter beschreiben dies als Teilhabe (*metousia*) am göttlichen Licht, das Jesus bei der Verklärung auf dem Berg Tabor umgab. Wenn Jesus als Sohn Gottes dieses göttliche Licht erfuhr, dann sind auch wir als Töchter und Söhne Gottes dazu berufen, dieses Licht zu erfahren: »Ich bin das Licht der Welt, ihr seid das Licht der Welt« (Joh 8,12; Mt 5,14).

Das Jesus-Gebet ist eine Art Feintuningprozess. Wenn *nous / buddhi* in Resonanz mit der göttlichen Schwingung kommt, spürt man, wie das Herz mit göttlichen Energien aufgeladen und auf die lebendige göttliche Gegenwart eingestimmt wird. Diese spirituelle Praxis, die in den griechischen Ostkirchen entwickelt wurde, kann durch die Verwendung von Mantren begleitet werden.

Ein Mantra ist kein Wort, das auf der mentalen Ebene verstehbar ist, sondern ein dichter Klang, der Schwingungen im *Herzen* hervorruft. Das klassische Mantra ist OM. Es besteht aus drei Lauten: A, U und M. *A* ist der erste Laut, *U* ist der mittlere Laut und *M* der Endlaut. Daher verweist OM auf Fülle, auf Ganzheit, auf die alles durchdringende Gegenwart des Göttlichen. Wenn der Name Jesu mit dem Mantra OM gesummt wird, entfaltet sich die im Namen enthaltene spirituelle Energie noch intensiver. Man erwacht zur Gegenwart des innewohnenden Christus. Ich spüre die Schwingungen des kosmischen Christus, erkennend: ***Ich bin göttlich.***

Lev Gillet fasst die Lehre von »Hundert Aphorismen«
von Kallistos und Ignatios Xantapoulos (14. Jh.) zusammen:
»Das Jesus-Gebet sollte ununterbrochen geatmet werden« (II,85–87).
»Wenn das nous gereinigt und mit dem Namen Jesu vereinigt wird,
schwimmen unsere Gedanken darin« (II,54).
»Der Name Jesu kommt in unser Leben zunächst als Lampe in der Nacht,
danach als Mondlicht und schließlich wie der Sonnenaufgang« (II,64).
»Als Sonne im nous erzeugt er strahlende Einsichten
und vermittelt ihm das göttliche Sonnenlicht« (II,94).

Lev Gillet, The Jesus Prayer, 40

Immer, wenn man OM summt, taucht man tiefer in das EINE ein, abhängig von der inneren Sammlung,
der Abgeschiedenheit und vom Grad der Achtsamkeit, mit der man es summt.

Raimon Panikkar, Das Göttliche in allem

Ein OM, das von der Mitteilung der Fülle an den Sohn und den Geist spricht –
und im Sohn auch an alle die, welche diese Gabe angenommen haben –
und von der Rückkehr dieser Fülle zum Vater.

Henri Le Saux, Indische Weisheit, 213

MEDITATION

JESUS-GEBET Ich komme zur inneren Stille. In jedem Ausatem spüre ich den Fluss der Atemenergie (*prānah*) im Leib. Mit jedem Ausatem wiederhole ich *Jesu ... OM ... Jesu*. Ich spüre, wie sich die Schwingung des Mantras im ganzen Leib ausbreitet. Der Leib schwingt im Rhythmus des Mantras. Das Summen von OM erweckt mich zur dynamischen Gegenwart des göttlichen Logos in der Schöpfung. Jesus ist die verleiblichte Selbstoffenbarung des Logos in der Geschichte. Allmählich nimmt der Klang des Summens ab.

IM HERZEN Nach einer Weile endet das Summen vollständig und ich betrete eine tiefe Stille des Herzens. In ihr fühle ich mich durch Gnade zum Energiefeld des innewohnenden Christus hingezogen. Die Seele schwingt mit der Dynamik des Geistes und wird zu einem Christusbewusstsein geführt. In tiefer kontemplativer Stille fühle ich die Kraft der lebendigen Gegenwart Christi, die mich durchströmt.

64. Wiederholung

Im Laufe der Jahrhunderte wurde der Berg Athos das spirituelle Zentrum der Verbreitung des Jesus-Gebets in den Ostkirchen. Mönche und spirituell Suchende kamen aus vielen Orten hierher und wurden in diese hesychastische Gebetsform eingeführt. Sie verbreiteten diese Übungsform in den byzantinischen und slawischen Regionen. Im 18. Jahrhundert erreichte das Jesus-Gebet die russische Kirche.

Makarios, Metropolit von Korinth (1731–1805), und Nikodemos der Hagiorit (1748–1809) sammelten die Lehren von 30 Meistern des Jesus-Gebets aus dem 4. bis zum 14. Jahrhundert und fügten sie 1782 zum Werk *Philokalie* in griechischer Sprache zusammen. Dieses Buch ist ein bleibender Klassiker der Theologie und Spiritualität des Jesus-Gebets. In jedem Aphorismus kann man die Kraft und Tiefe der mystischen Erfahrungen spüren. Die *Philokalie* wurde später in mehrere Sprachen übersetzt.

In den westlichen lateinischen Kirchen und den Ortskirchen, die durch deren weltweite Missionierung entstanden, wurde die Praxis des Jesus-Gebets nicht sehr gefördert. In den letzten 80 Jahren allerdings erfährt das Jesus-Gebet in der Weltkirche immer stärkere Verbreitung und große Akzeptanz. Zur Schönheit des Jesus-Gebets gehört, dass es von jeder Person, zu jeder Tageszeit und unter allen Umständen praktiziert werden kann. Wenn man es eine Zeitlang intensiv übt, wird es zu einer Art Reflexhandlung. Ganz spontan taucht es als Wiederholung mitten in den verschiedenen Aktivitäten auf: beim Reisen, Arbeiten, Entspannen, Essen, Baden, Gärtnern, Fahren ...

Das Jesus-Gebet bringt uns bewusst mit der göttlichen Gegenwart im Herzen und in der Schöpfung in Berührung; es stimmt unseren Verstand darauf ein, aufmerksam zu sein für die Bewegungen des göttlichen Geistes. Es vertieft das Christusbewusstsein und erweckt *nous / buddhi* zum Prozess der *Christifikation* (*Christosis*), der sich im Inneren und im Äußeren ereignet. Jesus-Gebet ist das *Gebet der Präsenz*, das mich erkennen lässt: ***Ich bin göttlich***.

Ob man isst oder trinkt, ob man bei einer Reise oder irgendeiner anderen Beschäftigung ist:
Man soll ununterbrochen das Jesus-Gebet üben.
Dadurch wird der Name in die Tiefe des Herzens eindringen.
So kann das Herz Christus verinnerlichen, und Christus tritt in das Herz: Beide werden EINS.
Trenne nicht dein Herz von Gott, sondern bleibe in ihm,
bis der Name tief im Herzen verwurzelt ist
und du aufhörst, an etwas anderes zu denken.

Johannes Chrysostomos

Die Anrufung des Namens Jesu ist der einfachste Weg des ständigen Betens.
Von einem demütig aufmerksamen Herzen oft wiederholt, verliert sich dieses Gebet
nicht in »vielen Worten« (Mt 6,7), sondern bewahrt das Wort und bringt in Ausdauer Frucht.
Es ist allzeit möglich, denn zu beten ist nicht eine Beschäftigung neben anderen,
sondern die einzigartige Beschäftigung, Gott zu lieben, die in Christus Jesus alles Tun beseelt und verklärt.

Katechismus der Katholischen Kirche, Nr. 2668

Das Namensgebet sollte fast spontan immer auf unseren Lippen, in unserem Geist
und in unserem Herzen sein, zumindest während einer Arbeit oder Beschäftigung,
die von uns keine besondere geistige Konzentration verlangt:
wenn wir unterwegs sind, die Augenblicke vor dem Einschlafen oder nach dem Aufwachen,
die Zeiten, die wir der Hygiene unseres Körpers widmen oder materiellen Arbeiten
wie Nähen, Kochen, Gartenarbeit und so weiter.

Henri Le Saux, Die Gegenwart Gottes erfahren, 91

Geh schlafen mit dem Jesus-Gebet.

Patriarch Kallistus

MEDITATION

JESUS-GEBET Ich komme zur inneren Stille. Mit jedem Atemzug spüre ich den Fluss der Atemenergie (*prānah*) im Leib. Mit jedem Ausatem summe ich: *Om … namō Christāya …* (ich verehre Christus/ ich erwache zu Christus). Allmählich nimmt der Klang des Summens ab. Ich nehme wahr, wie meine Hingabe an Christus, den inneren Meister, vertieft wird: von der *Ich-Du*-Beziehung zu einem Gefühl des *Seins-in-Christus* und weiter zum Bewusstsein, *Eins-mit-Christus* zu sein.

IM HERZEN Nach einer Weile verklingt das Summen und ich komme in eine tiefe Stille des Herzens. In ihr fühle ich mich durch Gnade zum Energiefeld des innewohnenden Christus hingezogen. Ich spüre die tiefere Bedeutung des paulinischen Ausdrucks: »Nicht mehr ich lebe, sondern Christus lebt in mir« (Gal 2,20). Christus erstrahlt in mir, er macht mich frei; ich ziehe Christus an und wachse in seine Gestalt; Christus ist für mich das göttliche Leben und Licht. (2 Kor 4,6; Gal 5,1; Gal 3,27; Eph 4,13; Kol 2,10; Eph 5,14). Ich erwache zur Gnade des Christusbewusstseins.

65. Prozess

Mit der Praxis des Jesus-Gebets begibt man sich auf einen inneren Weg der Verwandlung. In Anlehnung an das klassische Schema der *via purgativa*, *via illuminativa* und *via unitiva* können wir von drei Phasen auf diesem nach innen gerichteten Weg sprechen:

1. **Via purgativa – innere Reinigung:** In einer Atmosphäre von Gelassenheit und innerer Sammlung wiederholt man andächtig den Namen Jesu, zunächst laut, dann geht man allmählich in Stille über. Nach einiger Zeit kann eine Art Langeweile spürbar werden: Trockenheit und Enttäuschung, ein Gefühl, dass man nichts erreicht. Zahlreiche ablenkende Gedanken schlagen wie Wellen an das Ufer des Verstandes. Viele übermäßige Anhänglichkeiten und unerfüllte Wünsche, verletzte Gefühle und unversöhnliche Haltungen können ins Bewusstsein kommen; aber sie werden im Strom des Namensgebets geheilt. Der göttliche Geist führt die Seele durch diese *Wüstenerfahrung* hindurch zu frischen spirituellen Quellen.
2. **Via illuminativa – innere Erleuchtung:** Langsam erreicht der innere Weg *nous / buddhi*, die intuitive Wahrnehmungsfähigkeit. Hier kann die Wiederholung des Namens aufhören; sie wird von sich aus im Inneren wiederholt: Nicht mehr ich summe den Namen, sondern ich höre, wie er von innen heraus gesummt *wird*. Ich sitze in einer empfangenden Haltung. Die innere Lampe des *nous / buddhi* wird vom Licht Christi entzündet. Das innere Auge des *nous / buddhi* wird von göttlicher Gnade erleuchtet. Die Tür zum Herzen wird vom Geist aus dem Inneren geöffnet. Es ist ein begnadeter Moment, ins Herz einzutreten, ins Heiligtum des Geistes, in die Wohnstätte des innewohnenden Christus. Der Name Jesu erklingt im Inneren des Herzens.
3. **Via unitiva – innere Vereinigung:** Allmählich verschwindet auch der *Name*. Die Seele sinkt in eine tiefe göttliche Stille. Der göttliche Geist nimmt die menschliche Seele vollständig in Besitz. Nur eine Erfahrung der puren Präsenz bleibt. Im Herzen ist alles EINS: die Seele fühlt eine tiefe EINheit mit dem Göttlichen, im Göttlichen. Die dynamische Gegenwart des göttlichen Geistes wird wie ein innerer Brunnen empfunden, wie eine strahlende Lichtquelle. Der göttliche Geist strömt aus der Seele hervor. In diesem begnadeten Gottesbewusstsein entsteht die Erkenntnis: ***Ich bin göttlich***.

Der Name Jesu reinigt das Herz
und zündet es an.

Diadochus von Photike, Hundert Kapitel über die geistliche Vollkommenheit, 97

Dionysios Areopagita beschreibt drei Phasen des inneren Weges: (1) Gott erkennen durch Symbole aus der Natur, (2) Gott begegnen durch den historischen Jesus, (3) über alle Symbole und Gedanken hinaus zur Ekstase des puren Bewusstseins kommen.

De caelesti hierarchia 4; De divinis nominibus, 7.2; De mystica theologia, 1.1.

Wenn das göttliche Licht der Beschauung in eine nicht völlig erleuchtete Seele eintritt,
verursacht es geistige Finsternis, denn es beraubt und verdunkelt ihren natürlichen Erkenntnisakt.
Wenn Gott den helllichten Strahl seiner heimlichen Weisheit auf eine noch unverwandelte Seele
niederfahren lässt, entsteht nächtliche Finsternis im Verstand.
Gott reinigt sie und erhellt sie mit seinem göttlichen Licht.
Gott nimmt der Seele einige der vielen Schleier von ihren Augen hinweg,
damit sie ihn sehe, wie er ist und wie er alle Dinge mit seiner Kraft bewegt.

Johannes von Kreuz, Dunkle Nacht

Abgeschiedenheit ist das Allerbeste: sie reinigt die Seele, läutert das Gewissen, entzündet das Herz, weckt den Geist, beschleunigt das Verlangen, lässt Gott erkennen und vereinigt sich mit Gott.

Meister Eckhart, Von Abgeschiedenheit

MEDITATION

JESUS-GEBET Ich komme zur inneren Stille. Mit jedem Atemzug spüre ich den Fluss der Atemenergie (*prānah*) im Leib. Während zwei Ausatmungen summe ich:
(1) *Jesu ... Jesu ... Jesu Christe ...*
(2) *Jesu ... Jesu ... OM ...*
Allmählich nimmt der Klang des Summens ab. Ich spüre, wie das Bewusstsein von den mentalen und psychischen Bereichen durch *nous/buddhi* ins Herz sinkt. Ich nehme die Reinigung wahr, die im Verstand und in der Psyche geschieht, die Aufhellung im *nous*-Bereich und das allmähliche Eintreten in die Stille des Herzens.

IM HERZEN Langsam verklingt das Summen, und es bleibt ein Empfinden der dynamischen Gegenwart Christi im Herzen. Ich spüre die Kraft der OM-Schwingung, während ich zur Gnade des Christusbewusstseins erwache. Mit OM spüre ich eine begnadete Vereinigung mit Christus im Geist. Ich fühle mich in das Energiefeld des göttlichen Geistes hineinzogen.

66. Gnade

Das Summen des Namens Jesu beginnt als eine Übung, an der wir aktiv beteiligt sind. Nach und nach wird es zu einem rezeptiven Geschehen: Eine Versenkung vom Verstand durch *nous/buddhi* zum *Herzen*, von verbaler Wiederholung zur stillen Wahrnehmung, vom Sprechen zum Hinhören, vom Beten zur Meditation, von der Aktivität des Menschen zum Wirken des göttlichen Geistes. »Wir wissen nicht, wie wir in rechter Weise beten sollen. Der Geist selbst tritt jedoch für uns ein mit unaussprechlichem Seufzen« (Röm 8,26).

Auf der Verstandesebene beten *wir* zu Gott, indem wir Worte und Bilder verwenden, Gefühle und Anliegen aussprechen, um Hilfe und um Vergebung der Sünden bitten; hier haben *wir* die aktive Rolle. Wenn aber das Bewusstsein durch *nous/buddhi* in das Herz sinkt, kommen wir zunehmend in eine empfangende – nicht passive – Haltung für die inneren Bewegungen des göttlichen Geistes.

Wir kommen an einen Punkt, an dem wir überhaupt nicht mehr beten. Wir können nicht beten – der Geist übernimmt.

Wir können nur still dasitzen und auf den Geist lauschen, der im Herzen seufzt. »Unaussprechlicher Seufzer« (*stenagmois alaletois*, Röm 8,26) ist ein Ausdruck von Paulus, um zu zeigen, dass der Geist das wahre Subjekt des Betens ist. Der Gott, zu dem wir beten, ist der Gott, der in uns und durch uns betet! In den Worten Jesu: »Geh in deine innere Kammer (*tameion*)« (Mt 6,6) und »Bete im Geist und in der Wahrheit an« (Joh 4,24) können wir eine klare Einladung zur kontemplativen Innenschau spüren.

Hier redet man nicht, sondern hört mit dem inneren Ohr (*nous/buddhi*); man schaut nicht, sondern sieht mit dem inneren Auge (*nous/buddhi*). Die Kirchenväter beschreiben das als *theoria*, das bedeutet »sehen«: Man sieht mit dem inneren Auge, das im göttlichen Licht geöffnet wird. In diesem Licht kann man keine Dualität mehr wahrnehmen zwischen Subjekt und Objekt, zwischen *Ich* und *Du*, zwischen Menschlichem und Göttlichem, zwischen Seele und Geist. Oft ist es eine kurzzeitige Einheitserfahrung, mit der die Seele begnadet wird. Solche *Kairos*-Momente lassen mich erkennen: ***Ich bin göttlich***.

Gott nennt die Menschen Götter, aus seiner Gnade vergöttlicht, nicht aus seinem Wesen geboren.
(Homines dixit deos, ex gratia sua deificatos, non de substantia sua natos).

Augustinus, Kommentar zum Psalm 82

Von der Art war jene Annahme an Kindes statt,
dass sie Gott zum Menschen machte und den Menschen zu Gott.
(Talis erat illa susceptio, quae Deum hominem faceret, et hominem Deum).

Augustinus; zitiert in: Thomas von Aquin, ST.III.16.7.2

Gnade allein hat die Kraft, Vergöttlichung zu ermöglichen,
wodurch die Dinge ihr wahres Wesen erkennen können.

Maximus Confessor, Questiones ad Thalassium, 22

Dazu hat Gott uns erschaffen, dass wir der göttlichen Natur teilhaftig werden (2 Petr 1,4)
und an seiner Ewigkeit Anteil erhalten und ihm gleich werden durch die Göttlichwerdung aus Gnade.

Maximus Confessor, PG 91,609c

Allein Gott unser Herr vermag der Seele Tröstung zu geben ohne vorhergehende Ursache.
Denn es ist dem Schöpfer eigen, einzutreten, hinauszugehen, Regung in ihr zu bewirken,
indem er sie ganz zur Liebe, zu seiner göttlichen Majestät hinzieht.

Ignatius von Loyola, Geistliche Übungen, Nr. 330

Jedes authentische Gebet ist vom Heiligen Geist geweckt,
der auf geheimnisvolle Weise im Herzen jedes Menschen gegenwärtig ist.

Johannes Paul II., Redemptoris Missio, Nr. 29

MEDITATION

JESUS-GEBET Ich komme zur inneren Stille. Ich nehme die Versenkung des Bewusstseins vom Verstand zu *nous/buddhi* wahr. Ich summe das Jesus-Gebet aus Taizé: *O Christe, Domine Jesu ...* Nach und nach nimmt der Klang des Summens ab. Ich bemerke, wie meine Hingabe an Christus vertieft wird: Von einer *Ich-Du-Beziehung* zu einem Empfinden des *Seins in Christus* und weiter zum Bewusstsein des *Einssein mit Christus*.

IM HERZEN Langsam ebbt das Summen vollständig ab; einzig ein Gespür für die dynamische Gegenwart Christi im Herzen bleibt. Ich erwache zur Gnade des Christusbewusstseins. Christus ist der innere Meister, das wahre göttliche Subjekt meines Seins. Ich fühle mich in das Energiefeld des göttlichen Geistes hineingezogen.

67. Früchte

Große Weise, die jahrelang das Jesus-Gebet praktizierten, sprechen von den Früchten dieses Gebets für ihr spirituelles Leben:

1. **In der Gegenwart leben.** Der Verstand pendelt ständig zwischen Vergangenheit und Zukunft, *nous / buddhi* aber ist immer in der Gegenwart. Das Jesus-Gebet beginnt als eine Art Stoßgebet im Verstandesbereich, aber allmählich bringt es das Bewusstsein in den Bereich von *nous / buddhi* und taucht in die Stille des Herzens ein. Wenn wir unsere Arbeit in diesem vertieften Bewusstsein verrichten, sind wir viel präsenter in dem, was wir tun. Achtsamkeit für den gegenwärtigen Moment (*nepsis*) und Sensibilität, die Bewegungen des Geistes im jeweiligen Augenblick zu erkennen, sind eine Gnade des Jesus-Gebets.

2. **Freiheit von Einsamkeit.** Letztlich ist jeder Mensch zutiefst einsam. Trotz der intensiven Beziehungen in Ehe und Familie, in Gemeinschaft und Freundschaft gibt es in unserem Leben ein bedrückendes Gefühl der Einsamkeit. Das Jesus-Gebet erfüllt das Herz mit der Erfahrung, dass wir immer von Gott geliebt und vom Geist Christi geführt sind. Wir können uns selbst annehmen, da wir bereits vom liebenden Gott angenommen sind.

3. **Ganzheitliche Heilung.** Die Praxis des Jesus-Gebets beruhigt den Verstand und überwindet Habsucht, integriert die innerpsychischen Faktoren und ordnet die Emotionen, vertieft die Aufmerksamkeit auf das Gegenwärtige und verankert das eigene Selbst im göttlichen Selbst. All das fördert die Gesundheit und das allgemeine Wohlbefinden des Menschen. In Momenten von Krankheit und Hilflosigkeit kann die Praxis des Jesus-Gebets eine heilende und befreiende Erfahrung sein.

4. **Respekt gegenüber anderen Religionen.** *Theosis* ist eine universelle Erfahrung, die spirituell Suchenden aller Religionen und Kulturen zugänglich ist. Christen erfahren sie durch Jesus Christus, andere durch ihre Symbole der heilenden Gegenwart des Göttlichen. Da das Jesus-Gebet zum universalen religiösen Erbe des *Namensgebetes* gehört, nimmt es uns in einen universalen Strom der Kraft des göttlichen Namens hinein. Wir fühlen uns mit allen vereint, die den Namen des göttlichen Herrn summen.

In dieser geistigen Verbundenheit erkenne ich: ***Ich bin göttlich***.

Clemens von Alexandrien beschreibt die Gnaden der Göttlichwerdung als:
»göttliche Kindschaft« (Paid. 1.6.26.1), »Erleuchtung« (Paid. 1.6), »Erkenntnis« (Strom. 7.10.56.6–7),
»Vereinigung« (apocatastasis, Protrepticus, 9.88.2–3), »Unsterblichkeit« (Strom. 5.14.94.5),
»Unverweslichkeit« (Paid. 2.2.20.1), »Abgeschiedenheit« (apatheia, Strom. 7.3.13.3),
»Rechtschaffenheit« (Protrepticus, 12.122.4), »Schönheit« (Paid. 3.1.1.5),
»Leben im Bereich Gottes« (Strom. 7.3.13.1), »Zum Gott-Sein verwandelt werden« (Theaet. 176b),
»göttlich genannt werden« (Strom. 7.10.56.6).

Vielfältig sind die Gaben Gottes:
der Übergang von der Finsternis in sein unaussprechliches Licht;
seine Kinder und Erben zu werden durch die göttliche Taufe;
ihn, Gott selbst, anzuziehen;
Glied an ihm zu werden;
den Heiligen Geist in uns wohnen zu haben;
um es kurz zu sagen:
ihm gleichgestaltet zu werden.

Symeon der neue Theologe, Epistola 1, PG 95,285b

Maximus Confessor erwähnt sieben Früchte der Göttlichwerdung:
»Gotteserkenntnis, begnadete Kindschaft, Gleichheit mit den Engeln, Teilnahme am ewigen Leben,
Wiederherstellung der Göttlichkeit in menschlicher Natur, Beseitigung des Gesetzes der Sünde
und Vernichtung der Tyrannei des Bösen«.

Expositio orationis dominicae, 1, PG 90,873cd

MEDITATION

INNERER RAUM Ich komme zur inneren Stille. In ihr werde ich mir meines sozialen Umfelds bewusst: Ich fühle eine tiefe göttliche Verbundenheit mit anderen Menschen. In dem einen Strom des Geistes stehen wir alle miteinander in Beziehung. In dieser göttlichen Verbundenheit denke ich an eine konkrete Person, die mir nahesteht, und spreche ihr wiederholt, gleichsam segnend den Namen Jesu zu. Ich tue dies für eine Weile. Langsam nimmt der Klang des Sprechens ab. Ich spüre eine göttliche Nähe zu der Person.

IM HERZEN Schließlich geht das Summen in eine tiefe Stille über. Ich nehme die Gegenwart der anderen Person in meinem Herzensraum wahr. Ich spüre eine lebendige Verbundenheit mit dieser Person im göttlichen Strom der Liebe: Im Christusbewusstsein sind wir tief verbunden. Ich nehme die begnadeten Momente wahr, in denen ich fühle: Letztlich gibt es keinen Unterschied zwischen dir und mir; wir sind eins, wir sind göttlich: *tat-tvam asi* (göttlich bist du).

68. Gehen

Das Jesus-Gebet ist ein Pilgergebet. Der spirituell Suchende, der sich auf einen inneren Weg zu den tieferen Ebenen des Bewusstseins begibt, findet sich auf einer spirituellen Pilgerreise wieder, die ihn von Verstand und Psyche wegführt, durch die Tür von *nous/buddhi* hindurch und in den sakralen Raum des Herzens hinein. Auf diesem Weg wird man immer empfänglicher für die Bewegungen des Geistes. Es ist ein Pilgerweg des menschlichen Geistes im göttlichen Geist. Zu Beginn erlebt man *Jesus* wie einen inneren Führer, aber allmählich erwacht man dank der Gnade zur Gegenwart *Christi* im Herzen. Christus erwacht als der »innere Meister« (Augustinus). Man kommt in das Energiefeld des göttlichen Geistes.

Um sich dieses Pilgerwegs bewusst zu werden, kann es hilfreich sein, das Jesus-Gebet während des Gehens zu praktizieren. Man könnte jeden Schritt rhythmisch mit dem Namen Jesu verbinden oder langsam gehen und dabei den Namen summen. Man geht jeden Schritt mit dem Gefühl, im kosmischen Tempel zu pilgern, in einer sakralen Umgebung. Man kann das Jesus-Gebet auch beim meditativen Gang durch ein Labyrinth praktizieren. Ein Labyrinth spiegelt den Pilgercharakter des Lebens. Man muss mit unerwarteten Kehrtwendungen und Unsicherheiten im Leben rechnen, doch gibt es die Gewissheit, dass das Leben ins göttliche Zentrum mündet.

Es ist eine heilende Erfahrung, den Namen Jesu zu wiederholen, wenn man ins Bett geht. Dann schläft man nicht mit negativen Bildern und aufwühlenden Gedanken ein, sondern mit positiven Energien. Während des Schlafs hallt der göttliche Name mit integrativen Schwingungen in der Psyche nach. Wenn man mitten in der Nacht oder am frühen Morgen aufwacht, hört man, wie der Name im Inneren wiederholt wird. Das kann eine zutiefst heilende Erfahrung für die Psyche sein.

Im spirituellen Klassiker *Aufrichtige Erzählungen eines russischen Pilgers* beschreibt ein russischer Bauer, wie die ständige Anrufung »Herr Jesus Christus, erbarme dich meiner« den Pilgerweg seines Lebens zu einer gnadenvollen Erfahrung machte. Den Namen Jesu zu beten gibt der Seele Resilienz, um die Stolpersteine im Leben zu überwinden.

Auf diesem Pilgerweg erkenne ich: ***Ich bin göttlich***.

Alle Dinge werden lauter Gott,
denn in allen Dingen sinnst du nichts als lauter Gott.

Meister Eckhart, Et cum factus esset

In der Liebe, in der Gott sich liebt, darin liebt er alle Geschöpfe mit, nicht aber als Geschöpfe, sondern die Geschöpfe als Gott ... Ich bringe alle Geschöpfe in ihrem geistigen Sein in meine Vernunft, sodass sie in mir eins sind.

Meister Eckhart, Nolite timere

Als ich mit dem Herz betete, erschien alles um mich herrlich und wunderbar, die Bäume, das Gras, die Vögel, die Erde, die Luft, das Licht – als wollten mir alle Dinge sagen, dass sie um des Menschen willen existierten, dass sie die Liebe Gottes für die Menschen bezeugten, dass alles ein Beweis sei für Gottes Liebe, dass alle Dinge Gott anbeten und sein Lob singen.
Ich fühlte eine brennende Liebe für Jesus und für die gesamte Schöpfung.

Aufrichtige Erzählung eines russischen Pilgers, 31,32,41

Durch das Jesus-Gebet erwacht das Bewusstsein zur Gegenwart Christi in der Natur.
Der Kosmos murmelt leise den Namen Jesu.
Es ist eine priesterliche Aufgabe jedes Christen, diese Sehnsucht zu artikulieren, den Namen Jesu über den Elemente der Natur auszusprechen, über Steine und Bäume, über Blüten und Früchte, über Berge und Meere, und so das Verborgene in den Dingen zum Blühen zu bringen, die stille und unbewusste Sehnsucht zur Erfüllung zu führen.

Lev Gillet, The Jesus Prayer, 98

MEDITATION

INNERER RAUM Ich komme zur inneren Stille. Ich werde mir des Pilgercharakters des Lebens bewusst. Damit gehe ich hinaus in die Natur. Ich gehe achtsam durch den Garten oder den Wald. Im Rhythmus der Schritte wiederhole ich den Namen Jesu in einer für mich passenden Form oder mit einem Mantra. Aus der inneren Sammlung heraus betrachte ich die Dinge vor mir: Pflanzen, Blumen, Steine, Schmetterlinge, Hügel, Flüsse ... Jedem einzelnen Geschöpf im kosmischen Tempel spreche ich den Namen Jesu zu. Alles ist durch die dynamische Gegenwart des Logos geschaffen, und der Logos ist in Jesus Christus Fleisch geworden (Joh 1,3.14).

IM HERZEN Allmählich ebbt das Summen ab und ich fühle eine tiefe Verbundenheit mit der Natur im göttlichen Raum des kosmischen Christus. Ich nehme die begnadeten Momente wahr, in denen ich die lebendige Gegenwart Christi in der Schöpfung spüre. »Alles ist in Christus, durch Christus und auf Christus hin erschaffen« (Kol 1,16).

69. Schreiben

Die Praxis des Jesus-Gebets erfordert große Wachheit und Aufmerksamkeit. Um den Verstand auf den Namen Jesu ausgerichtet zu halten, empfiehlt es sich, diese Gebetsform auch im Schreiben zu praktizieren. Man setzt sich an einem ruhigen Ort, bleibt eine Weile in Stille, wiederholt den Namen innerlich und beginnt dann, den Namen Jesu auf Papier zu schreiben. Entweder schreibt man nur den Namen »*Jesus*« oder die Formel, mit der man innerlich betet. Der Verstand folgt dem Schreiben ohne größere Zerstreuung. Während man schreibt, ist man ganz auf den Namen und die Gegenwart Christi, den innewohnenden göttlichen Meister, ausgerichtet. Das Schreiben geschieht in einer Haltung innerer Hingabe. Es soll ein frei fließender Prozess sein, ohne Zwang oder Zielvorgaben. Man sitzt ganz entspannt; die Seele kann sich im Schreiben ausdrücken.

Eine andere Methode, das Jesus-Gebet zu praktizieren, sind Mandalas. Ein Mandala ist ein Bild mit einem Mittelpunkt, der die göttliche Mitte des Lebens symbolisiert. Der Name Jesu könnte in die Mitte geschrieben werden, aus der konzentrische Kreise oder zentrifugale Linien hervorgehen. Um dieses Zentrum herum kann man verschiedene Begriffsbilder/Symbole für Christus aufschreiben: Licht, Weg, Wahrheit, Leben, Brot, lebendiges Wasser usw. So kann man die kosmische Gegenwart Christi meditativ erkunden. Man kann auch neutestamentliche Schlüsselsätze oder Verse, die das Christusbewusstsein ausdrücken, auf das Mandala schreiben.

Bei all diesen Übungen wird der Verstand zunächst auf den Namen Jesu ausgerichtet und dann von der Ego-Fixierung befreit. Während man durch den Bereich der Psyche geht, kann man mit verschiedenen negativen Gefühlen und Versuchungen konfrontiert werden. Der spirituell Suchende vertraut sich Christus als dem inneren göttlichen Meister an, der ihn durch den aufgewühlten Zustand der Psyche leitet. Indem man den Namen Jesu hingebungsvoll anruft oder seinen Namen schreibt, fühlt man sich geführt und kann sich den inneren Blockaden und Schwierigkeiten stellen. In begnadeten Momenten erreicht man *nous/buddhi* und tritt in den Herzensraum ein. Das Summen klingt im kontemplativen Bewusstsein aus, in dem ich erkenne: ***Ich bin göttlich***.

Das Jesus-Gebet ist nicht etwas, was wir selbst wählen – der Geist Gottes führt uns dahin.
Der Geist schreibt den Namen Jesu in feurigen Buchstaben auf unsere Herzen.
Der Name ist eine brennende Flamme in uns.

Lev Gillet, The Jesus Prayer, 103

Kraft der Wiederholung des Namens gewöhnt sich der Geist spontan daran,
sich in eine einzige Richtung zu bewegen.
Die Zerstreuungen nehmen von selbst ab, bald verschwinden sie fast vollständig.
Gewiss ziehen noch Bilder am Himmel der Seele vorüber,
aber sie sind wie jene leichten Wolken, die am Horizont vorbeiziehen, ohne den zu stören,
der auf die Sonne blickt.

Henri Le Saux, Die Gegenwart Gottes erfahren, 90

Obwohl das Jesus-Gebet eine Form des persönlichen Betens ist,
hat es eine gemeinschaftliche Dimension:
Es vereint die Herzen aller, die diese Gebetsform üben,
in einem göttlichen Bund vor dem Herrn.

Johannes Paul II., L'Osservatore Romano, 46/1996

Der Name Jesu ist das Herz des christlichen Betens.

Katechismus der Katholischen Kirche, Nr. 435

MEDITATION

INNERER RAUM Ich komme zur inneren Stille. Ich nehme meinen Leib wahr, meine Atmung, meinen Verstand, meine Psyche und die Bewegung Richtung *nous/buddhi*. Ich summe eine Zeitlang den Namen Jesu in meiner Form. Dann beginne ich, den Namen Jesu zu schreiben, entweder einfach den Namen »*Jesus*« oder die Formel, die ich verwende. Ich lege alle Aufmerksamkeit in den Schreibprozess. Mein Leib und meine Seele, mein ganzer innerer Raum schwingt mit dem Schreiben mit. Das Schreiben ist für mich eine Hilfe, um dem Namen Jesu volle Aufmerksamkeit zu schenken und die innewohnende göttliche Kraft aufzuspüren.

IM HERZEN Ich spüre ins Herz. Ich nehme den begnadeten Moment wahr, wenn das Schreiben spontan aufhört und ich in eine tiefe kontemplative Stille geführt werde. In ihr spüre ich die lebendige Gegenwart Christi in meinem Herzen. Ich komme in Schwingung mit dem göttlichen Energiefeld des Geistes.

70. *Sō-ham*

Wenn das Bewusstsein in die Erfahrung der reinen Präsenz sinkt, bleibt nur das Gewahrsein des EINEN. Die menschliche Seele und der göttliche Geist werden eins: eine totale Durchlässigkeit des Menschen für das Göttliche. Das ist ein Geschenk der göttlichen Gnade, das vielleicht nur eine kurze Weile andauert. Es ist eine universelle Erfahrung, die im Herzen aller Religionen pulsiert. Für die Hindus kann es die Erkenntnis des Shiva-Bewusstseins sein, für die Buddhisten das Erwachen zur Buddha-Natur, für die Sufis kann es das Verschmelzen mit der Immanenz Allahs sein und in der jüdischen Kabbala das Eingehen in das Energiefeld der Sephiroth.

In der christlichen Wahrnehmung erfährt man die Gegenwart Christi im Herzen. »Nicht mehr ich lebe, Christus lebt in mir« (Gal 2,20) – das war die tiefste mystische Erfahrung von Paulus. Dieses lebendige Christusbewusstsein drückt er noch in anderen Worten aus: Christus ist unser *Leben* (Phil 1,21), Christus ist unser *Licht* (2 Kor 4,6), unser Leben ist mit Christus *verborgen in Gott* (Kol 3,3), wir leben das *Leben* Christi (Gal 2,20), Christus ist unsere *Freiheit* (Gal 5,1), Christus ist unser *Gewand* (Gal 3,27), Christus ist die *Erfüllung* unseres Lebens (Kol 2,10). Es geht hier nicht einfach um die Begegnung mit einem statischen innewohnenden Christus, sondern um die Hineinnahme in die dynamische Gegenwart Christi: Wir *wachsen* in Christus hinein (Eph 3,16), wir reifen in die *Fülle* Christi hinein (Eph 4,13), wir werden *erneuert* in Christus (2 Kor 5,17), wir werden in Christus zur *neuen Schöpfung* (Gal 6,15), wir werden in das Bild Christi *verwandelt* (2 Kor 3,18). Wir erkennen, dass wir den ganzen Christus bilden, denn wir sind Glieder am Leib Christi (1 Kor 12,27), Erben Gottes und Miterben Christi (Röm 8,17). Das ist ein mystischer Prozess der *Christifikation* (*Christosis*), der tief im Herzen stattfindet.

Ein klassisches Mantra der vedischen Tradition kann das innere Erwachen zu dieser mystischen Einheit unterstützen: Das Summen von *Sō-ham*. *Sah*: bedeutet Er (Gott); *aham* bedeutet Ich (der Mensch); *sah*: + *aham* = *Sō-ham*, das bedeutet: Ich bin Er: *Ich bin göttlich*. Da im Christlichen das Göttliche als Christus-in-uns erfahren wird, würde das Summen von *Sō-ham* hier bedeuten: Ich lebe das Leben Christi, Christus entfaltet sich in mir, *ich bin Christus*. In der Tiefe des Herzens ist man nicht an ein bestimmtes Christusbild gebunden, sondern schwingt mit dem Geist Christi. Der auferstandene Christus ist der lebenspendende Geist geworden (1 Kor 15,45), in dem ich erkenne: ***Ich bin göttlich***.

Werden wir wie Christus, da Christus gleich uns geworden ist!
Werden wir seinetwillen Götter, da er unsretwegen Mensch geworden ist.

Gregor von Nazianz, Reden, 1.5 (BKV)

Wir sind nicht nur Christen geworden, sondern Christus selbst. Steh fest und staune voll Freude:
Wir sind Christus geworden! Christus spricht in uns, betet in uns, leidet in uns, lebt in uns:
wir sind ER (nos ipse sumus).

Augustinus, Johanneskommentar, 21.8, PL 35,1568.1929

Gott ist Mensch geworden, damit der Mensch Gott werde.

Augustinus, PL 38,1997

Christus wollte sein, was der Mensch ist,
damit der Mensch werden kann, was Christus ist.

Zyprian von Karthago, Tractatus VI. Über Idole

Der Geist bildet uns im Inneren. Da er Licht ist, macht er alle zum Licht.
Da er Leben ist, so teilt er reichlich allen Leben mit.
Und da er Christi Wesens teilhaft ist, so macht er sie auch gänzlich Christus ähnlich.
Ja, zu einem Gott durch Gnade wird er dich gestalten,
dich dem Urbild ähnlich machen.

Symeon der neue Theologe, Hymnus 44

Ein gelassenes Ich wird ein christusförmiges Ich.

Heinrich Seuse, Buch der Wahrheit

Ein jeder Christ ist Christus.

Angelus Silesius, Cherubinischer Wandersmann, 5

MEDITATION

INNERER RAUM Ich komme zu einer tiefen Stille. Ich nehme meinen Leib wahr, meine Atmung, meinen Verstand, meine Psyche und die Bewegung Richtung *nous/buddhi*. Ich wähle eines der Worte von Paulus, das sich auf die dynamische Natur des Christusbewusstseins bezieht. Ich spüre die Gegenwart Christi, die sich in mir entfaltet. Mit jedem Atemzug summe ich das Mantra *Sō-ham*. Beim Einatmen spüre ich das Aufsteigen der Atemenergie entlang der Wirbelsäule und summe innerlich *Sō-*; beim Ausatmen spüre ich das Hinabfließen der Energie und summe *-ham*.

IM HERZEN Ich fühle in das Herz. Allmählich verklingt das Mantra *Sō-ham*. Ich trete in eine tiefe kontemplative Stille ein. Ich nehme die gnadenvollen Momente wahr, in denen ich die dynamische Gegenwart Christi in meinem Herzen und mein Eintauchen in die Gegenwart Christi spüre: *Ich bin Christus*. Die Heilswirklichkeit Christi entfaltet sich in mir.

VIII. Das Mantra

Wenn man den Namen Jesu andächtig für einige Zeit summt, sinkt das Bewusstsein in einen Bereich jenseits von Namen und Formen. Selbst der Name Jesu könnte verschwinden. Nur ein Gespür für die dynamische Gegenwart des Göttlichen bleibt. Das Summen von Mantren kann eine Hilfe sein, zur Dynamik des Geistes zu erwachen. Damit stimmt man sich auf das »Seufzen des Geistes« (Röm 8,26) jenseits aller Worte ein. Mantren bringen die Seele in Resonanz mit den Schwingungen des Geistes. In diesen Meditationen spürt man das Durchströmen des *Atems Gottes* im Leib, und im Einklang damit summt man das Mantra OM. Es vertieft das Bewusstsein zur mystischen Ver*ein*igung und erweitert es zu einer kosmischen *Einheit*. Man spürt, dass das Leben sich aus dem innertrinitarischen Tanz heraus entfaltet. Göttlichwerdung ist die Erfahrung, ständig aus dem Göttlichen geboren zu werden und das Göttliche in die Welt hinein zu gebären. Schließlich erwacht man zur puren Präsenz des Göttlichen.

71. Das Seufzen des Geistes
72. Das Göttliche als Schwingung
73. Mantra
74. Mantra OM: Schwingung im Herzen
75. Mantra OM: Kosmische Schwingung
76. Mantra OM: Stille – Klang – Stille
77. Beziehung – Teilhabe – Vereinigung
78. Perichorese
79. Gottesgeburt
80. Pure Präsenz

71. Das Seufzen des Geistes

Paulus macht im Römerbrief (Röm 8,26–27) eine sehr treffende Bemerkung über kontemplatives Beten. Normalerweise beten wir auf der Verstandesebene und benutzen dabei viele Worte. Paulus sagt, das sei nicht die Weise, in der wir beten sollen. Vielmehr sollten wir uns dem Geist anvertrauen, der »auch die Tiefen Gottes ergründet« (1 Kor 2,10) und uns auf eine Ebene jenseits der Worte führt. Der »Geist betet mit unaussprechlichem Seufzen« (*stenagmois*). Seufzen ist ein spontaner Ausdruck tiefer Gemütsbewegungen. Die Sprache des Herzens ist nicht die der Worte, sondern der Stille, nicht der Reflexion, sondern der Intuition. Sie ist ekstatisch und unmittelbar, nicht durch Worte und Bilder vermittelt.

Normalerweise entsteht unser Gebet in der dualen Struktur des Verstandes; aber die Kontemplation, begnadet durch den Geist, entwickelt sich aus einer Einheitserfahrung im Herzen. Hier erkennen wir, dass der Gott, zu dem wir zu beten versuchen, in Wirklichkeit der Gott ist, der in uns betet: Gott ist nicht nur das *Objekt uns gegenüber* im Gebet, sondern das *Subjekt in uns*, nicht nur eine Person, der wir begegnen, sondern die Präsenz, die sich im Herzen entfaltet: Gott als Geist (*pneuma*). Mit dem übermäßigen Gebrauch von Worten bleiben wir in uns selbst stecken; mit den »Seufzern, die zu tief für Worte sind« werden wir auf die göttlichen Schwingungen im Herzen eingestimmt. Dann erkennen wir, dass wahres Gebet »im Geist und in der Wahrheit« (Joh 4,24) entsteht, in einer vollkommenen Offenheit (*aletheia*) für die inneren Bewegungen des göttlichen Geistes.

Das formelle Gebet findet auf der Verstandesebene statt, Meditation ist der innere Weg vom Verstand zur Intuition. Kontemplation entsteht im Herzen. Das Gebet hat eine horizontale Ich-Du-Struktur, Meditation ist ein vertikaler Prozess, Kontemplation ist eine spiralförmige Bewegung im Herzen. Im kontemplativen Gewahrsein werden wir zu einer Ebene jenseits von Verstand und Worten geführt, weit entfernt von einer dualen Struktur. Hier erfahren wir, dass wir zur Familie Gottes gehören, mit dem gnadenvollen Recht, »*Abba, Vater!*« zu rufen (Röm 8,15). Das Bewusstsein sinkt zur kontemplativen Wahrnehmung, in der ich erkenne: ***Ich bin göttlich***.

Das einzige wahre Gebet ist das, bei dem man nicht mehr weiß, dass man betet.

Anthonius der Einsiedler

Worte über das Göttliche sind umso vollkommener, je weniger verständlich sie sind.

Gregor von Nazianz, Orationes, 28.21, PG 36,53

All unsere Begriffe über Gott sind nur Götzenbilder, die gemäß den Zehn Geboten verboten sind.

Gregor von Nyssa, De vita Moysis

Wenn du Gott erkennst, ist es nicht mehr Gott! (Si comprehendis, non est Deus.)

Augustinus, PL 8,663

Wenn jemand Gott gesehen hat und verstanden hat, was er gesehen hat, bedeutet das, dass er nicht Gott gesehen hat.

Dionysios Areopagita, Epistulae, 1

... dass man erkennt, dass man Gott nicht erkennen kann (se Deum nescire).

Thomas von Aquin, De Potentia, 7.5. ad14

Solange du dich noch mit deinen Gedanken beschäftigst, so einfach sie auch sein mögen, bist du noch weit von Gott entfernt.

Evagrios Pontikos, Über das Gebet, 55

MEDITATION

INNERER RAUM Ich komme zu einer tiefen Stille. Ich fühle das Durchströmen der Atemenergie (*prānah*) im Leib: Gottes Atem atmet in mir; der göttliche Geist ist der göttliche *Atem*. Ich werde mir des Unterschieds zwischen dem reflektierenden Verstand und der intuitiven Wahrnehmung bewusst. Der Verstand erschafft statische Gottesbilder, aber das Herz schwingt mit der Dynamik des Geistes. Ich spüre, wie das Bewusstsein vom Verstand zum Herz sinkt.

IM HERZEN Ich spüre ins Herz. Ich nehme die begnadeten Momente von Stille und Leere wahr: einfach da sein, ganz der Gegenwart gegenwärtig. Der göttliche Geist reicht tiefer und drückt sich durch Seufzer, zu tief für Worte, aus. Ich versuche, in die Tiefe zu lauschen und die Bewegungen des Geistes wahrzunehmen. Kraft der göttlichen Gnade wird die Seele in das Energiefeld des Geistes geführt. Die Seele tanzt zur Melodie des Geistes. Der Mensch und das Göttliche verschmelzen in der Symphonie der Göttlichwerdung.

72. Das Göttliche als Schwingung

Der Geist ist die göttliche Gegenwart, die wir kontemplativ im Herzen wahrnehmen. Der Begriff »*Geist*« weist auf die dynamische Natur der göttlichen Gegenwart hin. Das hebräische *ruach*, das griechische *pneuma* sowie das lateinische *spiritus* bedeuten Atem, Wind, Schwingung, Bewegung (Joh 3,8).

Die Dreifaltigkeit ist ein anderes Symbol, das wir verwenden, um das Göttliche zu bezeichnen: Gott ist Vater-Sohn-Geist. Das sind nicht drei Individuen, sondern drei *Personen* in einer tiefen dynamischen Beziehung (vgl. Kapitel 47). Um die innertrinitarische Beziehung zu beschreiben, verwenden die Kirchenväter Begriffe wie *circumincessio* (sich gegenseitig durchdringen) und *perichorese* (zusammen tanzen). Alle diese Ausdrücke verweisen auf die dynamische Wechselbeziehung innerhalb der Dreifaltigkeit. Das Göttliche ist keine statische Wesenheit, sondern eine dynamische Wirklichkeit, kein in sich abgeschlossenes Wesen, sondern eine sich selbst ausgießende Gegenwart, nicht *unus/ēkah*, sondern *unum/ēkam* (vgl. Kapitel 52).

Kirchenväter wie Tertullian, Origenes, Hippolyt von Rom und Ambrosius von Mailand verwendeten poetische Bilder für die Dreifaltigkeit: Wie eine verborgene Quelle gießt sich der Vater in den Sohn aus durch das Strömen des Geistes (vgl. Kapitel 46). Der Vater ist wie die verborgene Wurzel, die sich im Sohn als Stamm entfaltet durch den Lebenssaft des Geistes (vgl. Kapitel 45). Der Vater ist wie die Sonne, die den Sohn als Lichtstrahl aussendet und die Wärme des Geistes schenkt (vgl. Kapitel 41). Alle diese poetischen Bilder deuten auf die innere Dynamik des Göttlichen hin. Das Göttliche ist Tanz, Bewegung, Schwingung, sich selbst entfaltende Gegenwart.

Auch andere Bilder sprechen vom Göttlichen als Bewegung: Gott ist Liebe, Licht, Leben, Wahrheit. Liebe ist die Dynamik der Selbsthingabe. Licht ist ausstrahlende Schwingung. Leben ist das, was Wachstum fördert. Wahrheit bedeutet völlige Offenheit (*aletheia*) auf die Horizonte des Unendlichen hin.

In tiefer Kontemplation erfahren wir nicht eine statische innewohnende Gegenwart Gottes im Herzen, sondern die sich selbst ausströmende Dynamik des Göttlichen als Geist. Die Seele schwingt mit dem Geist, geht in Resonanz mit dem Geist, bewegt sich im Geist, taucht in den Geist ein. Mystische Einheit ist die Erfahrung, auf die göttliche Schwingung eingestimmt zu werden, in der ich erkenne: ***Ich bin göttlich***.

Erkenne dadurch, dass du nichts erkennst! Versinke in das Dunkel, das in Wahrheit mystisch ist, alles zu Wissende hinter dir lassend, und gelange in das ganz Unfassbare und Unsichtbare.

Dionysios Areopagita, Mystische Theologie

Einerseits ist Gott das überwesenhafte Wesen,
unsagbar und unbegreiflich, beziehungslos und unteilhabbar;
anderseits ist er das Wesen der Seienden,
das Leben des Lebenden, die Weisheit der Weisegewordenen
und überhaupt aller irgendwie Seienden Sein und schöpferische Kraft.
Unteilhabbar und teilhabbar ist also derselbe Gott.
Überall ist also Gottes Wesen;
denn der Geist, heißt es, erfüllt das All nach dem Wesen ...
Es gibt zwischen dem unteilhabbaren Wesen und den Teilhabenden etwas,
wodurch diese an Gott teilhaben.
Es gibt also etwas zwischen den Gewordenen und jener unteilhabbaren Überwesenheit:
Es sind Energien jener Überwesenheit,
welche allein und einiglich in sich
das Gesamt des Teilhabbaren voraus- und zusammenfasst.

Gregor von Palamas, Verteidigung der heiligen Hesychasten

Was im Göttlichen geschieht, ist eine fließende Bewegung,
ein radikales Bezogensein aufeinander,
eine vollkommene Verbundenheit unter den Drei –
ein Kreistanz der Liebe. Gott ist Tanz (perichoresis).

Richard Rohr, Der göttliche Tanz, 27

MEDITATION

INNERER RAUM Ich komme zu einer tiefen Stille. Ich spüre das Durchströmen der Atemenergie (*prānah*) im Leib. Ich fühle meinen Leib als eine fließende Wirklichkeit. Ich erkenne, dass nicht nur mein Leib, sondern der gesamte Kosmos in einem ständigen Fluss ist: Nichts ist statisch, alles bewegt sich. Die Wirklichkeit ist Schwingung. Der Verstand neigt dazu, die Dinge als statisch zu betrachten; *nous/buddhi* aber nimmt die dynamische Natur der Wirklichkeit wahr.

IM HERZEN Ich spüre die begnadeten Momente, in denen mein *nous/buddhi* die dynamische Natur des Göttlichen wahrnimmt. Ich spüre die göttliche Gegenwart als Bewegung, die sich spiralförmig aus dem Herzen ausbreitet. Im Herzen, dem inneren Raum des mystischen Bewusstseins, gibt es nur Schwingung. Ich werde mir der göttlichen Dynamik bewusst, die mir tiefere Einsichten über den Geist schenkt. Die Seele schwingt mit dem Geist, mein wahres Selbst kommt in Resonanz mit dem göttlichen Selbst. Ich entdecke meine wahre Identität im göttlichen Strom des Lebens.

73. Mantra

Um sich auf die göttliche Schwingung im Herzen einzustimmen, empfehlen die Weisen die Verwendung von Mantren. Ein Mantra ist kein Wort, sondern ein Klang. Ein Mantra liefert keine begriffliche Bedeutung auf der Verstandesebene, sondern erzeugt Schwingungen im Herzensraum. Durch das disziplinierte Wiederholen eines Mantras wird das Bewusstsein auf die göttliche Melodie im Kosmos eingestimmt. Ein Mantra hat eine ureigene Kraft in sich, intuitive Erkenntnisse, emotionale Komponenten und kosmische Assoziationen aufzuwecken.

Wirklichkeit ist Schwingung, Materie ist Energie, wir leben in einem sich ausdehnenden Kosmos, nichts ist statisch, alles ist in Bewegung, die Natur um uns herum ist ein sich ständig entwickelnder Prozess – das sind bedeutende Erkenntnisse der modernen Physik. Die vedischen Seher gingen davon aus, dass der gesamte Kosmos durch die Kraft von *Rta* (Urdynamik) in Bewegung gesetzt wird. Die chinesischen Meister nahmen wahr, dass das Durchströmen von *Tao* (Weg) alles in kosmischer Harmonie hält. Der erwachte Buddha erkannte *Śūnyata* (Schwingung) als die dynamische Natur der Wirklichkeit.

Wenn die gesamte Wirklichkeit Schwingung ist, dürfen wir das Göttliche als die Urschwingung, den Urantrieb, als die lebendige Quelle der Schöpfung betrachten: nicht *motor immobilis* (unbewegter Beweger), sondern *motor movens* (bewegender Beweger). Die Dynamik des göttlichen Geistes schwingt in jedem Atom, pulsiert in jeder lebendigen Zelle, erleuchtet das menschliche *nous / buddhi* und erschafft alles neu. Ein Mantra ist ein mystischer Klang, durch den man auf diese Dynamik des Geistes in der sich entfaltenden Schöpfung eingestimmt wird. Ein Mantra ist ein Mittel, wodurch der Verstand transzendiert wird (*mananāt trāyatē iti mantra*).

Die klassischen Mantren haben eine innewohnende Kraft (*mantravīrya*), die durch das regelmäßige Wiederholen freigesetzt und durch Askese und Disziplin unterstützt wird. Ein Mantra ist eine *sakramentale* Wirklichkeit, da es einen göttlichen Ursprung hat und seine Wirksamkeit daher nicht nur von der menschlichen Disziplin, sondern auch von der göttlichen Gnade abhängt. Indem wir ein Mantra in einer rezeptiven Haltung summen, machen wir uns durchlässig für das Einströmen der göttlichen Energie. Durch die Praxis der Mantra-Meditation sinkt das Bewusstsein in die kontemplative Stille des Herzens. In dieser Stille erkenne ich: ***Ich bin göttlich***.

Ein Mantra ist eine Lautoffenbarung des Göttlichen
und ist gekennzeichnet durch pures Bewusstsein.
Lakshmi, Tantra des Hinduismus, 18,45

Wenn der Geist einmal so fixiert und beständig ist,
immer spontan und ohne besondere Anstrengung,
so kann er nicht anders, als sich auf seine Mitte auszurichten (concentrare).
Das Aussprechen des Mantra wird wahrscheinlich seinen Geist
immer weniger an den etymologischen oder ursprünglichen Sinn der Worte erinnern.
Die Seele ist in einem Prozess,
von der materiellen Bedeutung des Wortes
zur Wahrnehmung seines tiefen und wesentlichen Sinnes fortzuschreiten;
von dem begrenzten Aspekt des göttlichen Mysteriums,
den jeder Name und auch das Wort Gott selbst auszudrücken versucht,
zu der Unendlichkeit des Mysteriums selbst
jenseits aller Namen und Formen.
Schließlich fühlt sich der Geist des Menschen vom Geist Gottes hinweggetragen
und er versinkt in eine Art wachenden Schlaf,
in dem jede Erinnerung und jeder besondere Gedanke verschwinden.
Henri Le Saux, Die Gegenwart Gottes erfahren, 90

MEDITATION

INNERER RAUM Ich komme zu einer tiefen Stille. Ich spüre, dass ich mit allen Wesen tief verbunden bin in dem einen kosmischen Strom der Atemenergie (*prānah*). Ich atme durch alle Wesen; alle Wesen atmen durch mich. Diese Lebensenergie entspringt aus einer göttlichen Quelle. »Es ist Gott, der allen Wesen Leben und Atem und alles schenkt« (Apg 17,25). Ich spüre, wie das Bewusstsein vom Verstand zu *nous/buddhi* sinkt und damit die Wahrnehmung der Lebensdynamik des Kosmos ermöglicht.

IM HERZEN Durch *nous* spüre ich ins Herz. Ich fühle die göttliche Gegenwart, die sich spiralförmig aus meinem Herzen ausbreitet. Ich erkenne, dass die göttliche Schwingung, die ich im Herzen spüre, die göttliche Dynamik im gesamten Kosmos ist. Das Herz schwingt mit dem ganzen Universum. In begnadeten Momenten spüre ich ein erweitertes kosmisches Bewusstsein, ein dynamisches Einssein mit allen Wesen. Im göttlichen Strom der Liebe ist alles tief mit allem anderen verbunden. Ich fühle, wie sich mein spirituelles Herz in immer weitere Horizonte ausdehnt. Ich bin zur kosmischen Dimension der Göttlichwerdung erwacht.

74. Mantra OM: Schwingung im Herzen

Von allen Mantren ist OM das Urmantra. Es besteht aus der Kombination von drei Lauten: A, U und M (Mand. Up. 8). *A* ist der erste Laut, den wir im Bereich des Kehlkopfs erzeugen, *M* ist der letzte Laut, der bei den Lippen entsteht; *U* ist der mittlere Laut. Das vierte Element (*pāda*) ist der brummende Ton *mmmm* ... , der in tiefe Stille übergeht (Mand. Up. 2). Daher bedeutet AUM – ausgesprochen als OM – Gesamtheit, Fülle, die alles durchdringende Gegenwart des Göttlichen. OM ist ein klangliches Symbol des Göttlichen, das alles durchdringt und umfasst und alles in EINS verwandelt (Praśna Up. 5.5).

Mit der meditativen Wiederholung von OM sinkt das Bewusstsein vom mentalen über den psychischen zum intuitiven Bereich und schließlich ins Herz. Von *A* über *U* zu *M*, vom Wachzustand (*jāgrit*) über den Traumzustand (*swapna*) zum intuitiven Gewahrsein (*sushupti*) (Mand. Up. 4–11). Es ist ein Übergang von der Dualität zur Einheit; schließlich geht das Summen von OM in die lebendige Stille des Herzens über, wo der Ton für eine Weile nachklingt. Das menschliche Selbst wird auf das göttliche Selbst eingestimmt, die Seele geht mit den göttlichen Schwingungen des Geistes in Resonanz. »OM ist Brahman« (Maitri Up. 6,3; Kath. Up. 2.16).

Das Summen von OM mit den drei Lauten wirkt dort integrierend, wo auch die Wirklichkeit triadisch ist: Leib–Seele–Geist, mental–psychisch–intuitiv, Bewusstes–Unbewusstes–Metabewusstes, Wort–Bedeutung–Resonanz, interpersonal–intrapersonal–transpersonal, Gebet–Meditation–Kontemplation, Erde–Atmosphäre–Ätherischer Raum, kosmisch-menschlich-göttlich, Vergangenheit–Gegenwart–Zukunft. Die dem Mantra innewohnende Kraft (*mantravīrya*) wird nicht auf der Verstandesebene, sondern durch *buddhi* im Herzen erfahren. Am Ende sitzt man in einer empfangenden Haltung in tiefer Stille; das ist Gnade.

Das alles durchdringende Göttliche entfaltet sich durch den Logos, und der Logos »ist Fleisch geworden« in Jesus Christus. OM als die klangliche Selbstentfaltung des Göttlichen (*śabdabrahma*) könnte als die Klangmanifestation des göttlichen Logos aufgefasst werden. Durch ein kontemplatives Summen von OM erwache ich zur Erkenntnis: ***Ich bin göttlich***.

Es gibt zwei Bezeichnungen für Brahman: das Wort und die Stille. Durch das Wort wird die Stille geoffenbart. Dieses Wort ist OM. So wie eine Spinne an ihrem Faden aufsteigt und in den freien Raum gelangt, ebenso steigt der Meditierende mit der Silbe OM auf und erlangt die vollkommene Freiheit.

Maitri Up. 6,22

OM ist Brahman, OM ist all dies.
(Om iti Brahma, Om iti idam sarvam).

Tait. Up. 1,8

Meditiere über den Atman mit der Silbe OM.

Mund. Up. 2.2.6

Die Silbe OM ist der Bogen, der Pfeil ist das Selbst, Brahman wird das Ziel genannt.
Ohne Verwirrung sollst du es treffen, so wie der Pfeil werde eins mit ihm.

Mund. Up. 2.2.4

OM ist wie ein Floß, mit dem man das andere Ufer
des Herzensraums erreicht und zu Brahman gelangt.

Maitri Up. 6,28

Wenn man den eigenen Leib zum unteren Reibholz macht und die Silbe OM zum oberen,
so kann man durch die Übung der Meditation, die wie das Reiben der Hölzer das Feuer hervorruft,
Gott schauen als den Verborgenen.

Swet. Up. 1,14

OM ist das Erwachen jedes Menschen zum Mysterium seines eigenen Herzens, zu jenem Mysterium,
das die Bewegung in der Natur enthält,
indem es in jedem Punkt des Raumes und der Zeit
seinen Ursprung und sein göttliches Ziel offenbart.

Henri Le Saux, Die Gegenwart Gottes erfahren, 97–98

MEDITATION

INNERER RAUM Ich komme zu einer inneren Stille. Mit jedem Einatmen spüre ich das Aufsteigen der Atemenergie (*prānah*) entlang der Wirbelsäule und mit jedem Ausatmen den abwärts fließenden Atemstrom und weiter im ganzen Leib. Im Fluss des Atemstroms summe ich OM mit jedem Ausatmen. Ich fühle die OM-Schwingung im Leib.

IM HERZEN Allmählich ebbt das Summen ab und geht in eine lebendige Stille über. Ich nehme den stillen Klang von OM im Herzen wahr. Das Bewusstsein schwingt mit dem göttlichen Geist. In dieser vibrierenden Stille nehme ich die Dynamik der göttlichen Gegenwart wahr, die aus den Tiefen meines Herzens aufsteigt und mich göttlich werden lässt.

75. Mantra OM: Kosmische Schwingung

Die Schwingung von OM ist nicht nur im Herzensraum zu spüren, sondern auch im Kosmos, nicht nur in der Einheit zwischen dem menschlichen Selbst und dem göttlichen Selbst, sondern auch in der Beziehung zur gesamten kosmischen Wirklichkeit. Wir leben in einem sich ausdehnenden Kosmos; die göttliche Wirklichkeit, die diese kosmische Ausdehnung vorantreibt, wird als OM wahrgenommen. Daher bezeichnet OM die dynamische Gegenwart des Göttlichen, die in jedem Atom schwingt und in jeder Zelle pulsiert. »All dies ist OM« (Chand. Up. 2.23.2 im Buch: 2.23.3; Mand. Up. 1.).

OM ist der Ausdruck des schöpferischen Klangs (*vac*) des Göttlichen. In und durch OM entsteht und entfaltet sich der gesamte Kosmos. OM bezeichnet die göttliche Lebensenergie in allem: »OM ist Brahman, OM ist das ganze Universum« (Tait. Up. 1.8; Praśna Up. 5.2). Wenn man mit dem Summen von OM in den Herzensraum gelangt, betritt man eigentlich das Herz des Universums. Je tiefer man in das Herz eintaucht, umso intensiver erkennt man die Verbundenheit aller Wesen in dem EINEN. Tatsächlich ist das Herz »kleiner als das kleinste Atom« und gleichzeitig »größer als das Universum« (Swet. Up. 3.20). Durch die kosmische Schwingung von OM wird die tiefe Entsprechung zwischen der mikrokosmischen Innenschau und der makrokosmischen Wahrnehmung erfahrbar. Man erkennt das eigene Selbst als das Selbst von allem (*sarvabhūtātma bhūtātma*, Bh. Gita 5,7).

Alles wurde durch den göttlichen Logos geschaffen (Joh 1,3). Logos ist das Leben aller Dinge und das Licht der Menschen (Joh 1,4). Durch das Summen von OM erfährt man kein statisches Innewohnen Gottes, sondern ein dynamisches Durchströmen des göttlichen Logos, die verwandelnde Schwingung des göttlichen Geistes. Wenn man *intro*spektiv (nach *innen* schauend) in das Herz geht, erwacht man *extro*spektiv (nach außen schauend) aus der irdischen Ebene (*bhūh*) durch den ätherischen Raum (*bhuva*) zum Astralbereich (*swaha*) (Mand. Up. 9–11). Mit OM kommt man mit der göttlichen Schwingung in allen Wesen in Resonanz. Der ganze Kosmos durchlebt die Geburtswehen einer neuen Schöpfung, die auf die Teilhabe an der Freiheit der Kinder Gottes wartet (Röm 8,19–23). Durch das Summen von OM wird man auf diese göttliche Dynamik des neuen Seins eingestimmt. In tiefer Verbundenheit mit der Schöpfung erkenne ich: ***Ich bin göttlich***.

Das alles ist OM. OM ist die göttliche Gegenwart, als innerer Antrieb (antaryāmin) *präsent in allen Dingen. Alles entsteht daraus.*
Mand. Up. 6

Wie die Blätter vom Stamm belebt und getragen sind, ebenso werden alle Worte (sarva vāk) *vom OM belebt und getragen. Dies alles ist OM* (idam sarvam).
Chand. Up. 2.23.3

OM ist sakral, OM ist das Höchste. Wenn man OM erkennt,
erreicht man alles im Leben.
Maitri Up. 6.4

Das OM, das im Geräusch der vom Wind bewegten Blätter ertönt,
das OM, das im Sturm braust und das im Wind rauscht,
das OM, das in dem wilden Strom tobt, und das sanfte Rauschen des Flusses, der still zum Meer fließt;
das OM der Gestirnbahnen im Weltraum und das OM, das im Kern des Atoms dröhnt
und das im Gesang der Vögel erklingt, das im Schrei der wilden Tiere des Waldes ausbricht;
das OM des Lachens der Menschen und das ihres Weinens,
das OM, das in ihren Gedanken und in ihren Wünschen mitschwingt.
Henri Le Saux, Die Gegenwart Gottes erfahren, 98

MEDITATION

INNERER RAUM Ich komme zu einer inneren Stille. Bei jedem Einatmen spüre ich den aufsteigenden Strom der Atemenergie (*prānah*) entlang der Wirbelsäule und mit jedem Ausatmen den abwärts fließenden Atemstrom im Leib. Mit jedem Einatmen spüre ich, wie die göttliche Energie aus dem Kosmos in mich einströmt; mit jedem Ausatmen summe ich OM und spüre, wie die göttliche Energie meinen Leib durchdringt und sich darüber hinaus ausbreitet. Ich fühle mich wie ein transparentes Medium, durch das der göttlich-kosmische Energiestrom fließt, wie ein klarer Kristall im Sonnenlicht.

IM HERZEN Allmählich ebbt das Summen ab und geht in eine lebendige Stille über. Ich nehme den stillen Klang des OM im Herzen wahr. Die Seele wird durch die Gnade in den Energiestrom des göttlichen Geistes gezogen. Ich fühle eine tiefe Verbundenheit mit allen Wesen, ein Gefühl der Geschwisterlichkeit mit allen Geschöpfen. Die Kraft der Liebe, die aus der göttlichen Tiefe aufsteigt, strömt als Barmherzigkeit aus meinem Herzen. In der Erfahrung der Göttlichwerdung gibt es kein Innen und Außen.

76. Mantra OM: Stille - Klang - Stille

OM als der göttliche Klang tritt aus der ewigen Stille des Göttlichen hervor, entfaltet sich in schöpferischen göttlichen Schwingungen und kehrt wieder in die göttliche Stille zurück. Auch das Summen von OM entsteht aus einer tiefen kontemplativen Stille, geht in den pulsierenden Klang über und mündet wieder in die Stille des Herzens. Die göttliche Kraft, die in der kontemplativen Stille schlummert, entfaltet sich im OM-Summen und erzeugt Schwingungen. Wenn man mit OM meditiert, erlebt man einen ständigen Wechsel zwischen Stille und Klang.

Das Summen von OM fängt bei den Sinnen an: Man beginnt damit, das Mantra einige Zeit lang hörbar zu summen. Allmählich wird der Klang leiser und man summt OM innerlich. Dies ist eine sehr effektive Weise, den zerstreuten Verstand auf die inneren Schwingungen zu lenken. Nach und nach schwingt das Mantra in der Psyche und ordnet die verschiedenen Elemente des Unterbewusstseins neu. Der brummende Ton *mmmm* am Ende von OM verlängert sich, wenn die Versenkung *nous / buddhi* erreicht.

Kraft der göttlichen Gnade sinkt das Bewusstsein in das spirituelle Herz, und das Summen verklingt in tiefer Stille. Nur eine Schwingung von OM kann noch eine Weile nachklingen. Dann verschwindet auch das. Es tritt eine tiefe kontemplative Stille ein, die Stille des Eins-in-dem-EINEN: Die Seele vereinigt sich mit dem Geist. Das Göttliche entfaltet sich durch den Menschen: vollkommene Durchlässigkeit, eine Gott-Mensch-Symphonie, eine ekstatische Erfahrung der Göttlichwerdung des Menschen, ein dynamisches EINSsein in purer Präsenz. Solch ein mystischer *Durchbruch* (Meister Eckhart) führt zur Vertiefung und Erweiterung des Bewusstseins: Innenschau und Verwandlung zugleich.

Der unruhige Verstand wird bald die Aufmerksamkeit aus dem Herzen nehmen und sie an die Oberfläche des Bewusstseins zurückbringen. Dann hilft es, das Summen von OM wieder aufzunehmen, um zurück ins Herz zu gelangen. Die Meditation beginnt immer wieder von vorn. Man darf die spirituelle Disziplin nicht aufgeben, die das innere Sein für das Wirken der Gnade sensibilisiert. Im Prozess der OM-Meditation erkenne ich: ***Ich bin göttlich***.

Nie beim Begriffenen stehenbleiben,
sondern ruhelos immerdar nach dem Mehr-als-Begriffenen suchen.
Nicht im Begreifen wird die Größe der göttlichen Natur einsichtig,
sondern im Entgleiten aus jedem zugreifenden Vorstellungsbild und jedem Vermögen.

Gregor von Nyssa, Kommentar zum Hohelied, 5,6–11

Der eine Gott bekundete sich durch seinen Sohn Jesus Christus, der sein Wort ist,
das aus dem Schweigen heraus kam.

Ignatius von Antiochien, An die Magnesier VIII.1, PG 5,669

Ein OM, das aus dem Schweigen des Vaters ausgegangen ist
und sich im Schweigen des Geistes verliert,
sich aber gewissermaßen in seiner Mitte öffnet, um von Wort gesagt zu werden.
Ein OM, das gleichzeitig die ganze Bewegung des Göttlichen zu sich hin
und die ganze Ruhe des Göttlichen in sich besingt.
OM – das ist der Aufgang des Seins im Vater, Sat.
OM ist das Erwachen des Seins zu sich im Sohn, Chit.
OM ist das Erschauern am Ende des Klangs dieser Silbe,
das den Geist in Gott und in der Schöpfung versinnbildet, Ānanda.
Ich bin das OM, das der Vater durch den Sohn im Geist spricht,
das OM, das die unendliche Dynamik Gottes in mir ausdrückt.

Henri Le Saux, Indische Weisheit, 213–214

MEDITATION

INNERER RAUM Ich komme zu einer inneren Stille. Mit jedem Ausatmen summe ich OM und spüre die göttliche Energie, die meinen Leib durchströmt. Das Bewusstsein sinkt vom Verstand durch *nous/buddhi* ins Herz. Langsam geht das Summen in eine innere Stille über. Die Stille wird zunehmend dichter und reiner. Ich werde vom Geist in das Herz geführt.

IM HERZEN Im Herzen spüre ich die Gegenwart des göttlichen Geistes als Schwingung. Kraft der Gnade wird die Seele in den Energiestrom des Geistes aufgenommen. Aus dem Inneren der göttlichen Stille kann OM noch mal in zarter Weise auftauchen und nach einer Weile verklingen. Ich lasse mich von diesem Wechsel erfassen, der aus der Dynamik des Göttlichen kommt. Mein wahres Selbst schwingt mit dem göttlichen Geist und erwacht zum Prozess der Göttlichwerdung.

77. Beziehung - Teilhabe - Vereinigung

Die Göttlichwerdung ist ein unbeschreiblicher Prozess. Es ist die Resonanz des menschlichen Geistes im göttlichen GEIST, die Schwingung des göttlichen GEISTES im menschlichen Geist. Da es sich hierbei nicht um eine statische Erfahrung, sondern um einen dynamischen Prozess im Herzensraum handelt, gilt es, auf drei Akzente zu achten:

1. **Beziehung**: Die Seele erfährt das Göttliche auf eine sehr feine Weise als Du. Auf der mentalen Ebene begegnet man Gott als Du mit Namen und Formen. Solche äußerlichen Elemente verschwinden hier im Herzen. Dennoch bleibt eine subtile Polarität zwischen der Seele und dem Göttlichen. Das ist wie die Beziehung zwischen einem Ast und dem Stamm eines Baumes: Verschieden, aber nicht getrennt (*distincti, non separati*), unterschiedlich, und doch EINS. Eine verfeinerte Liebe zwischen dem Menschen und dem Göttlichen (Joh 15,9) ist die Gnade dieser Erfahrung (*bhakti*).

2. **Teilhabe**: Die Seele und das göttliche Du treten ineinander ein. Das menschliche Selbst erfährt sich als ein Teil des Göttlichen. Es gibt eine wechselseitige Durchdringung (*perichorese*): Der Mensch erwächst aus dem Inneren des Göttlichen; das Göttliche entfaltet sich durch den Menschen. Auch das kann man am Baum sehen: Jeder Ast wächst aus dem Inneren des Stammes heraus; der Stamm entfaltet sich durch die Äste. Teilhabe an der göttlichen Natur (2 Petr 1,4) ist die Gnade dieser Erfahrung (*jnāna*).

3. **Vereinigung**: Die Seele und das göttliche Du vereinigen sich ineinander: Sie sind nicht zwei, nicht eins, und doch EINS. Das menschliche Selbst ist vollkommen durchlässig für das göttliche Selbst, die Seele ganz durchlichtet durch den Geist. Auch hier kann man auf den Baum schauen. Der ganze Baum ist eins: eine lebendige Einheit. Der eine lebenspendende Saft fließt durch den gesamten Baum und macht ihn zu *einer* einzigen Wirklichkeit. Ein dynamisches EINSsein mit dem Göttlichen (Joh 17,21–23) ist die Gnade dieser Erfahrung (*advaita*).

Im Prozess der Göttlichwerdung kann es einen ständigen Wechsel von einer Dimension zur anderen geben. Im Herzen dringt der Geist tiefer, um die tiefste Erkenntnis zu ermöglichen: ***Ich bin göttlich***.

Die geheilte Seele wird vergöttlicht durch den geistigen Aufstieg.
Der Aufstieg des Moses auf den Berg Sinai ist dafür ein Bild.
Philo von Alexandrien, Zu Exodus 24,12

Cyrill von Alexandrien spricht vom
»Aufstieg zur mystischen Vereinigung« (eis enoteta ten mystiken).
In Joannem, 1.9.96c

Es ist ein- und dieselbe Erfahrung,
am Heiligen Geist Anteil zu haben,
der eigentlich der Geist des Vaters und des Sohnes ist:
das Wesen der Dreifaltigkeit ist EINS.
Jeder Mensch braucht die Teilhabe an der Dreifaltigkeit.
Origenes, De Principiis, 4.1.32

Der Mensch, der sich an Gott annähert, soll selbst göttlich werden (theous ginestai).
Gregor von Nyssa, De Oratione Dominica, 5

Das Innere Selbst ist so verborgen wie Gott und entzieht sich wie Gott jedem besitzergreifenden Zugriff.
Es ist das Leben, das nicht ergriffen und wie ein Objekt analysiert werden kann.
Eine normale geistige Erfahrung gibt in ihrer Tiefe nur einen abgeleiteten Eindruck vom inneren Selbst.
Sie erinnert nur an die verschütteten Tiefen der Innerlichkeit unserer geistlichen Natur
und an unsere Hilflosigkeit, sie zu erforschen.
Thomas Merton, The Inner Experience

MEDITATION

INNERER RAUM Ich komme zu einer inneren Stille. Mit jedem Ausatmen summe ich OM und fühle die göttliche Energie, die meinen Leib durchströmt. Das Bewusstsein sinkt vom mentalen Bereich durch *nous/buddhi* in mein Herz. Ich nehme das Symbol des Baumes auf und fühle die dreifache Dimension im Verhältnis zwischen Ast und Stamm: Beziehung (verschieden, aber nicht getrennt), Teilhabe (gegenseitige Durchdringung) und Vereinigung (dynamisches Einssein). Ich spüre, wie das Durchströmen des Lebenssaftes alle drei Dimensionen belebt.

IM HERZEN Langsam sinkt das Bewusstsein ins Herz. Intensiv spüre ich den brummenden Klang von OM*mmm*, der in meinem Herzensraum widerhallt. Ich nehme den Wechsel der drei Dimensionen wahr, von einer zur anderen. In diesem fortwährenden Prozess wird die Seele kraft der Gnade in den Energiestrom des göttlichen Geistes gezogen.

78. Perichorese

Die Göttlichwerdung des Menschen geschieht durch Hineinnahme in das innertrinitarische Leben des Göttlichen. Unser Leben entwickelt sich nicht *vor* Gott, sondern *im* Göttlichen. Wir reifen zur *Fülle Gottes* (Eph 3,19) heran. Wir wachsen ins Göttliche hinein, und das Göttliche entfaltet sich durch uns. Jesus beschreibt diese göttliche Dynamik mit dem Symbol des Weinstocks und der Rebzweige: Die Reben wachsen aus dem Stamm heraus, während sich der Stamm durch die Reben entfaltet. Zwischen dem Stamm und den Zweigen gibt es eine dynamische Durchdringung. Das Durchströmen des Saftes, des göttlichen Geistes, eint sie.

Wir erkennen, dass tief in uns ein Ausfließen des innertrinitarischen Lebens stattfindet. Vater, Sohn und Geist sind in einem dynamischen Prozess vollkommener Wechselseitigkeit miteinander verbunden. Sie sind Drei-in-EINS, das Dreieine: Das Göttliche als Vater-Sohn-Geist im ewigen Tanz (*perichoresis, choro=tanzen*), in gegenseitiger Durchdringung (*circumincessio, cedere=durchdringen*). Einer lebt im anderen, einer entfaltet sich durch den anderen. Das ist dynamisches EINSsein, keine statische Koexistenz. Das Göttliche ist selbstausströmende Liebe, pulsierendes Leben.

Wenn das Bewusstsein in die mystische Einheit sinkt, erfährt die Seele eine tiefe Eingliederung ins göttliche Leben. Die Seele tanzt im innertrinitarischen Tanz der Liebe; das menschliche Selbst ist auf die göttliche Melodie in der innertrinitarischen Symphonie eingestimmt. Keine Dualität, kein Anderssein, sondern ein tiefes dynamisches EINSsein: »Eines mit Einem, Eines von Einem, Eines in Einem und in Einem Eines ewiglich« (Meister Eckhart, *Vom edlen Menschen*).

Jesus erfuhr dieses göttliche EINSsein, und er lädt uns ein, daran teilzuhaben: So wie der Vater und ich EINS sind, so sollt auch ihr alle in uns eins sein (vgl. Joh 17,21). Göttlichwerdung ist eine *perichoretische* Vereinigung. Es gibt auch eine Perichorese zwischen dem Göttlichen und dem Menschlichen, eine gegenseitige Durchdringung zwischen der Trinität und der menschlichen Wirklichkeit, eine dynamische Beziehung zwischen dem Geist und der Seele. Tief im Herzen erkennen wir die göttliche Dimension des eigenen Seins, und zwar in der Perichorese des Göttlichen.

Im Einklang mit der göttlichen Melodie erkenne ich meine wahre Natur: ***Ich bin göttlich***.

Gott allein kann uns göttlich werden lassen,
Gott allein kann uns Anteil an der göttlichen Natur verleihen;
nur eine feurige Substanz kann das Feuer anzünden.

Thomas von Aquin, ST. I.II.112.1

Der Mensch ist nach dem Bilde Gottes geschaffen. In der Ähnlichkeit,
die bis zur Ebenbildhaftigkeit sich erhebt, ist die ganze Reihe der Eigenschaften enthalten,
welche der göttlichen Natur zukommen.

Gregor von Nyssa, PG 45,21d

*Nicht von Natur (*physei*), sondern durch Annahme (*thesei*)*
werden wir Söhne/Töchter genannt.

Athanasius, Zweite Rede gegen die Arianer, 2,59

Ich bin der, den ich liebe; Er, den ich liebe, ist ich.

Al-Hallaj

Ich bin das OM, das der Vater durch den Sohn im Geist spricht,
das OM, das die unendliche Dynamik Gottes zu sich in mir ausdrückt,
das OM, das aus der Statik befreit, in der Schwingung des Geistes mitgerissen wird.
Ich bin Saccidānanda *– Sein, Erkennen und Glückseligkeit – das Gottes Eigenstes und sein innerster Ausdruck,*
aber auch das tiefste Geheimnis meines eigenen Seins ist.
All das liegt in der Perichorese*, in der Intersubjektivität des Sohnes mit dem Vater und dem Geist.*

Henri Le Saux, Indische Weisheit, 214–215

MEDITATION

INNERER RAUM Ich komme zur inneren Stille. Mit jedem Ausatmen summe ich OM und spüre die göttliche Energie, die meinen Leib durchströmt. Das Bewusstsein sinkt vom Verstand durch *nous/buddhi* ins Herz. Ich nehme das Symbol des Baumes auf und werde zu einem Zweig am göttlichen Baum. Ich spüre das dynamische Einssein zwischen Zweig und Stamm, zwischen Stamm und Wurzel. Der Zweig wächst aus dem Inneren der Wurzel (*Vater*) durch den Stamm (*Sohn*) im Strömen des Saftes (*Geist*). Der Wurzel-Stamm-Saft entfaltet sich durch jeden Zweig und bringt Früchte hervor.

IM HERZEN Das Bewusstsein sinkt ins Herz. Ich spüre intensiv den brummenden Klang von OM*mmm*, der in meinem Herzensraum widerhallt. Ich spüre, wie sich mein Wesen aus der innertrinitarischen Perichorese entwickelt. Ich nehme wahr, wie sich die trinitarische Dynamik durch mich entfaltet. Die Seele kommt in Resonanz mit dem Energiefeld des Geistes. Ich fühle mich in den Liebesstrom des Göttlichen hineingezogen.

79. Gottesgeburt

Die innertrinitarische Perichorese wird oft als Geburtsprozess beschrieben. Der Vater gebiert ständig den Sohn im Geist. Der Ausdruck »Vater« bezieht sich nicht auf eine dominante patriarchale männliche Figur, sondern eher auf den gebärenden Grund des Göttlichen, den göttlichen Mutterboden. Der Ausdruck *Sohn* weist nicht auf ein anderes Individuum hin, sondern es bezeichnet die völlige Selbsthingabe des Göttlichen. Der Geist ist die göttliche Lebenskraft, die diesem Geburtsprozess innewohnt: Im Geist zeugt der Vater den Sohn, der göttliche Mutterboden gibt sich völlig hin. Die innertrinitarische Beziehung kann durch einen Baum verdeutlicht werden: Die verborgene *Wurzel* gebiert sich selbst ständig im *Stamm* durch das Durchströmen des *Lebenssaftes* (vgl. Kapitel 45).

Aus dieser wechselseitigen Bezogenheit heraus wachsen die Zweige. Wir sind vom *Vater* durch den Sohn im Geist geboren und wiedergeboren. Unser Leben entfaltet sich innerhalb der innertrinitarischen Perichorese. Indem der Vater sich selbst durch die Kraft des Geistes im Sohn gebiert, wird die menschliche Seele ständig aus dem göttlichen Schoß neu geboren. Die göttliche Liebesenergie fließt durch den Menschen in die ganze Schöpfung und »trägt Früchte«. Das Göttliche gießt sich aus in die Schöpfung. Durch unseren kreativen Einsatz tragen wir Menschen dazu bei, dass die göttliche Schwingung die Schöpfung durchdringt, zur größeren Ehre Gottes (*ad majorem Dei gloriam*). In der Tiefe der Wirklichkeit gibt es eine Perichorese zwischen dem Menschen und dem Göttlichen.

Da wir ständig aus dem göttlichen Mutterboden geboren werden, gebären wir Gott in die Schöpfung. Wenn jemand in Not durch unsere Liebe und unser Mitgefühl Heilung erfährt, gebären wir eigentlich Gott im Leben des anderen. Die andere Person erfährt durch uns die heilende Berührung des Göttlichen. Wenn wir durch unsere Kreativität diese Erde in eine *neue Erde* verwandeln, durch Kunst, Wissenschaft, Literatur, Forschung und so weiter, bringen wir die verborgenen Ströme des göttlichen Geistes in dieser Welt zum Vorschein; das alles ist ein Geburtsvorgang: Eine neue Schöpfung wird durch uns in der Kraft des göttlichen Geistes geboren. Wir sind nicht nur Kinder Gottes, wir sind auch *Mütter* Gottes.

Göttlichwerdung ist ein Geburtsprozess, der mich erkennen lässt: ***Ich bin göttlich***.

Der Mensch, der auf Gott hin angelegt ist, ist bereits göttlich und daher heilig.
Er ist Gott-Gebärender und Von-Gott-Geborener.

Clemens von Alexandrien, Stromata, 7,13.79

Es geschieht eine geistige Geburt.
Wenn Gott in der Seele wirkt, so wird sie Mutter.
Schwangeres Weib wird die Seele genannt, die vor kurzem den Logos empfangen hat.
Allmählich bildet und gestaltet sich in der Seele die Empfängnis des Logos.
Die Seele gebiert gute Werke, die Christus gleichen.
Das sich bildende Kind ist das Wort Gottes im Herzen eben der Seele, die die Gnade empfangen hat.
In euch soll Christus durch den Glauben geformt werden.
Wisst ihr nicht, dass aus diesem ausgesäten Samen des Wortes Gottes
Christus im Herzen des Hörenden geboren wird?

Origenes, Kommentar zum Hohenlied

Christus ist geboren;
möge er auch in unserem Herzen geboren werden.
Maria trug ihn im Schoße;
mögen wir ihn im Herzen tragen.
Die Jungfrau wurde schwanger durch die Fleischwerdung Christi;
mögen unsere Seelen schwanger werden durch unseren Glauben an Christus.
Die Jungfrau gebar den Heiland;
mögen unsere Seelen das Heil gebären.
Seien wir nicht unfruchtbar,
unsere Seelen sollen in Gott fruchtbar werden.

Augustinus, Weihnachtspredigt

MEDITATION

INNERER RAUM Ich komme zur inneren Stille. Mit jedem Ausatmen summe ich OM und spüre die göttliche Energie, die meinen Leib durchströmt. Ich nehme das Symbol des Baumes auf und werde zu einem Zweig am göttlichen Baum. Als Zweig werde ich ständig geboren und neu geboren aus der Wurzel durch den Stamm im Fluss des Lebenssaftes. Und ich gebäre Blätter und Blumen, Früchte und Samen. Der ganze Baum ist ein einziger Geburtsprozess.

IM HERZEN Das Bewusstsein sinkt ins Herz. Ich spüre, wie mein Sein sich aus der innertrinitarischen Perichorese entfaltet. Ich werde ständig aus dem göttlichen Mutterboden geboren: Der Vater gebiert mich durch den Sohn im Geist. Und ich trage Frucht, indem ich die göttliche Gegenwart in die Schöpfung gebäre. Ich bin eine Tochter/ein Sohn Gottes, und ebenso Mutter Gottes.

80. Pure Präsenz

Es mag kurze begnadete Momente geben, in denen man die pure Präsenz erfährt: eine vollkommene Durchlässigkeit für das Göttliche. Kein Bild, kein Name, kein Mantra kommt dazwischen. Hier erwacht man zur unergründlichen *Tiefe* des Göttlichen (Paulus), zum unbeschreiblichen Geheimnis der *strahlenden Finsternis* (Dionysios Areopagita), zum Paradox von *Sein-und-Nichtsein* (Upanishaden). Die Zeit steht still. Man ist dem gegenwärtigen Moment völlig gegenwärtig.

Chronologische Wahrnehmung ist horizontal, die Innenschau in diesem begnadeten Moment ist aber vertikal. In der mentalen Wahrnehmung kommt die Ewigkeit nach dem Tod; in der mystischen Innenschau ist Ewigkeit die göttliche Tiefendimension des gegenwärtigen Moments (*nunc aeternum*). Man ist zur Kraft des *Jetzt* erweckt. Jesus sagt uns: Seid immer *wachsam* (Mk 13,37). Der Buddhismus spricht von innerer *Achtsamkeit*, und die upanishadischen Meister rufen zur *Wachsamkeit* (*sraddha*) auf. Das ist die Gnade der Kontemplation und der innere Antrieb zum Handeln. Man ist sehr aktiv in vollkommener Ruhe und Empfangsbereitschaft. Ein klassisches Bild für diesen begnadeten Zustand ist die *Flamme in einem windstillen Raum*: lebendig und doch ruhig, wachsam und doch still.

Das Göttliche gießt sich durch Menschen aus; der Mensch entwickelt sich durch das Göttliche. Es gibt ein dynamisches EINSsein, eine tiefe Perichorese, ein Eintauchen in den göttlichen Ozean, eine Erfahrung, »von der ganzen Fülle Gottes erfüllt zu werden« (Eph 3,19). Das ist die Dynamik der mystischen Einheit, die in intensiver Liebe und Güte, Schönheit und Glückseligkeit blüht.

Der Mensch wird in diesen göttlichen Prozess hineingenommen. Diejenigen, die die Göttlichwerdung im Inneren erfahren, wirken als Kanäle der göttlichen Gnade in der Welt. Durch ihre Barmherzigkeit gebären sie Gott in alle Bereiche des Lebens. Durch ihre Kreativität kommt das Reich Gottes zur Entfaltung. Durch ihre Mitwirkung verwandelt der göttliche Geist diese Welt in eine neue Schöpfung: »Am Ende wird Gott alles in allem sein« (1 Kor 15,28). Indem der göttliche Geist Schwingungen in der Tiefe der Seele erzeugt, enthüllt sich die verborgene Dimension der Göttlichkeit. Im Herzen findet ein mystisches Erwachen statt. Das ist ein Geburtsvorgang zur gnadenerfüllten Erkenntnis: ***Ich bin göttlich***.

Durch den Geist geht man ein in Gottes Ewigkeit, in das »stehende Jetzt«.
Man lebt im Heute (en te semeron). *Heute aber ist die unbegrenzte und unermessliche Ewigkeit;*
der untrügliche Name der Ewigkeit ist heute.

Philo von Alexandrien, Ges. Werke, III,122

Der Vater ist der letzte oder vierte Teil des OM, der reines Schweigen ist.

Henri Le Saux, Die Gegenwart Gottes erfahren, 101

Ich habe den Ort gefunden, an dem Du unverhüllt gefunden werden kannst.
Er ist umgeben vom Zusammenfall der Gegensätze, Conjunctio oppositorum.

Nikolaus von Kues, De visione Dei, IX

Im göttlichen Abgrund versinkt der geläuterte, verklärte Geist in die göttliche Finsternis,
in ein stilles Schweigen und in ein unbegreifliches und unsagbares Vereinen.
Und in diesem Abgrund verliert der Geist sich selbst und weiß weder von Gott noch von sich selbst,
weder von Gleich-Sein noch von Ungleich-Sein, noch überhaupt irgendetwas von irgendetwas;
denn er ist versunken in Gottes Einheit und hat alle Unterschiede verloren.

Johannes Tauler, Sermo 1: zur Dreifaltigkeit

Stelle dir im Gebet nicht Gott in dir vor, erlaube deinen Gedanken, an keinem Bild Gefallen zu finden.
Befreie dich von jeder Form und gehe zu dem, der ohne Form ist. Dann betest du.

Evagrios Pontikos, Über das Gebet, 66

MEDITATION

INNERER RAUM Ich komme zur inneren Stille. Mit jedem Ausatmen summe ich OM und spüre, wie mein Bewusstsein von der Verstandesebene durch *nous/buddhi* ins Herz sinkt. Ich versuche, ganz der Gegenwart gegenwärtig zu sein. Ich werde mir der lebendigen Stille des *Jetzt* bewusst: Die Zeit steht still.

IM HERZEN Das Bewusstsein sinkt ins Herz. Ich erwache zur göttlichen Dimension des *Jetzt*. Ich spüre, dass die göttlichen Unterströmungen aus der Tiefe des Jetzt hervorströmen. In begnadeten Momenten erfahre ich das Göttliche als pure Präsenz in mir. In diesem Moment fühle ich eine völlige Durchlässigkeit, ein vollkommenes Verschmelzen mit dem Göttlichen. Ich versuche, die mystische Bedeutung des Ausdrucks wahrzunehmen: »von der ganzen Fülle Gottes erfüllt werden«.

IX. Die Welt

Der *nach innen* gewandte Weg zur Erfahrung der Göttlichwerdung im Herzen führt das Bewusstsein *nach außen*, in die Welt. Man schaut mit den erleuchteten Augen des Herzens die äußere Wirklichkeit und spürt die Unterströmungen der Göttlichwerdung in der ganzen Schöpfung. In den folgenden Meditationen betrachten wir die Welt zunächst im Licht der fünf Grundelemente, die das Heilsgeschehen Christi kennzeichnen: Die Fleischwerdung des Logos, die Verkündigung des Reiches Gottes, der Tod am Kreuz, die Auferstehung und das Ausgießen des Geistes. In dieser Perspektive können wir die Welt als Theophanie erkennen: Die göttliche Gegenwart scheint durch alles hindurch. Auch als Christophanie wird sie erkennbar: Christus, das Licht, scheint durch alles. In diesem Licht nehmen wir den Prozess der Göttlichwerdung in der Vielfalt der Religionen und in der Verschiedenheit der Kulturen wahr. Schließlich kommt man zur Erkenntnis, dass das Sakrale die göttliche Tiefe des Säkularen ist.

81. Logos in der Welt

Der Begriff Logos wird oft als *Wort* übersetzt. Doch Logos ist weit mehr als ein Wort. Wir Menschen drücken uns nicht allein durch Worte aus, sondern auch durch Blicke und Gesten, durch Tanz und Musik und auf vielfältige andere Weise. All das bildet den kreativen Selbstausdruck des Logos einer Person. Logos ist die Gesamtheit des Selbstausdrucks.

Logos ist das Prinzip der Selbstentfaltung des Göttlichen in der Trinität. Logos ist zugleich das Ausgießen des göttlichen *Lebens* in die Schöpfung, das Ausströmen des göttlichen *Lichts* ins menschliche Bewusstsein, die dynamische göttliche Gegenwart im Kosmos (Joh 1,1–4). Die göttliche Dynamik des Logos pulsiert in jeder Zelle und schwingt in jedem Atom. Die ganze Schöpfung entwickelt sich im und durch den göttlichen Logos. Logos ist die göttliche Strahlkraft in der Sonne, die göttliche Hitzewelle im Feuer, der göttliche Strom in den Quellen, der göttliche Lebenssaft in den Bäumen: Logos ist der Tanz Gottes in der Schöpfung.

Diese immanente, dynamische Präsenz des Logos manifestiert sich in der Geschichte auf vielfältige Weise und in unterschiedlicher Intensität. In Jesus Christus finden wir Christen die konkreteste und dichteste Manifestation des Logos: »Der Logos ist Fleisch geworden und hat unter uns gewohnt« (Joh 1,14). Das ist die christliche Glaubenserfahrung, dennoch kein Urteil über andere Manifestationen. Die Fleischwerdung ist nicht ein Herabsteigen Gottes aus einer anderen Welt, sondern das Heraustreten des Göttlichen aus dem Schoß der Schöpfung (Joh 1,3–4). Der Logos, der in unseren Herzen und im Kosmos schlummert, erwachte in dem kleinen Baby in Betlehem.

Fleischwerdung ist die göttliche Bejahung der Sakralität der Materie. Was in Jesus geschah, setzt sich in gewisser Weise in jedem Menschen fort. Die Kirchenväter sprechen von *incarnatio continua*. Logos erleuchtet das *nous*, damit wir die Entfaltung des Logos in der Schöpfung wahrnehmen können. Origenes spricht von der »Erleuchtung des *nous*«; Athanasius betont »die Rolle des Leibes« in diesem Prozess; Ambrosius beschreibt Leib als »die Angel des Heils«, denn das Fleisch Christi ist das Werkzeug (*organon*), mit dem die menschliche Natur im Prinzip vergöttlicht wird.

Wie das Wort Gottes Fleisch geworden ist, so muss gewiss auch das Fleisch Wort werden.
Denn deshalb wird das Wort Fleisch, damit das Fleisch Wort werde.
Deshalb wird Gott Mensch, damit der Mensch Gott werde.

Martin Luther, Ges. Werke, V .167.40

Bild Gottes ist der göttliche Logos; Abbild des Bildes ist der menschliche Geist.

Clemens von Alexandrien, Stromata, 5.14.94.5 (BKV)

Der Logos umgibt das Sterbliche mit Unsterblichkeit,
schenkt dem Verweslichen aus Gnade seine Unverweslichkeit.

Irenaeus, Adversus Haereses, 5.2.3 (BKV)

*Ich bin der Glanz in der Sonne, die Leuchtkraft im Feuer, die Grünkraft (*Sōma*) in der Pflanzenwelt;*
ich pulsiere im Herzen aller Wesen.

Bh. Gita 15,12f.15

Ein Teil von mir wird zur ewigen Quelle des Lebens in dieser Lebenswelt.

Bh. Gita 15,7

Im Heiligen Geist verherrlicht der Logos die Schöpfung,
indem er sie durch Vergöttlichung und Annahme an Sohnes statt dem Vater zuführt.

Athanasius, Serapion, I.25

MEDITATION

INNERER RAUM: Ich komme zur inneren Stille. In der Stille nehme ich das Wort auf: »Der Logos ist das Licht in den Menschen« (Joh 1,4). Die göttliche Sonne (*Vater*) sendet die Strahlen (*Sohn*) aus und verströmt Wärme (*Geist*). Das göttliche Licht erleuchtet das menschliche *nous/buddhi* und erweitert das Bewusstsein, sodass wir die Schwingungen des göttlichen Lebens und Lichts in allem wahrnehmen können. Ich spüre die Kraft des Logos, die in jeder Zelle pulsiert und in jedem Atom schwingt. Ich fühle die gesamte Schöpfung als einen sakralen Raum, der mit der Energie des göttlichen Logos aufgeladen ist.

IM HERZEN Langsam sinkt das Bewusstsein ins Herz. Ich spüre die leuchtende Gegenwart des göttlichen Logos im Herzen. Das göttliche Geheimnis entfaltet sich ständig als Logos im Herzen wie die strahlende Sonne: Der Vater strahlt den Logos/Sohn durch den Geist im Herzen aus. Ich bleibe wach für diese innere göttliche Dynamik.

82. Reich Gottes in der Welt

Die synoptischen Evangelien stellen das *Reich Gottes* als Kern der Botschaft Jesu dar. Johannes spricht vom göttlichen *Leben* (*zoe*) als der zentralen Gnade des Christusereignisses. Für Paulus bedeutet das *Sein in Christus* die neue Schöpfung. Letztlich weisen alle drei auf das hin, was wirklich tief in uns und in der ganzen Schöpfung geschieht, nämlich der Prozess der Göttlichwerdung.

Gott regiert – das ist der mystische Sinngehalt des Begriffs »Reich Gottes«. Dies ist ein verwandelnder Prozess der Göttlichwerdung, der sich tief in unseren Herzen und im Kern der Schöpfung vollzieht. Göttlichwerdung heißt, im Herzensraum zu diesem integrativen Prozess zu erwachen. Zu Beginn seines öffentlichen Wirkens verkündete Jesus: »Das Reich Gottes ist nahe« (Mk 1,15). Um dies zu erkennen, muss man mit dem begnadeten inneren Auge schauen.

Der Begriff *metanoia* wird oft mit Bekehrung, Buße übersetzt; moralische Untertöne sind deutlich hörbar. Wenn man diesen Begriff aber auf *nous* bezieht, dann ist es eine Einladung Jesu, der darum bittet, über *nous* hinauszugehen (*meta-nous*); das allerdings ist vor allem ein mystischer Prozess. Es bedeutet, das ganze Sein zu Gott hinzuwenden (*shûb*) und mit den Augen des Herzens zu schauen, um die Entfaltung des Reiches Gottes in allen Lebensbereichen der Welt wahrzunehmen.

Das Reich Gottes weist auf eine Heilswirklichkeit hin, die sich in der Menschheit zu allen Zeiten und in allen Kulturen ereignet, auch schon vor dem Christusgeschehen. In Jesus Christus erkennen wir die verkörperte Manifestation der Dynamik des Reiches Gottes und die göttliche Bestätigung, dass unsere Geschichte die Geschichte Gottes mit uns ist (*Immanuel*). Der göttliche Geist, der sich in Jesus Christus kraftvoll manifestiert, verwandelt diese Welt in eine neue Schöpfung. Liebe ist die zentrale Kraft des Reiches Gottes. Liebe ist eine göttliche Energie, die als Kraft die Schöpfung durchdringt, als Gnade durch die menschlichen Herzen fließt und als Auftrag von Barmherzigkeit und Gerechtigkeit in die Welt strömt. Daher bezeichnete Jesus Barmherzigkeit und Gerechtigkeit als Wesensmerkmal des Reiches Gottes (Mt 5,6–7; Lk 6,36).

Dem wirst du entfliehen,
wenn du über den wahren Gott unterrichtet bist,
ja, du wirst das Himmelreich erwerben,
der du in deinem Erdenleben den himmlischen König kennengelernt hast;
du wirst ein Vertrauter Gottes und Miterbe Christi.
Du wirst Gott.
Dies ist das »Erkenne dich selbst«,
wenn du Gott, den Schöpfer, anerkennst.
Wer nämlich sich selbst erkennt,
der wird von Gott erkannt,
der ihn beruft.

Hippolytus von Rom, Widerlegung aller Häresien, 10,34 (BKV)

Wenn die Geburt (Gottes in der Seele) geschieht,
können dich alle Geschöpfe nicht hindern,
sondern sie weisen dich alle zu Gott und zu dieser Geburt.

Meister Eckhart, Et cum factus esset

Erwägen, wie Gott sich in allen geschaffenen Dingen
auf dem Angesicht der Erde für mich müht und arbeitet,
das heißt, sich in der Weise eines Arbeitenden verhält.

Ignatius von Loyola, Geistliche Übungen, Nr. 236

MEDITATION

INNERER RAUM Ich komme zur inneren Stille. In der Stille spüre ich die dynamische göttliche Gegenwart als eine Spirale, die sich von der lebendigen göttlichen Mitte aus entfaltet und zu den Horizonten der Schöpfung ausstreckt. Der Geist als göttliche Energie verwandelt alle Bereiche der Schöpfung in das Reich Gottes und verleiht der menschlichen Kreativität eine sakrale Qualität. Meditativ lasse ich das Wort in mir klingen: »Das Reich Gottes ist in dir.«

IM HERZEN Langsam sinkt das Bewusstsein ins Herz. Ich spüre den Ursprung der Geistspirale in meinem Herzen. Das Bewusstsein dehnt sich mit dem göttlichen Geist aus, der sich auf alle Bereiche der menschlichen Schöpferkraft erstreckt. Ich fühle die göttliche Dynamik des Reiches Gottes in meinem Herzen und im Kern aller Wesen. Leben und Kreativität entfalten sich im göttlichen Raum als die Geburt einer neuen Schöpfung.

83. Leiden in der Welt

Werfen wir einen Blick auf das Leid im Horizont der Erfahrung der Göttlichwerdung. Leid ist ein integraler Bestandteil des Lebens. So wie das schmerzhafte Aufbrechen des Samens am Anfang des Pflanzenwachstums steht, so setzt jede schöpferische Tätigkeit ein Element des Leidens voraus. Jeder neuen Geburt gehen Geburtswehen voraus. Im Grunde durchlaufen wir einen Prozess: Das Ego stirbt und das wahre Selbst erwacht.

Normalerweise neigen wir dazu, Gott außerhalb der Wirbel des Leidens zu verorten. Der *leidende Gott* wäre somit eine Fehlbezeichnung, eine *Torheit* für menschliche Logik. Der Gott, den der Verstand erschafft, kann nicht leiden. Aber der Gott, der sich im gekreuzigten Jesus offenbart, entlarvt die Weisheit des Verstandes als Torheit. Der Verstand spekuliert über einen allmächtigen Gott, aber das Kreuz offenbart die *Schwachheit Gottes*. Der Verstand postuliert einen allwissenden Gott, aber das Kreuz zeigt die *Torheit Gottes* (1 Kor 1,20–25). Der Verstand sucht Gott in den transzendenten Räumen des Himmels, aber in Jesus begegnen wir einem Gott, der auf den blutbefleckten Wegen dieser Erde geht. Die menschliche Logik entwirft einen mächtigen Gott, der über unseren Köpfen thront, aber in Jesus begegnet uns Gott als Diener, der uns die Füße wäscht (Joh 13,5).

Der Gott, der sich im Leiden und Tod Jesu zeigt, ist ein *leidender Gott*: Gott leidet durch uns, in uns und wegen uns. Gott ist Liebe, und deshalb leidet Gott mit uns. Wäre Gott nicht vom Leiden dieser Welt betroffen, könnte dieser Gott nicht Gott-als-Liebe genannt werden. Nur ein verletzbarer Mensch kann lieben, nur ein verletzbarer Gott kann *Liebe* heißen. Der gekreuzigte Christus ist das mitleidende Gesicht Gottes, der Menschheit zugewandt.

Durch die Erfahrung der Göttlichwerdung wird man tief berührbar für das Leiden anderer. Inmitten des Leidens wird man dann nicht sagen: Gott hat mich verlassen. Im Gegenteil, tief im Leiden entdeckt man das Göttliche neu. In der Schule des Leidens wird man zunehmend auch mitfühlend. Man ist in der Lage, mit anderen zu leiden (*cum-passio*) und die heilende Energie des Göttlichen in Form von Barmherzigkeit (*misericordia*) in die Welt zu gebären (vgl. Kapitel 40). In der Erfahrung der Göttlichwerdung verwandelt sich das Leiden zu den Geburtswehen einer neuen Schöpfung.

Er hat unsere Flüche getragen. Er hat unser Ausgeliefertsein auf sich genommen.
Dadurch, dass er an unserer Schwachheit im Fleisch Anteil hat,
macht er uns zu Teilhabenden an seiner göttlichen Natur.

Ambrosius, Über christlichen Glauben, 5.14

Das höherstehende Wesen ermöglicht uns durch seine Geburt zu einem niedrigeren den Glauben daran,
dass ein niedrigeres Wesen als ein höherstehendes geboren werden könne.

Hilarius von Poitiers, Zwölf Bücher über die Dreieinigkeit, 9,4 (BKV)

Was der menschliche Leib des Logos litt, das bezog der ihm einwohnende Logos auf sich selbst,
damit wir der Gottheit des Logos teilhaftig werden könnten.

Athanasius, Epistula ad Epictetum, 6 (BKV)

All das Leiden, das du als Mensch erträgst, hat Gott dir gegeben,
weil du von sterblicher Form bist.
Was Gott dir gemäß seines Plans gibt, ist sein Wille,
denn du bist göttlich geworden und für die Unsterblichkeit geschaffen.

Hippolytus von Rom, Widerlegung der Häresien, 5.30

Er nimmt die Armut meines Fleisches an, damit ich den Reichtum seiner Gottheit annehme.
Er, der Fülle ist, entäußert sich, damit ich Anteil erhalte an seiner Fülle.
Er nimmt teil an meinem Fleisch, damit er sowohl das Bildnis rette als auch das Fleisch unsterblich mache.
Er schenkt eine zweite Vereinigung, weit herrlicher als die erste,
da er damals die bessere Natur nur schenkte, während er jetzt selbst an der schlechteren teilhat.

Gregor von Nazianz, Rede, 38

MEDITATION

INNERER RAUM Ich komme zur inneren Stille. Ich rufe mir eine Erfahrung intensiven Leidens in meinem Leben oder im Leben anderer in Erinnerung. Ich spüre tief in diese Leidenserfahrung hinein und versuche, das schmerzhafte Ringen zu erleben. Ich schaue weiter in die heilende Gegenwart des Göttlichen tief im Inneren des Leidens. Ich nehme das Bild des Weizenkorns auf, das durch einen Leidensprozess geht, wenn es aus der vorläufigen Sicherheit genommen und in die Erde gelegt wird: Die Schale bricht. Ich spüre, wie durch das Leid mein Festhalten am Ego bricht und das Bewusstsein in die göttliche Tiefe sinkt. Ich verweile bei dem Wort: »Du kannst nicht tiefer fallen als in den göttlichen Grund, aus dem du lebst.«

IM HERZEN Langsam sinkt das Bewusstsein ins Herz. Ich spüre die Gegenwart des Geistes aus meinem Herzen seufzen: Die Geburtswehen des Geistes, die innere Gegenwart des leidenden Gottes, die verwundete Liebe Gottes in allen Wesen. Im Leidensprozess spüre ich den Geburtsvorgang des göttlichen Geistes im Herzen, in allem.

84. Kreativität in der Welt

Leiden ist nicht das Ende des Lebens. Das Leben Jesu endete nicht mit dem Kreuzestod, er ist von den Toten auferstanden. Die Auferstehung Christi bedeutet, dass Gott die zerstörerische Macht von Sünde und Leid durchbricht und die Kraft des Bösen und die Angst vor dem Tod besiegt. Unsere Wunden werden geheilt und unsere entfremdete Natur wird mit dem Göttlichen vereint. Wir werden aus der Sklaverei des *Fleisches* befreit und in die Freiheit des *Geistes* geführt (Röm 8,1–4). Die Auferstehung Christi ist nicht nur das, was in der Person Jesu Christi geschehen ist, sondern das, was sich in jedem Menschen und in der gesamten Schöpfung ereignet. Es ist die Zusicherung der kosmischen Auferstehung: »Die ganze Schöpfung wird von der Knechtschaft der Vergänglichkeit befreit werden zur Freiheit und Herrlichkeit der Kinder Gottes« (Röm 8,21).

Liebe macht den Menschen nicht nur verletzbar, sondern auch schöpferisch. Liebe erneuert, was gestört ist, und fügt zusammen, was zerbrochen ist. Liebe heilt Wunden und verbindet Herzen miteinander. Die heilende Kraft der göttlichen Liebe ist in der Auferstehung Christi sichtbar geworden. *Gott ist mit uns* nicht nur als leidender Gott, sondern auch als neugestaltende göttliche Gegenwart. Gottes Geist erneuert alles in und durch Christus bis zu dem Zustand, wenn »Gott alles in allem sein wird« (1 Kor 15,28).

Durch die Erfahrung der Göttlichwerdung tritt die verwandelnde Gegenwart des Göttlichen in Menschen und im Kosmos in den Vordergrund. Das Bewusstsein erweitert sich, um die *neue Schöpfung* wahrzunehmen, die in allen Lebensbereichen zur Entfaltung kommt. Man spürt einen inneren Impuls, sich am göttlichen Werk der Wiederherstellung der zerbrochenen Welt zu beteiligen. Einsatz für Frieden, Gerechtigkeit und ökologisches Gleichgewicht, Engagement in sozialen oder kulturellen Bereichen, wissenschaftliche Forschung oder künstlerische Tätigkeit, jede Form der Arbeit zu Hause oder in der Öffentlichkeit – all das erhält einen göttlichen Sinnhorizont. Ethisch einwandfreie menschliche Arbeit wird zur Teilhabe an der Auferstehung des Kosmos zum göttlichen Leben. Die Perspektive *Göttlichwerdung* offenbart die sakrale Dimension des Säkularen. Die Auferstehung Christi wandelt Theophanie in Christophanie um (vgl. Kapitel 86 und 87).

Denn nunmehr war das Fleisch auferstanden,
hatte die Sterblichkeit abgelegt und war vergöttlicht worden.
Athanasius, Contra Arianos, 3.48 (BKV)

Christus der Heiland verlieh den Menschen die Göttlichkeit auf eine Weise,
die das Menschsein nicht vernichtet, sondern bereichert durch seine Herrlichkeit.
Leo der Große, Sermo, 26.2

Gott wirkt als Innerster aus dem Innersten auf das Innerste aller Dinge.
Alles wird neu, gut, rein, lauter und heilig, indem es sich Gott zukehrt,
sich ihm nähert, zu ihm zurückeilt und zurückkehrt und ihm sich zuwendet.
Meister Eckhart, In novitate vitae

Was dir vorher ein Hindernis war, das fördert dich nun allesamt.
Das Antlitz wird ganz dieser Geburt (Gottes in der Seele) zugewandt.
Alles, was du siehst und hörst, was immer das sei,
du kannst in allen Dingen nichts anderes empfangen als diese Geburt.
Ja, alle Dinge werden lauter Gott, denn in allen Dingen sinnst du nichts als lauter Gott.
Meister Eckhart, Et cum factus esset

Wenn die Geburt (Gottes in der Seele) geschieht,
können dich alle Geschöpfe nicht hindern,
sondern sie weisen dich alle zu Gott und zu dieser Geburt.
Meister Eckhart, Et cum factus esset

MEDITATION

INNERER RAUM Ich komme zur inneren Stille. Ich erinnere mich an ein schöpferisches Tun in meinem Leben. Ich blicke tief hinein und nehme das darin vorhandene menschliche Potenzial wahr und die lebendige Gegenwart der göttlichen Energie, die darin verborgen ist. Ich gehe dem Prozess des Weizenkorns nach: Die lebenspendende Energie der Erde verwandelt das sterbende Korn in ein neues Wesen. Eine Pflanze wächst im strahlenden Sonnenlicht und gebiert hunderte neuer Körner. Je mehr ich an innerer Freiheit wachse, umso kreativer werde ich. Ich verweile bei dem Ausdruck: »Gott alles in allem.«

IM HERZEN Langsam sinkt das Bewusstsein ins Herz. Ich spüre die Gegenwart des Geistes, der mein Leben neu schafft. Ich spüre, wie mein schöpferisches Tun eine göttliche Qualität bekommt. Das Göttliche entfaltet sich durch menschliche Kreativität. Das Göttliche gebiert den Menschen, und der Mensch gebiert die göttliche Gegenwart in die Schöpfung. Ich werde mir des göttlichen Geburtsprozesses bewusst, der sich durch meine Kreativität entfaltet.

85. Geist in der Welt

Ein weiterer Aspekt der Heilsoffenbarung in Christus ist das Ausgießen des göttlichen Geistes. Die ersten Christen erlebten dies kraftvoll an Pfingsten. Der göttliche Geist wirkt jedoch von Anfang an in der Schöpfung. In der Kraft des Geistes ist die Schöpfung aus der Leere hervorgegangen (Gen 1,1–2); der Geist sendet Propheten und Weise aus. Der Begriff *Geist* bezeichnet die göttliche Dynamik: Das Göttliche ist energetisierendes *Leben* und erleuchtendes *Licht*.

Durch die Erfahrung der Göttlichwerdung nimmt man die Bewegung des Geistes in sich selbst und in der ganzen Schöpfung wahr. Der Geist verwandelt diese Welt in eine *neue Schöpfung*. Das ist ein Geburtsprozess. »Die ganze Schöpfung wird von der Knechtschaft der Vergänglichkeit befreit zur Herrlichkeit der Kinder Gottes. Denn die gesamte Schöpfung seufzt und liegt in Geburtswehen« (Röm 8,21–22). Auch wir seufzen in unserem Herzen nach dieser Befreiung, und im Schoß der Schöpfung seufzt auch der göttliche Geist mit Geburtswehen beim Gebären eines neuen Seins (Röm 8,23.26). Dieser Prozess hat einen unendlichen Horizont. Durch die Erfahrung der Göttlichwerdung wird man bewusst in diesen göttlich-kosmischen Prozess im Geist hineingenommen. Göttlichwerdung ist ein geistlicher Prozess, der tief in uns und in der Außenwelt geschieht. »Was zählt, ist eine neue Schöpfung« (Gal 6,15).

Göttlichwerdung ermöglicht einen Blick mit den Augen Gottes, um die Bewegungen des Geistes in uns, in den sozialen, kulturellen und historischen Ereignissen in der Welt und in der Evolution der Schöpfung zu erkennen. Sie lässt uns wahrnehmen, dass wir in einem sakralen Raum, in einem *göttlichen Raum* leben. Der Geist ist das eigentliche Subjekt des Prozesses der Verwandlung in göttliches Leben. Die Erfahrung der Göttlichwerdung lässt uns erkennen, dass wir berufen sind, Werkzeuge im befreienden Wirken des Geistes zu sein. »Wir sind von den Fesseln des Alten befreit, um in der neuen Wirklichkeit des Geistes zu dienen« (Röm 7,6). Diese Ausrichtung macht uns innerlich frei und auch schöpferisch: Man wird von der Ego-Fixierung befreit und von der Kreativität des göttlichen Geistes angesteckt. Das Leben ist von Freude und Hoffnung erfüllt. Mit dieser vom Geist erzeugten Dynamik wird das soziale Gefüge von Liebe geprägt und zum Frieden geführt.

Der Heilige Geist ist bedingungslos in allem gegenwärtig, umfängt alles,
sorgt für alles und belebt die Samen in allem.
Maximus Confessor

Christus fasst alles in sich zusammen, was im Himmel und was auf Erden ist.
Im Himmel meint das Geistige, auf Erden beschreibt die Heilsordnung für den Menschen.
Dies also fasste er in sich zusammen, indem er den Menschen mit dem Geiste vereinte
und den Geist in den Menschen einpflanzte, selbst das Haupt des Geistes wurde
und den Geist das Haupt des Menschen sein ließ,
denn durch ihn haben wir gesehen und gehört,
und durch ihn sprechen wir.
Irenaeus, Adversus Haereses, 5.20.2 (BKV)

Göttlichwerdung ist das Herabrufen des großen Gottes und Vaters;
sie ist die Erfahrung der realen Annahme durch die Gnade des Heiligen Geistes.
Gregor von Palamas, Triaden, III.1.28

Der Geist ist ausgegossen auf uns, nicht geschaffen, uns gegeben,
nicht gemacht, nicht geschenkt, nicht hergestellt.
Gregor von Palamas, Verteidigung der heiligen Hesychasten

Schöpfung ist auf die Vergöttlichung, auf die heilige Hochzeit,
auf die Vereinigung mit dem Schöpfer selbst ausgerichtet.
Papst Benedikt XVI

MEDITATION

INNERER RAUM Ich komme zur inneren Stille. In der Stille nehme ich das Bild eines großen Flusses auf, der von einem Berg herabfließt und aus dem viele Bäche entspringen. Die verborgene Quelle (*Vater*) gebiert den Fluss (*Sohn*) in der Kraft des Strömens (*Geist*). Wir Menschen gehen aus diesem Fluss als Bäche hervor, die Brunnen und Felder im Tal nähren. Ich spüre den lebendigen Strom des Geistes in mir, der mich und andere nährt. Ich verweile bei dem Wort: »Der Geist erfüllt die Erde.«

IM HERZEN Langsam sinkt das Bewusstsein ins Herz. Ich spüre die Gegenwart des Geistes, der mein Leben neu erschafft. Ich werde zu einem Kanal des lebendigen und lebenspendenden göttlichen Geistes in der Welt. Gott gebiert mich, damit ich Gott in die Welt gebäre. Der Geist lässt mich Frucht bringen, vor allem Barmherzigkeit und Gerechtigkeit.

86. Welt als Theophanie

Wenn wir die Welt mit unseren Augen und unserem Verstand betrachten, nehmen wir die Dinge in ihrer Materialität und Vielfalt wahr. Wenn wir aber mit dem erleuchteten inneren Auge von *nous/buddhi* auf die Welt schauen, werden wir uns ihrer spirituellen Dimension und der tiefen Verbundenheit alles Geschaffenen bewusst. Die mystischen Erfahrungen aller Religionen treffen sich in der Einsicht: Gott in allem sehen und alles in Gott sehen. Der göttliche Logos pulsiert in jedem Atom, der göttliche Geist schwingt in jeder Lebenszelle, der göttliche Atem atmet in allem, die göttliche Liebe verwandelt das Herz jedes Menschen, das göttliche Licht scheint durch alles hindurch. Die ganze Schöpfung ist eine *Theophanie.*

Theophanie bedeutet, dass das göttliche Licht in allem scheint, dass die göttliche Energie alles dynamisch durchströmt. Die mystischen Traditionen vieler Religionen betrachten das Göttliche als Quelle des *Lebens* in allem, als Ursprung des *Lichts* in Menschen (Joh 1,4). »In dir ist die Quelle des Lebens, in deinem Licht schauen wir das Licht« (Ps 36,10). »Ihm, dem Leuchtenden, leuchtet alles nach: Von seinem Licht ist dieses All erleuchtet« (Mund. Up. 2.2.11).

Wenn jedes Teilchen der Wirklichkeit Schwingung ist, dann ist das Göttliche der Urantrieb dieser Dynamik: *Gott ist Geist.* Aus der geheimnisvollen göttlichen Matrix entfaltet sich die ganze Schöpfung. Der Kosmos ist wie ein Baum, der aus dem göttlichen Seinsgrund wächst. Mit einem klassischen Bild der Kirchenväter kann man sagen: Der Vater (*Wurzel*) gebiert den Sohn (*Stamm*) im Geist (*Saft*) (vgl. Kapitel 45). Aus dieser innertrinitarischen Dynamik heraus entwickelt sich die Schöpfung wie die mannigfaltigen Zweige des kosmischen Baums. Im Strömen des göttlichen Atems *leben wir, bewegen wir uns und sind wir* (Apg 17,25.28).

Trotz negativer Energien macht der Geist alles zunehmend durchlässig für die dynamische Gegenwart des Göttlichen. Dieser göttlich-kosmische Prozess findet seine Erfüllung, wenn »Gott alles in allem sein wird« (1 Kor 15,28). In gewissem Sinne findet eine Rückkehr in den Zustand vor dem *Sündenfall* statt, aber auf eine neue Art und Weise.

Dazu hat Gott uns erschaffen, damit wir der göttlichen Natur teilhaftig würden (1 Petr 1,4)
und an seiner Ewigkeit Anteil erhielten,
und ihm gleich würden durch die Vergöttlichung aus Gnade:
Denn um der Vergöttlichung willen sind alle Dinge und haben sie Bestand
und wurden die nicht-seienden Dinge geschaffen und hervorgebracht.

Maximus Confessor, PG 91,609c

Der Logos bildete und formte sich im Heiligen Geiste den Leib in der Absicht,
durch sich die Schöpfung mit dem Vater zu verbinden und darzubringen
und in ihm alles wieder zu versöhnen,
nachdem er Frieden gestiftet zwischen dem,
was im Himmel, und dem, was auf Erden ist.

Athanasius, Briefe an Serapion, 1,31 (BKV)

Wer Gott im Sein hat, der nimmt Gott göttlich und dem leuchtet er in allen Dingen;
denn alle Dinge schmecken ihm nach Gott,
und Gottes Bild wird ihm aus allen Dingen sichtbar.

Meister Eckhart, Reden der Unterweisung, 6

Das Universum entfaltet sich in Gott, der es ganz und gar erfüllt.
So liegt also Mystik in einem Blütenblatt, in einem Weg,
im morgendlichen Tau, im Gesicht des Armen.

Papst Franziskus, Laudato si, Nr. 233

MEDITATION

INNERER RAUM Ich komme zur inneren Stille. In der Stille nehme ich das Bild eines großen Baumes in voller Blüte in mich auf. Die ganze Schöpfung ist wie ein Baum, der aus der göttlichen Wurzel hervorgeht und vielfältige Formen und Farben trägt. Der göttliche Geist steigt wie der Saft des Baumes aus dem verborgenen Seinsgrund auf und durchströmt die ganze Schöpfung. In diesem Strom des göttlichen Lebens entfaltet sich die Schöpfung als *Theophanie*: Das göttliche Licht scheint durch alles hindurch. Ich verweile bei der universellen Erfahrung: »Gott in allem sehen.«

IM HERZEN Langsam sinkt das Bewusstsein ins Herz. Ich sehe die Welt mit dem inneren Auge von *nous/buddhi* und nehme die lebenspendende Gegenwart des Göttlichen in der Schöpfung wahr. Das Göttliche erblüht in allen Dingen. Die Schöpfung ist der Tanz des Göttlichen. Ich spüre, wie ich in diesen kosmischen Rhythmus eingestimmt bin. Das Bewusstsein schwingt mit der dynamischen Gegenwart des Göttlichen in allen Dingen mit.

87. Welt als Christophanie

Wir Christen bekennen, dass sich das Göttliche in der Person und im Heilsereignis Jesu Christi leibhaft selbst schenkt, und nehmen daher die universelle Theophanie als *Christophanie* wahr. »In Christus ist alles erschaffen; alles ist durch ihn und auf ihn hin geschaffen; alles hat in ihm Bestand« (Kol 1,16–17). »In der Fülle der Zeit wird Gott alles in Christus vereinen, alles, was im Himmel und auf Erden ist« (Eph 1,10). »Durch den Herrn Jesus Christus ist alles, und wir sind durch ihn« (1 Kor 8,6). Durch den Logos, der in Jesus Christus Fleisch wurde, sind alle Dinge geworden (Joh 1,3.14). Diese Glaubenserfahrungen weisen auf den *kosmischen Christus* hin. Durch die Auferstehung wurde der historische Jesus zum »lebendigmachenden Geist« (1 Kor 15,45) und der göttliche Antrieb des Universums. Die dynamische Gegenwart des Göttlichen in der Schöpfung wird hier als Gegenwart Christi wahrgenommen.

Der kosmische Christus ist die lebendige Gegenwart des Göttlichen, die in jeder Zelle und in jedem Atom pulsiert, ebenso wie in den menschlichen Herzen und in den Galaxien. In Christus offenbart sich das Göttliche im Kosmos, und der Kosmos entfaltet sich in Christus, im Göttlichen. Der Vater gebiert ständig den Sohn im Geist, Gott gebiert ständig die Schöpfung durch Christus: *creatio continua*. Der Sohn ist unaufhörlich im Geist auf den Vater hin ausgerichtet, die Schöpfung bewegt sich in Christus ständig auf das Göttliche zu. Jesus, der Christus, ist *Alpha und Omega* (Offb 1,8).

Im Herzen aller Religionen ist ein mystischer Impuls zu finden, das Besondere zu transzendieren und das Universale zu erreichen und sich auf das Universale hin auszustrecken. Daher gibt es Ausdrücke wie Shiva-Bewusstsein, der kosmische Krishna, die Buddha-Natur und *haquiqa muhammadiya* (Mohammed-Wirklichkeit). Was man im Glauben durch eine bestimmte historische Person oder ein mythisches Symbol erfährt, ist ein Hinweis auf die universelle Gegenwart des Göttlichen im Kosmos. Ein Christ, der diese göttlich-machende Kraft erfährt, wird selbstverständlich von einer *Christophanie* im Universum sprechen. Das ist kein Urteil über die spirituellen Wahrnehmungen anderer Religionen; vielmehr schafft es eine tiefere geistige Gemeinschaft mit anderen, die die göttlichmachende Kraft in ihrer Religion jeweils mit einem anderen Begriff benennen. Die christliche Wahrnehmung der Christophanie ruft nach einem barmherzigen Herzen, das die Welt in der Liebe Christi umarmt.

Gott hat alles geschaffen auf das Endziel Christus hin,
das heißt auf die hypostatische Einheit der menschlichen Natur mit dem Göttlichen.
Maximus Confessor, PG 90,621a

Christus kümmert sich um das Geschlecht der Menschen,
mehr noch, um die ganze Schöpfung als einen Körper,
und jeder von uns ist ein Glied, je nach seiner Rolle.
Origenes, PG 12,1330a

Die Vergöttlichung hat zweifachen Sinn:
der Vergöttlichung des Menschen entspricht die Menschwerdung Gottes.
Christus ist sowohl die Offenbarung Gottes (im Menschen) als auch die Offenbarung des Menschen (in Gott).
Der Abgrund zwischen dem Göttlichen und dem Menschlichen
reduziert sich in Christus auf Null.
Raimon Panikkar, Christophanie, 35

Das ganze Universum ist aufgerufen, die trinitarische perichōrēsis
insbesondere in Christus und durch ihn miteinander zu teilen.
Einige sprechen vom kosmischen Christus, andere vom Christus totus.
Ich würde es vorziehen, ihn den kosmotheandrischen Christus zu nennen
oder einfach den Christus.
Raimon Panikkar, Christophanie, 195

MEDITATION

INNERER RAUM Ich komme zur inneren Stille. In der Stille nehme ich das Bild eines großen Baumes voller Früchte in mich auf. Die verborgene Wurzel (*Vater*) entfaltet sich als Stamm (*Sohn*) durch den Strom des Saftes (*Geist*) und trägt Früchte; der Stamm ist für mich Christus. Ich nehme die lebendige Gegenwart Christi in der Schöpfung wahr. Ich erlebe die ganze Schöpfung als eine *Christophanie*. Ich verweile bei dem Ausdruck: »Alles in Christus, durch Christus und auf Christus hin.«

IM HERZEN Langsam sinkt das Bewusstsein ins Herz. Ich blicke mit dem begnadeten inneren Auge von *nous/buddhi* auf die Welt und nehme die lebendige Gegenwart Christi in allen Dingen wahr. Der kosmische Christus erfüllt das ganze Universum. Die Gegenwart Christi entfaltet sich in den vielfältigen Früchten des Reiches Gottes (Joh 15,4). Die Schöpfung ist der Leib Christi. Ich spüre, wie ich auf diesen kosmisch-göttlichen Leib eingestimmt bin. Das Bewusstsein schwingt mit der dynamischen Gegenwart Christi in allen Dingen mit.

88. Vielfalt der Religionen

Die Vielfalt der Religionen ist ein wesentliches Element der spirituellen Evolution der Menschheit. Die Existenz vieler Religionen weist auf eine doppelte Freiheit hin: die Freiheit des menschlichen Geistes, das unfassbare Göttliche auf vielfältigen Wegen zu suchen, und die Freiheit des göttlichen Geistes, das unaussprechliche Geheimnis in verschiedenen Symbolen und Ereignisses zu offenbaren. Daher müssen wir die Vielfalt der Religionen mit all ihren Weisen, Schriften, Symbolen und Strukturen achten. Wenn wir jedoch in die tieferen Schichten der mystischen Erfahrungen all dieser Religionen eintauchen, erkennen wir konvergierende Linien der Spiritualität. Da die Welt heute zu einem globalen Dorf zusammenwächst, ist es notwendig, die Vielfalt der Religionen zu respektieren und gleichzeitig diese konvergierenden Linien in der Spiritualität zu erkunden, um die Harmonie darin zu entdecken.

Die Erfahrung der Göttlichwerdung ist eigentlich der spirituelle Herzschlag aller Religionen. In gewisser Weise versuchen alle Religionen die Botschaft zu vermitteln, dass wir Menschen zu einem höheren Bewusstsein berufen sind. In den meisten Religionen bedeutet dies im Kern die Wahrnehmung: *Ich bin göttlich!* Solange man besitzergreifend an seinem Ego (*kāma*) festhält, ist man an Macht und Ansehen gebunden und verursacht viel Leid in seinem Umfeld. Mit der Erfahrung der Göttlichwerdung sinkt das Bewusstsein von der Ego-Fixierung (*ahamkāra*) zur Achtsamkeit auf das wahre Selbst (*Ātma-bōdha*). Weise vieler Religionen zeigen Wege auf, die zu dieser ganzheitlichen Befreiung führen (*Himmel, mukti, mōksha, samādhi, satori, Paradies*).

Göttlichwerdung ist daher der tiefste Treffpunkt der Religionen. Aus dieser mystischen Innenschau heraus sind wir in der Lage, Gläubige verschiedener Religionen als mitpilgernde Schwestern und Brüder zu respektieren. Jede Religion, die auf einem bestimmten Offenbarungsereignis gründet, bietet eine unvollständige Wahrnehmung des göttlichen Geheimnisses, da jede Offenbarung durch Zeit und Ort, Geschichte und Kultur bedingt ist. Es gibt keine abschließende Offenbarung, keine absolute Religion. Der Anspruch einer Religion, die einzig wahre zu sein, ist Gewalt gegen die Dynamik des Geistes, Sünde gegen die Freiheit des menschlichen und göttlichen Geistes. Achtsamkeit gegenüber den Bewegungen des göttlichen Geistes ist der Weg zu interreligiöser Harmonie. Die Erfahrung der Göttlichwerdung schenkt die Gnade, ein unermüdlicher spiritueller *Pilger* mit anderen zu sein.

Alle Menschen sind erschaffen,
um die Würde zu erhalten Söhne/Töchter Gottes genannt zu werden.
Justin der Märtyrer, Dialog mit Tryphon, 124.4 (BKV)

Das Verhältnis der Kirche zu anderen Religionen ist bestimmt von einem doppelten Respekt:
dem Respekt vor dem Menschen bei seiner Suche nach Antworten auf die tiefsten Fragen
des Lebens und vom Respekt vor dem Handeln des Geistes im Menschen.
Johannes Paul II., Redemptoris Missio, Nr. 29

Dialog kommt aus dem tiefen Respekt vor allem, was der Geist, der weht,
wo er will, im Menschen bewirkt hat.
Johannes Paul II., Redemptoris Missio, Nr. 56

Durch (interreligiösen) Dialog lassen wir Gott in unserer Mitte gegenwärtig sein,
denn wenn wir uns einander im Dialog öffnen, öffnen wir uns auf Gott hin.
Johannes Paul II., Madras, 05.02.1986

Die Unterschiede (zwischen Religionen) sind weniger wichtig
im Vergleich zu der Einheit, die wesentlich, grundlegend und entscheidend ist.
Johannes Paul II., Rom, 22.12.1986

Dem religiösen Erbe Raum geben, das die Schätze
der jahrhundertelangen Erfahrung und Weisheit beinhaltet.
Papst Franziskus, Fratelli Tutti, Nr. 275

MEDITATION

INNERER RAUM Ich komme zur inneren Stille. In der Stille nehme ich das Bild eines Pilgerwegs auf. Menschen aus verschiedenen Religionen gehen zusammen: in Liebe verbunden, und doch unterschiedlich in den religiösen Vorstellungen, auf das eine Ziel ausgerichtet, aber auf verschiedenen Wegen, in stiller Achtsamkeit und doch Erfahrungen miteinander teilend. Ich nehme die Evolution der Menschheit als einen Pilgerprozess wahr: Mit Gläubigen anderer Religionen sind wir alle eine spirituelle Pilgergemeinschaft.

IM HERZEN Langsam sinkt das Bewusstsein ins Herz. Ich ahne das unfassbare Geheimnis des Göttlichen, das sich durch die Religionen auf vielfältigen Wegen und in unterschiedlicher Intensität offenbart. Ich spüre den tiefsten mystischen Treffpunkt aller Religionen: die Erkenntnis, dass wir alle zum göttlichen Bewusstsein berufen sind.

89. Vielzahl der Kulturen

Von der Natur zur Kultur – das ist die grundlegende Dynamik menschlicher Kreativität. Als Geschöpfe sind wir mit der Natur verbunden; doch als Menschen streben wir danach, uns über die Natur zu erheben. Wir gestalten die Natur um zur Kultur. Wir entwickeln die menschliche Kultur auf vielfältige Weise: durch den Ausdruck der Schönheit in der Kunst, durch wissenschaftliche Erforschung der Materie, durch ethisches Streben nach dem Guten, durch Landwirtschaft auf Mutter Erde, durch zwischenmenschliche Begegnungen in der Gesellschaft und vor allem durch die spirituelle Suche nach dem Göttlichen.

Kultur kann als gestaltgewordene menschliche Kreativität verstanden werden. Tief im Inneren der Kultur können wir die schöpferischen Bewegungen des göttlichen Geistes wahrnehmen. Je tiefer wir im spirituellen Bewusstsein wachsen, desto intensiver wird die Annäherung Gott-Mensch. Schlussendlich erkennen wir: *Wir sind göttlich.* Diese Erkenntnis fügt dem kulturellen Schöpfungswerk eine spirituelle Qualität hinzu.

Die gesamte spirituelle Entwicklung der Menschheit kann als integrativer Prozess hin zum Göttlichen gesehen werden. Um diese göttliche Orientierung im kulturellen Prozess zu erkennen, sind die Werte des Reiches Gottes, das Jesus verkündet hat, für die christliche Wahrnehmung maßgebend. Reich Gottes bedeutet, dass die menschliche Kreativität mit den Impulsen des göttlichen Geistes in Harmonie ist. Göttlicher Geist bejaht und verneint, begleitet und korrigiert den menschlichen Einsatz. Der Geist überwindet die zerstörerischen Kräfte und ausbeuterischen Einstellungen der Kultur. Menschliche Kreativität ist die Entfaltung des Geistes aus dem Schoß der Materie; göttliche Kreativität ist das Erwachen des Göttlichen aus dem Herzen der Schöpfung. Beides sind Dimensionen des *einen* Geburtsprozesses. Göttlichwerdung besteht in der dynamischen Einheit des Göttlichen, des Menschlichen und des Kosmischen im Verwandlungsprozess hin zur Harmonie.

Die Erfahrung der Göttlichwerdung verwurzelt die menschliche Kreativität im Göttlichen; so entsteht eine ganzheitliche Perspektive. Diese Erfahrung bindet die menschliche Kreativität an das umfassende Wohlergehen der Menschen zurück und gibt so einen befreienden Impuls. Weiterhin verbindet Göttlichwerdung die menschliche Kreativität mit der ganzen Schöpfung; das sichert ökologische Harmonie. Die Erfahrung der Göttlichwerdung pulsiert im Herzen menschlicher Kreativität und nährt vielfältige kulturelle Ausdrucksformen.

Wer bescheiden und ausdauernd die Geheimnisse der Wirklichkeit zu erforschen versucht,
wird von dem Gott an der Hand geführt,
der alle Wirklichkeit trägt und sie in sein Eigensein einsetzt.
Vatikanum II, Gaudium et Spes, Nr. 36

Der Geist, der weht, wo er will (Joh 3,8),
ist die Urquelle für die Begeisterung für alles, was wahr, gut und schön ist,
nach der eindrucksvollen Aussage eines unbekannten Autors aus der Zeit von Papst Damasus (366–384):
»Jede Wahrheit, egal, wer sie sagt, kommt aus dem Heiligen Geist.«
Johannes Paul II., Generalaudienz, Rom, 5.12.1990

Christen finden Bestätigung im sittlichen Bewusstsein der Völker
und in den großen Traditionen der Religions- und
Geistesgeschichte des Abendlandes und des Orients,
nicht ohne beständiges und geheimnisvolles Wirken des Geistes Gottes.
Johannes Paul II., Veritatis splendor, Nr. 94

Die ganze Menschheit mit der unendlichen Komplexität ihrer Geschichte und der Vielzahl ihrer Kulturen
ist berufen, das neue Volk Gottes zu werden. Es gibt nur diesen einen göttlichen Plan
für jeden Menschen, der in die Welt kommt.
Johannes Paul II., Rom, 22.12.1986

Wo Liebe ist, gibt es Unordnung.
Totale Ordnung würde die Welt in einen Friedhof verwandeln.
Anthony de Mello, Wer bringt das Pferd zum Fliegen?

MEDITATION

INNERER RAUM Ich komme zur inneren Stille. In der Stille nehme ich eine Ballettszene auf. Jede Tänzerin gibt sich ganz im Tanz hin: Die Tänzerin und der Tanz bilden eine dynamische Einheit. Und doch tanzt jede im gemeinsamen Fluss. Diese Harmonie erschafft ästhetische Schönheit auf der Bühne. Ich nehme die vielfältigen Formen der menschlichen Kreativität als einen kollektiven Tanz wahr, der kraft des göttlichen Geistes eine neue Schöpfung hervorbringt.

IM HERZEN Langsam sinkt das Bewusstsein ins Herz. Ich spüre die Dynamik des göttlichen Geistes, die sich durch die verschiedenen Formen menschlicher Kreativität entfaltet. Der göttliche Geist gebiert eine neue Schöpfung durch menschliche Kreativität. Göttlichwerdung des Menschen erschafft Schönheit und fördert das Gute.

90. Das Sakrale und das Säkulare

In der Erfahrung der Göttlichwerdung erkennt man das Sakrale als die Tiefendimension des Säkularen und das Säkulare als die schöpferische Form des Sakralen. Das Sakrale entfaltet sich durch das Säkulare. Die göttliche Gegenwart manifestiert sich durch menschliche Kreativität. Kultur ist die Sprache der Spiritualität.

Die Menschwerdung des Logos in Jesus Christus ist die göttliche Bejahung des Säkularen. Der Logos verkörperte sich in einer bestimmten Kultur, um die sakrale Dimension der kulturellen Kreativität an allen Orten kundzutun. Gott ist Mensch geworden, um zuzusagen, dass sich das Göttliche in jedem Menschen entfaltet. Diese Welt ist Gottes Welt; unsere Geschichte ist Gottes Geschichte mit uns. Im Leiden Jesu ist Gott in das menschliche Leiden eingetreten, das jedem schöpferischen Tun vorausgeht, und in der Auferstehung Christi zeigt Gott, dass die Schöpfung am Ende in den Leib Christi verwandelt wird (vgl. Kapitel 83–84). Wir befinden uns in einem kosmischen Prozess, der alles in Christus integriert. Christus ist der *Punkt Omega*, auf den sich die ganze menschliche Kultur und die Schöpfung hin entwickeln.

Die Aufteilung zwischen Seele und Körper, die Unterteilung zwischen Himmel und Erde, die Gegenüberstellung von Ewigkeit und Zeitlichkeit, der Gegensatz zwischen Spiritualität und Kultur, zwischen Sakralem und Säkularem – all dies ist ein Verstoß gegen die ganzheitliche Sicht, die die Menschwerdung und Auferstehung geben. Wenn Gott uns mit einem Leib geschaffen hat, dann ist der Leib der sakrale Raum, durch den wir in das göttliche Leben hineinwachsen. Wenn Gott uns diese wunderschöne Erde anvertraut hat, dann wird menschliche Arbeit sakral. Wir können in das Göttliche nicht hineinwachsen, wenn wir den Leib ignorieren und die Erde vernachlässigen.

Diese ganzheitliche Sichtweise, die aus der Erfahrung der Göttlichwerdung erwächst, integriert das Säkulare und das Sakrale. Unsere schöpferischen Bemühungen in säkularen Bereichen wie Kunst, Bildung, Wissenschaft, Landwirtschaft, Sozialarbeit, Politik usw. bekommen eine göttliche Ausrichtung. Sie werden zu Mitteln und Wegen, mit dem göttlichen Geist zu wirken, der diese Welt in ein *neues Sein* verwandelt. Der Einsatz für Gerechtigkeit und Frieden, Versöhnung und ökologische Harmonie ist Teilhabe am göttlichen Werk. All die Leiden, Hoffnungen und Freuden, die mit diesem schöpferischen Einsatz verbunden sind, gehören zur Geburt des *neuen Seins*.

Wer Gott im Sein hat, der nimmt Gott göttlich und dem leuchtet er in allen Dingen;
denn alle Dinge schmecken ihm nach Gott, und Gottes Bild wird ihm aus allen Dingen sichtbar ...
Dies kann der Mensch nicht durch Fliehen lernen,
indem er von den Dingen flüchtet und sich äußerlich in die Einsamkeit kehrt;
er muss vielmehr eine innere Einsamkeit lernen, wo und bei wem er auch sei.
Er muss lernen, die Dinge durchzubrechen und seinen Gott darin zu ergreifen.

Meister Eckhart, Reden der Unterweisung, 6

Kraft der Schöpfung, mehr noch, kraft der Menschwerdung Christi
gibt es auf der Welt für einen,
der zu sehen versteht, nichts Profanes.
Im Gegenteil, wer in jedem Geschöpf einen Bruchteil des auserwählten Seins erblickt,
das auf seinem Weg zur Vollendung von Christus angezogen wird,
für den ist alles geheiligt.

Pierre Teilhard de Chardin, Der göttliche Bereich, I.5

Ökologische Umkehr bedeutet das Bewusstsein zu haben, dass jedes Geschöpf
etwas von Gott widerspiegelt und eine Botschaft hat, die uns etwas lehren kann,
oder die Gewissheit, dass Christus diese materielle Welt in sich aufgenommen hat
und jetzt als Auferstandener im Innersten eines jeden Wesens wohnt,
es mit seiner Liebe umhüllt und mit seinem Licht durchdringt.

Papst Franziskus, Laudato si, Nr. 221

MEDITATION

INNERER RAUM Ich komme zur inneren Stille. In der Stille nehme ich das Bild eines Springbrunnens in der Mitte eines Parks auf. Das Wasser sprudelt in Tausenden von Tropfen und erzeugt verschiedenste Formen und Farben. Ich spüre die Kraft, die aus der verborgenen Quelle hervorgeht und jeden Tropfen antreibt. Die säkulare Wirklichkeit wird, ebenso wie der farbenfrohe Springbrunnen, vom göttlichen Geist angetrieben. Menschwerdung und Auferstehung sind die göttliche Bejahung des Säkularen.

IM HERZEN Langsam sinkt das Bewusstsein ins Herz. Ich erlebe meinen Leib als einen sakralen Raum und die Erde als einen heiligen Bereich. Tief im Inneren spüre ich die dynamische Gegenwart des göttlichen Geistes, der eine neue Schöpfung gebiert. Das Sakrale ist der Mutterschoß des Säkularen. Göttlichwerdung als Geburtsprozess erfasst die gesamte säkulare Wirklichkeit.

X. Die Integration

Welche Auswirkungen hat die Erfahrung der Göttlichwerdung (*theosis*) auf das spirituelle Leben? Dies ist das Thema der letzten Meditationsreihe. Göttlichwerdung ist nicht nur eine Frage der inneren Erfahrung, sie nährt auch das tägliche Leben mit neuer Energie und neuer Perspektive. Wenn wir erkennen, dass wir ständig im göttlichen Geist neu geboren werden, ändert sich die gesamte Lebenseinstellung. Wir schauen mit einem ganzheitlichen Blick auf das Leben. Einfachheit und Verzicht, der aus innerer Freiheit erwächst, prägen unsere Lebensweise. Indem wir ständig auf die inneren Bewegungen des Geistes achten, werden wir äußerst schöpferisch. In dieser Offenheit für den Geist respektieren wir Gläubige anderer Religionen als Mitpilgernde auf dem spirituellen Weg. Wenn wir die mystische Dimension wachrufen und dem prophetischen Schwung nachgehen, werden wir zu effektiven Werkzeugen im Verwandlungsprozess des göttlichen Geistes. Letztlich macht uns die Erfahrung der Göttlichwerdung zunehmend barmherziger. In Barmherzigkeit gebären wir das Göttliche in die Welt.

91. Ganzheitliche Weltsicht
92. Einfaches Leben
93. Innere Freiheit
94. Achtsamkeit auf den Geist
95. Schöpferkraft im Geist
96. Spirituell Mitpilgernde
97. Integrierende Spiritualität
98. Den Propheten wachrufen
99. Den Mystiker beleben
100. Sei barmherzig

91. Ganzheitliche Weltsicht

Die Einheit der ganzen Schöpfung innerhalb des dynamischen EINSseins im Göttlichen ist die spirituelle Grundlage für die Erfahrung der Verbundenheit aller Wesen. Dieses Miteinander ist nicht statisch, vielmehr erwacht man zu einem dynamischen Geburtsprozess. Alle sind im universalen Geburtsvorgang miteinander verbunden: Der eine gebiert den anderen, und alle zusammen gebären eine neue Schöpfung innerhalb der Liebesdynamik des göttlichen Geistes. In diesem göttlich-menschlich-kosmischen Geburtsprozess seufzen alle Geschöpfe, und auch der göttliche Geist seufzt in uns und durch uns. Paulus spricht vom Geburtsprozess in der ganzen Schöpfung (Röm 8,22). Im Buddhismus findet sich die Einsicht in die gegenseitige Abhängigkeit aller (*pratīta-samudpada*). Der Hinduismus beschreibt dies mit dem Tanz Shivas und dem Symbol des kosmischen Rads (*yajna chakra*, Bh. Gita 3,16). Der Taoismus nimmt das Durchströmen des Tao in allem wahr. Mystiker aller Religionen vermitteln die Botschaft: Sieh Gott in allem und alles in Gott.

Das Symbol des Baumes kann das verdeutlichen: Ein Baum mag statisch wirken, mit einer bestimmten Größe und Form, aber tatsächlich ist er ein fließendes Wesen. Alle Zweige und Blätter werden durch den Fluss des Lebenssaftes genährt. Daher verändert sich der Baum in jedem Augenblick. Der gesamte Baum ist dynamisch eins, so wie wir und die ganze Schöpfung: Im Fluss des göttlichen Lebenssaftes (*Geist*) sind wir alle in dem einen universellen Lebensprozess miteinander verbunden. Die Erfahrung der Göttlichwerdung im Herzen erweckt das menschliche Bewusstsein für den kosmischen Verwandlungsvorgang. Daraus erwächst eine ganzheitliche Weltsicht.

Diese Wahrnehmung ist Gnade und gleichzeitig Verantwortung. Mit großem Respekt und tiefer Dankbarkeit geht man dann mit den Menschen und der Natur um, denn wir sind alle wie in einer kosmischen Familie miteinander verbunden. Die Bäume sind unsere Brüder und die Vögel unsere Schwestern; die Erde ist unsere Mutter und der Himmel unser Vater. In diesem kosmischen *Zuhause* haben alle einen Platz und ein Recht auf Leben. Die Spiritualität der Göttlichwerdung gibt uns eine ganzheitliche Weltsicht und motiviert zu einer Kultur des Respekts gegenüber allem.

In tiefer Verbundenheit mit allem erkenne ich: ***Ich bin göttlich***.

Was nicht angenommen ist, ist nicht geheilt worden.

Gregor von Nazianz, Brief an Cledonius 101.32, PG 37,181c

Göttlichwerdung meint unsere Rückkehr zur Ähnlichkeit mit Gott,
von der der Mensch durch Ungehorsam entfremdet wurde.

Basilios, Hom. in Ps 48,1, PG 29,432b

Vergöttlichung ist das höchstmögliche Ähnlich- und Einswerden mit Gott …
die gotterfüllte Teilnahme an dem Einen selbst, soweit es möglich ist.

Dionysios Areopagita, De ecclesiastica hierarchia, 1.3 (BKV)

Die ökologische Umkehr schließt das liebevolle Bewusstsein ein,
nicht von den anderen Geschöpfen getrennt zu sein,
sondern mit den anderen Wesen des Universums eine wertvolle allumfassende Gemeinschaft zu bilden.
Der Glaubende betrachtet die Welt nicht von außen,
sondern von innen her und erkennt die Bande,
durch die der himmlische Vater uns mit allen Wesen verbunden hat.

Papst Franziskus, Laudato si, Nr. 220

Alles ist miteinander verbunden, und das lädt uns ein,
eine Spiritualität der globalen Solidarität heranreifen zu lassen,
die aus dem Geheimnis der Dreifaltigkeit entspringt.

Papst Franziskus, Laudato si, Nr. 240

MEDITATION

INNERER RAUM Ich komme zur inneren Stille. In der Stille nehme ich das Bild eines Baumes auf. Ich spüre, wie die Äste im Fließen des Lebenssaftes miteinander verbunden sind. Jeder Zweig ernährt jeden anderen Zweig: Alle sind Zweige voneinander. Der ganze Baum ist eine dynamische Einheit. Der göttliche Geist verbindet alle in einer kosmischen Einheit und erschafft eine ungeheure Vielfalt in der Schöpfung. Ich spüre den Fluss des lebenspendenden Geistes in allen Dingen.

IM HERZEN Langsam sinkt das Bewusstsein ins Herz. Ich nehme die lebendige Gegenwart des Göttlichen in allen Dingen wahr. Es gibt eine farbenfrohe Vielfalt und eine tiefe göttliche Einheit in der Schöpfung. Göttlichwerdung ist ein Verwandlungsprozess in der gesamten Schöpfung. Im Erwachen zu dieser Wirklichkeit erblüht in meinem Herzen ein tiefer Respekt für alle Wesen.

92. Einfaches Leben

Eine Kultur des Respekts beruht auf der Sakralität der Wirklichkeit. Wenn wir die Dinge mit einem Gespür für das Heilige betrachten, können wir nicht in einer Kultur des Besitzstrebens leben. Habgier ist die Wurzel allen Leidens – das ist eine grundlegende Einsicht der Weltreligionen. Alles ist in Bewegung und Veränderung; Habgier übersieht diesen vergänglichen Charakter, haftet an den Dingen und will sie in Besitz nehmen. Die dynamische Natur der Wirklichkeit verlangt eine Haltung des Loslassens, aber der Habgierige hält an den Dingen für sich selbst fest. Die Wirklichkeit fließt, Gier blockiert diesen Fluss und verursacht Leiden, für sich selbst und für andere.

Das Gespür für die Sakralität der Wirklichkeit ruft nach einem Lebensstil in Einfachheit. »Das Leben eines Menschen hängt nicht von seinem Vermögen ab, mag es noch so groß sein«, warnte uns Jesus (Lk 12,15). »*Kāma* (Gier) ist die Wurzel allen Leidens«, das ist die Grundwahrnehmung des Buddhismus (*Vinaya Pitaka*). »*Kāma* ist die zerstörerische Kraft in dir«, lehrt die Bhagavad Gita (3,37). Wenn man mit zu vielen Besitztümern lebt, ist man an sie gebunden. Das schränkt die Freiheit ein: die Freiheit loszulassen, zu wachsen, zu geben, zu lieben. Übermäßiger Konsum vernichtet die Erde und verschmutzt Luft und Wasser.

Die Spiritualität der Göttlichwerdung (*theosis*) lässt eine Kultur der Einfachheit entstehen. Die großen Weisen und spirituellen Meister verlangen ein inneres Lösen als erste Voraussetzung für einen ganzheitlichen spirituellen Prozess. Sie verwenden verschiedene Ausdrücke wie: Verzicht (*thyāga*, Isa Upanishad), Nicht-Festhalten (*aparigraha*, Patanjali Yoga Sutra), Nicht-Anhaften (*nish-kāma*, Bhagavad Gita), Leidenschaftslosigkeit (*apatheia*, Gregor von Nyssa), Abgeschiedenheit (Meister Eckhart), Gleichmut / Indifferenz (*indiferentia*, Ignatius von Loyola).

Damit ist keine selbstquälerische Über-Askese oder eine weltverneinende Haltung gemeint, sondern ein respektvoller Zugang zum Leben und zur Lebenswirklichkeit von Mensch und Natur. »Verzichte und genieße«, sagt der upanishadische Meister (Isa Up. 1). Die Schöpfung ist uns vom Schöpfer anvertraut, um sie zum Wohl aller Wesen zu hegen und zu pflegen. Wir sind nur *Gäste* auf dieser Erde (Mahatma Gandhi). Ein einfacher Lebensstil macht das Leben reicher.

In gelebter Einfachheit komme ich zur Erkenntnis: ***Ich bin göttlich***.

Der Mensch, in dem der Logos wohnt, schmückt sich nicht mit Gold oder langen Roben,
sondern mit gutem Verhalten und mit Zufriedenheit mit wenigen Dingen.
Da er gottähnlich geworden ist, hat er die Form des göttlichen Logos.
Daher ist er schön und braucht sich nicht zu schmücken.
Wahre Schönheit kommt von Gott.

Clemens von Alexandrien, Instructor, 3,1

Abgeschiedenheit bringt mich dazu, dass ich für nichts empfänglich bin als für Gott.
Abgeschiedenheit bringt den Menschen in die größte Gleichheit mit Gott.
Abgeschiedenheit ist das Allerbeste: sie reinigt die Seele, läutert das Gewissen, entzündet das Herz,
weckt den Geist, beschleunigt das Verlangen, lässt Gott erkennen und vereinigt sich mit Gott.
Leer sein aller Kreatur ist Gottes voll sein,
und voll sein aller Kreatur ist Gottes leer sein.

Meister Eckhart, Von Abgeschiedenheit

Das Tun eines wirklich gelassenen Menschen ist Sein-lassen, und sein Wirken ist sein Untätigbleiben;
denn in seinem Tun bleibt er in der Ruhe und in seinem Wirken bleibt er in der Untätigkeit.

Heinrich Seuse, Buch der Wahrheit

MEDITATION

INNERER RAUM Ich komme zur inneren Stille. Ich bringe die Aufmerksamkeit auf den Atem. Mit jedem Ausatmen spüre ich den Wert des *Loslassens*. Beim Einatmen empfange ich dankbar das Geschenk des Lebens; beim Ausatmen spüre ich das Loslassen. Ich kann den Atem nicht festhalten und ihn in Besitz nehmen. Beim allerletzten Ausatmen muss ich alles loslassen. Ich verweile beim Wort: »Verzichte und genieße«.

IM HERZEN Langsam sinkt das Bewusstsein ins Herz. Ich spüre das Strömen des göttlichen Geistes in allen Dingen. Er lädt mich ein zu einer Haltung des *Loslassens*, zu einem Leben in Einfachheit. Ich erkenne: Je weniger ich an Dingen festhalte, umso freier werde ich. Die Einfachheit des Lebens hilft mir, den Prozess der Göttlichwerdung in der Schöpfung wahrzunehmen, und verleiht meinem Leben eine spirituelle Qualität.

93. Innere Freiheit

Wenn das Leben einfacher wird, wächst die innere Freiheit. Verzicht macht uns frei, um auf die inneren Bewegungen des göttlichen Geistes zu achten. Der upanishadische Meister unterscheidet zwischen dem momentanen Glücksgefühl und dem, was wahre Glückseligkeit verleiht: »Der Weise zieht das Gute (*srēyah*) dem Bequemen (*prēyah*) vor. Der Oberflächliche aber wählt das Bequeme, Gewinn und Genuss« (Kath. Up.1.2.1). Die Erkenntnis, dass das eigene wahre Selbst in die göttliche Natur verwandelt wird, vermittelt ein immenses Gefühl von spiritueller Freiheit und Freude.

In diesem inneren Raum der Freiheit kommt die Liebe zum Blühen. Echte Liebe ist keine Emotion, die wir hervorbringen, sondern eine göttliche Energie, die wir empfangen. Wir empfangen sie in Freiheit und leiten sie zu anderen weiter. Daher ist dieser Raum innerer Freiheit in jeder liebevollen *Ich-Du*-Beziehung zu wahren. In diesem göttlichen Raum der Freiheit begegnet das *Ich* dem *Du* mit Respekt und Dankbarkeit. Dort, wo der Raum der inneren Freiheit fehlt – sei es durch die Habgier des *Ichs* oder des *Du* – wird das *Du* zu einem *Es*, zu einem Objekt, das zur Befriedigung des Egos missbraucht wird; die wahre Liebe verschwindet. Das Bewusstsein der Gegenwart des Göttlichen im inneren Raum des Herzens hält z. B. die eheliche Beziehung frisch und macht sie zum *Sakrament*, denn die Faszination nimmt zu in dieser geisterfüllten Atmosphäre. Wo echte Freiheit herrscht, reift der Mann durch die Frau, und die Frau blüht durch den Mann. Askese als Überwindung der Ego-Fixierung ist ein wesentlicher Bestandteil in allen echten zwischenmenschlichen Beziehungen.

Dies gilt auch für unser Verhältnis zur Natur. Wenn wir Dinge mit einer inneren Freiheit nutzen, können wir sie loslassen, da wir nicht an sie gebunden sind und sie uns nicht versklaven. Gleichzeitig können wir das ihnen innewohnende Potenzial zum Wohl aller nutzen. Im Herzen der Materie nehmen wir die Schwingungen der Göttlichwerdung wahr. Das macht uns ständig wach für die Gnade und den Ruf des Geistes.

In wahrer Freiheit erkenne ich: ***Ich bin göttlich.***

Wer von Anhänglichkeiten befreit worden ist,
kommt zu einem höheren Zustand des Menschseins und wird in die göttliche Natur verwandelt.

Gregor von Nyssa, In Canticum canticorum, 1, PG 44,776

Maximus Confessor erwähnt sieben Früchte der Göttlichwerdung:
»Gotteserkenntnis, begnadete Sohnschaft, Gleichheit mit den Engeln,
Teilnahme am ewigen Leben, Wiederherstellung der ursprünglichen Natur,
Beseitigung des Gesetzes der Sünde und Vernichtung der Tyrannei des Bösen.

Exp. orationis dominicae, 1, PG 90.873cd

»Corpus Hermeticum« erwähnt zwölf Laster, die von den zehn göttlichen Kräften im Prozess der Göttlichwerdung überwunden werden:
Unwissenheit vs *Gotteserkenntnis, Trauer* vs *Freude, Maßlosigkeit* vs *Beherrschung,*
Begierde vs *Enthaltsamkeit, Ungerechtigkeit* vs *Gerechtigkeit, Eigennutz* vs *Gemeinsinn,*
Betrug vs *Wahrheit, Neid* vs *Güte, List* vs *Ehrlichkeit, Zorn* vs *Gelassenheit,*
Unbesonnenheit und Schlechtigkeit.

Corpus Hermeticum, 13,7–9

Mit Göttlichwerdung entstehen die folgenden Gnaden:
Einsicht in die Glaubensgeheimnisse, Erkenntnis des Verborgenen, Teilhabe an guten Gaben,
himmlische Bürgerschaft, unendliche Freude, das Wohnen in Gott, Ähnlichkeit mit Gott
und das Höchste von allem: Gottwerden (theon genesthai)*.*

Basilios, De Spiritu Sancto, 9,23, PG 32,109bc

MEDITATION

INNERER RAUM Ich komme zur inneren Stille. In der Stille verweile ich beim Prinzip der upanishadischen Weisen: Unterscheide zwischen dem, was eine momentane Befriedigung gibt, und dem, was zu dauerhafter Befreiung führt. Ich frage mich, wie frei ich bin, das Erstere abzulehnen und das Letztere zu wählen.

IM HERZEN Langsam sinkt das Bewusstsein ins Herz. Ich spüre, wie die Kraft des göttlichen Geistes in mir aufsteigt und mich motiviert, das wirklich Befreiende dem Bequemen vorzuziehen. Ich spüre den inneren Raum der Freiheit in meinem Herzen, der mich befähigt, im Prozess der Göttlichwerdung die richtigen Entscheidungen zu treffen.

94. Achtsamkeit auf den Geist

Achtsam sein bedeutet, ganz im gegenwärtigen Moment zu sein. Tatsächlich ist der jetzige Augenblick alles, was wir haben. Das Vergangene ist vorbei, das Zukünftige liegt nicht in unserer Hand. Der vergangene Atemzug ist vorbei, der nächste Atemzug ist nicht gesichert. Es ist nur der gegenwärtige Atemzug, den wir tatsächlich haben und der doch wieder vergänglich ist. Unser Leben entwickelt sich nicht so sehr von Vergangenheit zu Zukunft, sondern von Gegenwart zu Gegenwart.

Der Verstand pendelt zwischen Vergangenheit und Zukunft, aber *nous/buddhi* ist immer in der Gegenwart. Mit spiritueller Disziplin betreten wir das Herz durch *nous/buddhi* und erwachen zum Bewusstsein der Ewigkeit. Ewigkeit ist die göttliche Tiefendimension des Jetzt: *nunc aeternum*, ewiges Jetzt. Hier nehmen wir die göttliche Seinsdynamik, die innere Bewegung des Geistes wahr. Hier erwachen wir zum »Reich Gottes in uns« (Lk 17,21) und erfahren den »inneren göttlichen Beweger« (*antaryāmin*, Brih. Up. 3.7.3).

Diese Achtsamkeit auf die inneren Bewegungen des Geistes macht uns wirklich lebendig. Wir schauen in die Tiefe und sind dadurch intensiver präsent im gegenwärtigen Moment. Das befähigt uns, dem, was wir gerade tun, ganze Aufmerksamkeit zu schenken und der Person, die gerade bei uns ist, mit vollem Respekt zu begegnen. Wir werden uns bewusst, dass wir in einer göttlichen Atmosphäre leben. Der Prozess der Göttlichwerdung entfaltet sich durch die Achtsamkeit auf den göttlichen Geist. In jedem Moment werden wir wach für die Dynamik des Geistes, indem wir die inneren Bewegungen des Geistes im Herzen wahrnehmen. Achtsamkeit verwandelt das Herz in ein *hörendes Herz*.

Aufmerksamkeit auf den gegenwärtigen Moment hält den Verstand fokussiert und reguliert die emotionalen Reaktionen. Achtsamkeit überwindet Ablenkungen und stärkt die Konzentration, baut Spannungen ab und besiegt Müdigkeit. Sie bringt Farbe in zwischenmenschliche Beziehungen und Fantasie in unser Engagement für die Welt. Tief verwurzelt in der *Gegenwart* erlangen wir eine heilsame Integration der Erfahrungen aus der *Vergangenheit* und gestalten die *Zukunft* mit Vertrauen. Die Achtsamkeit auf das Wirken des Geistes in der Welt lässt uns wahrnehmen, wohin er uns ruft: zum schöpferischen Mitwirken.

In dieser Achtsamkeit nehme ich wahr: ***Ich bin göttlich***.

Durch den Heiligen Geist erlangen wir
unsere Wiedereinsetzung ins Paradies,
unseren Aufstieg ins Himmelreich,
unsere Annahme durch Gott an Kindes statt,
unsere Freiheit, Gott unseren Vater zu nennen,
unsere Teilhabe an der Gnade Christi,
die uns zu Kindern des Lichtes macht
und uns Anteil schenkt an der ewigen Herrlichkeit.

Basilios, De Spiritu Sancto, 15.36, PG 32,132b

Ich bin klein und doch groß, nieder und doch erhaben,
sterblich und doch unsterblich,
irdisch und doch himmlisch.
Das eine bin ich durch diese Welt, das andere bei Gott,
das eine im Fleische, das andere durch den Geist.
Mit Christus muss ich begraben werden,
mit Christus auferstehen, mit Christus erben;
ich muss Gottes Sohn werden, Gott selbst.

Gregor von Nazianz, Reden, 7.23 (BKV)

Wir sprechen von einer Haltung des Herzens, das alles mit gelassener Aufmerksamkeit erlebt;
das versteht, jemandem gegenüber ganz da zu sein, ohne schon an das zu denken, was danach kommt;
das sich jedem Moment widmet wie einem göttlichen Geschenk, das voll und ganz erlebt werden muss.

Papst Franziskus, Laudato si, Nr. 226

MEDITATION

INNERER RAUM Ich komme zur inneren Stille. In der Stille verweile ich bei den Worten Jesu: »Das Reich Gottes ist in dir«. Ich nehme die zweifache Bedeutung von *in (enthos)* wahr: Tief *im* Herzen - *in* der Welt. Der göttliche Geist ergießt sich wie eine Quelle aus dem Inneren des Herzens in die Welt. Ich spüre die Gnade und den Ruf des Geistes in der Tiefe des *Jetzt*.

IM HERZEN Langsam sinkt das Bewusstsein ins Herz. Ich fühle die Kraft des göttlichen Geistes tief in mir aufsteigen und sich in die Welt verströmen. Ich nehme mein Sein in diesem göttlichen Strom neu wahr. Ich spüre, wie die Achtsamkeit auf den Geist mein Leben frisch und lebendig macht. Die Gnade der *Unterscheidung der Geister* entfaltet sich in dieser Achtsamkeit.

95. Schöpferkraft im Geist

Der göttliche Geist bewegt sich auf die sich ständig erweiternden Horizonte der göttlichen Kreativität zu. Wenn wir uns mit diesem Geist mitbewegen, öffnen auch wir uns dem unendlichen Horizont des Geistes. Grenzen verlieren ihren beschränkenden Charakter, neue Wege tun sich auf. Jesus sagte: Der Wind weht, wo er will, du hörst sein Brausen, weißt aber nicht, woher er kommt und wohin er geht. So ist es mit dem Wirken des Geistes (Joh 3,8). Der Geist führt uns über alle Grenzen und Buchstaben hinaus (*parāt param*).

Der Geist ergründet »die Tiefen Gottes« (1 Kor 2,10) und lädt uns ein, über das unfassbare Geheimnis des Göttlichen zu staunen. Der Geist begleitet uns in die göttliche Tiefe der Wirklichkeit. In diesem Prozess der Innenschau fragen wir uns immer wieder: Wer bin ich? (*kō-aham*). Diese spirituelle Suche bleibt bei keiner Antwort stehen. Mit dem göttlichen Geist sind wir immer unterwegs: Wir sind ewige Pilger. »Betet Gott im Geist und in der Wahrheit an« (Joh 4,24), mit diesen Worten lädt uns Jesus ein, in einer geistigen Aufbruchsstimmung zu sein. Das griechische Wort für Wahrheit ist *aletheia*, das eigentlich »Öffnung« bedeutet. In der bedingungslosen Offenheit für die Bewegungen des Geistes erfahren wir die dynamische göttliche Gegenwart.

Dadurch werden wir auch schöpferischer. Wenn wir auf der Ebene des Egos feststecken, stagniert unsere Kreativität, da alles an Profit und Prestige gemessen wird. Wenn wir aber vom Geist in uns bewegt werden, öffnen die göttlichen Impulse in uns eine enorme Weite für Kreativität. Dann gestalten wir diese Erde zum Wohle aller neu. Wir erforschen das Geheimnis der Wirklichkeit zum Wohlergehen aller. Wir schaffen Schönes zur Freude aller. Wir verbinden die Herzen der Menschen in echter Liebe. Fortschritt wird dann verstanden als ein ganzheitlicher Prozess innerhalb der göttlichen Neuschaffung der Welt. Die menschliche Schöpferkraft entfaltet sich in der kosmischen Theophanie. Kunst und Musik, wissenschaftliche Forschung und literarische Tätigkeit, soziale Projekte und politisches Engagement bekommen alle eine göttliche Dimension in diesem sakralen Ambiente. In all diesen Bereichen stimmen wir uns auf den göttlichen Rhythmus der Kreativität ein.

In diesem Horizont der göttlichen Schöpferkraft erkenne ich: ***Ich bin göttlich***.

Der Logos verursacht nicht die Entstehung von Dichtern,
belehrt nicht die Philosophen und erzeugt nicht begabte Redner;
aber durch seine Unterweisung werden Sterbliche unsterblich, ja göttlich.
Justin der Märtyrer, Gespräche mit den Griechen, 5

Die, welche mit Vernunft (meta Logou) *lebten, sind Christen,*
wenn sie auch für gottlos gehalten wurden,
wie bei den Griechen Sokrates, Heraklit und andere ihresgleichen.
Justin der Märtyrer, I Apol. 46.3 (BKV)

Unverweslichsein heißt am göttlichen Leben teilzuhaben.
Clemens von Alexandrien, Stromata, 5,10

Liebe lässt den Menschen zu Gott werden
und Gott als Mensch erscheinen.
Maximus Confessor, Epistula, 2, PG 91,401b

Gott wird im Menschen fruchtbar.
Meister Eckhart, Intravit Jesus

Ich allein bringe alle Geschöpfe in ihrem geistigen Sein
in meine Vernunft, so dass sie in mir eins sind.
Meister Eckhart, Nolite timere eos

Durch alle Geschöpfe ohne Ausnahme belagert uns das Göttliche, dringt in uns ein und durchknetet uns.
Wir hielten es für weit entfernt und unzugänglich, und siehe,
wir sind in seine glühenden Schichten getaucht.
Pierre Teilhard de Chardin, Der göttliche Bereich, III, 48

MEDITATION

INNERER RAUM Ich komme zur inneren Stille. In der Stille nehme ich die Einladung Jesu auf: *Bete Gott im Geist und in der Wahrheit an,* was bedeutet: Suche Gott in totaler Offenheit für die inneren Bewegungen des Geistes. Ich spüre, wie kreativ ich werde, wenn ich im Einklang mit den inneren Impulsen des göttlichen Geistes bin. Durch mein schöpferisches Wirken gebiert der Geist eine neue Schöpfung.

IM HERZEN Langsam sinkt das Bewusstsein ins Herz. Ich fühle die Gegenwart des Geistes, der meine Kreativität zur Entfaltung bringt. Ich werde ständig aus dem göttlichen Mutterboden geboren und gebäre die göttliche Präsenz in die Welt. Durch meine Kreativität nehme ich am Prozess der Göttlichwerdung in der Welt teil.

96. Spirituell Mitpilgernde

Religionen sind die verschiedenen Ausdrucksformen der dynamischen Gegenwart des göttlichen Geistes in der Menschheit. Kulturen sind Ausdruck der menschlichen Kreativität innerhalb des universalen göttlichen Prozesses der Neuschaffung der Welt. In Religionen ebenso wie in Kulturen gibt es auch ambivalente Formen und Strukturen. Hier braucht man eine spirituelle Reife, um die Bewegungen des Geistes in den beiden Bereichen zu erkennen.

Die eigene Religion zur absoluten Norm für andere zu erklären, ist unsensibel gegenüber dem göttlichen Geist, »der weht, wo er will« (Joh 3,8). Die Unterschiede zwischen den Religionen zu ignorieren ist ein Mangel an Respekt vor dem menschlichen Geist. Die reiche Vielfalt der Religionen respektieren und die tiefe Einheit in der Spiritualität erkunden – das ist das Prinzip einer Kultur der Harmonie. Seit Anbeginn der Menschheit ist der göttliche Geist im Herzen jedes Menschen und im Kern jeder Kultur am Werk (Apg 10,34–35; 17,27–29). Gott ist von Anfang an in einem ständigen Dialog mit Menschen. Zu bestimmten Zeiten in der spirituellen Entwicklung der Menschheit erreicht dieser Gott-Mensch-Dialog einen Höhepunkt, eine *ekstasis*. In solchen Gipfelmomenten (*kairos*) ereignet sich eine intensive göttliche Selbstoffenbarung durch einen Propheten oder Heiligen, durch ein Befreiungsereignis wie den Exodus oder ein erleuchtendes Symbol wie OM. Eine solche Offenbarungserfahrung wird von der Glaubensgemeinschaft in einer Schrift festgehalten und über Generationen weitervermittelt. Im Lauf der Zeit entsteht eine Religion mit eigenen Riten und Dogmen, Normen und Strukturen.

Durch interreligiösen Dialog treten die Offenbarungsbotschaft und das befreiende Potenzial jeder Religion ins Blickfeld und tragen zu einer Kultur der Harmonie bei. Der göttliche Geist führt alle Menschen zur Teilhabe am göttlichen Leben. Im Prozess der *Theosis* sind Gläubige verschiedener Religionen wie spirituelle Mitpilgernde auf der Suche nach der *Länge und Breite, der Höhe und Tiefe* (Eph 3,18) des Geheimnisses der göttlichen Gegenwart in uns und um uns. Auf diesem Pilgerweg teilt jeder Gläubige mit den anderen seine zentrale Offenbarungserfahrung, und gleichzeitig wird jeder von den spirituellen Erfahrungen der anderen genährt und auch herausgefordert, das unfassbare Geheimnis des Göttlichen zu erkunden.

In diesem spirituellen Pilgerprozess erkenne ich: ***Ich bin göttlich***.

Wenn wir durch die Teilhabe am Geist auch an der göttlichen Natur Anteil bekommen (2 Petr 1,4), wäre es unsinnig zu sagen, dass der Geist zur geschaffenen Natur gehört, nicht zum Göttlichen. Deswegen sind diejenigen, in denen der Geist wohnt, auch begnadet mit der Göttlichwerdung.

Athanasius, Brief an Serapion, 1.25, PG 26,589b

Jede Wahrheit, egal, wer sie sagt, kommt vom aus dem Heiligen Geist.

Zitat eines unbekannten Autors aus der Zeit von Papst Damasus (366–384), zitiert in: Thomas von Aquin, ST. I-II, q. 109, a.1

Interreligiöser Dialog ist im Tiefsten ein Dialog des Heils, denn er versucht, die Zeichen des immerwährenden Dialogs Gottes mit der Menschheit zu entdecken, zu deuten und so immer besser zu erkennen.

Johannes Paul II., Zum päpstlichen Sekretariat für Dialog, 13.11.1992

Gott möchte, dass die sich entfaltende Geschichte der Menschheit zu einer Pilgerfahrt wird, bei der wir uns gegenseitig begleiten zu dem transzendenten Ziel, das er für uns bestimmt. Wenn wir zusammen Schritte machen, entstehen Friede und Harmonie; wenn wir aber auseinandergehen, stürzen wir uns und die anderen ins Verderben.

Johannes Paul II., Am Tag des Gebets mit Vertretern der Religionen, Assisi, 27.10.1986

Wenn wir Gott mit einem ehrlichen Herzen suchen, ohne ideologische und egozentrische Zwecke, betrachten wir die anderen als Mitreisende, als Schwestern und Brüder.

Papst Franziskus, Fratelli Tutti, Nr. 274

MEDITATION

INNERER RAUM Ich komme zur inneren Stille. Ich verweile bei der spirituellen Dynamik der Menschheitsentwicklung: Tief im Geschichtsverlauf gibt es einen fortwährenden Gott-Mensch-Dialog, der an verschiedenen Orten und zu verschiedenen Zeiten bestimmte Höhepunkte erlebt. Aus solchen *Kairos*-Momenten werden Religionen geboren. Ich spüre die gegenseitige Verbundenheit und wechselseitige Ergänzung der Weltreligionen im universellen Heilsplan des *einen* Gottes in der *einen* Menschheit: Wir sind alle spirituell Mitpilgernde.

IM HERZEN Langsam sinkt das Bewusstsein ins Herz. Ich werde mir des unfassbaren Geheimnisses des Göttlichen bewusst, das sich durch Religionen auf vielfältigen Wegen und in unterschiedlichen Intensitäten offenbart. Ich spüre den göttlichen Logos, der in ihren Schriften pulsiert, und den göttlichen Geist, der in ihren Symbolen schwingt. Ich nehme die vielfältigen Ströme der göttlichen Gnade wahr, die das Leben aller in göttliches Leben verwandeln.

97. Integrierende Spiritualität

Im *Theosis*-Prozess wird das Göttliche zunächst als personales Du, dann als transpersonales Subjekt und weiter als universelle Immanenz erfahren. Diese drei Dimensionen der Gotteserfahrung rufen jeweils nach einer je anderen spirituellen Haltung, nämlich (1) vertrauensvolle Hingabe, (2) kontemplatives Bewusstsein und (3) aktiver Einsatz. Der dreifache indische Weg von *bhakti–jnana–karma*, der in der Bhagavad Gita dargelegt wird, zeigt einen integrierenden spirituellen Weg mit diesen drei wesentlichen Bestandteilen.

Bhakti ist der Weg der Hingabe: Ganzheitliche Selbsthingabe an den göttlichen Herrn und Meister, der dem Menschen nicht von außen, sondern im Herzen begegnet. Auf der spirituellen Suche hört man die Zusage des Herrn: »Ich liebe dich innig« (Bh. Gita 18,24) und die Einladung: »Nimm Zuflucht in mir mit deinem ganzen Sein« (Bh. Gita 18,62). Als Antwort gibt man sich selbst bedingungslos dem liebenden Gott (Sri Bhagavān) hin. Der göttliche Meister befreit den Suchenden aus der bedrückenden Einsamkeit (Bh. Gita 2,7) und führt sie/ihn in eine tiefe Erfahrung des Ineinanderseins: »Ich bin in dir, du bist in mir« (Bh. Gita 9,29).

Jnāna ist der Weg der Kontemplation: Mystische Einheit mit dem göttlichen Subjekt, das im Herzensraum erwacht. Durch Meditation wird die interpersonale Erfahrung von Hingabe zu einer transpersonalen Einheitserfahrung vertieft. Das innere Auge wird durch das göttliche Licht erleuchtet (Bh. Gita 11,8) und dadurch wird man begnadet, »das Selbst im SELBST durch das SELBST zu schauen« (Bh. Gita 6,20). Hier erfährt man das Göttliche als das eigentliche Subjekt (*ĀTMA*). Im Inneren des Herzens kommt man zu der Erkenntnis, dass man »zur Göttlichwerdung bestimmt ist« (*brahmabhūyāya*, Bh. Gita 18,53).

Karma ist der Weg des Handelns: Einsatz für die Welt als Teilnahme am verwandelnden Prozess des göttlichen Geistes. Mit dem erleuchteten Auge nimmt man die »dynamische Gegenwart des Göttlichen in allen Dingen« (Bh. Gita 6,29–31) wahr. Mit der Erkenntnis, dass man am göttlichen Werk der Harmonie (*dharma*, Bh. Gita 4,7–8) teilhat, setzt man sich »für das ganzheitliche Wohl der Welt« (Bh. Gita 3,25) und für das »Wohlergehen aller Wesen« (*yajna*, Bh. Gita 4,23; 12,4) ein. Die Vertiefung (Bh. Gita 6,20) und die Erweiterung des Bewusstseins (Bh. Gita 5,7) fügt das eigene Leben ins göttliche Leben ein.

In diesem dreifachen Integrationsprozess erkenne ich: ***Ich bin göttlich***.

Höre noch einmal mein höchstes Wort, das tiefste aller Geheimnisse.
So sehr liebe ich dich, dass ich dir diese Worte des Heils verkünde.
Richte deinen Verstand auf mich, liebe mich mit Hingabe, verehre mich.
Das ist mein Versprechen: Du wirst zu mir eingehen, denn du bist mir lieb.
Bh. Gita 18,64–65

Die mich in Hingabe liebend verehren,
sind in mir und ich bin in ihnen.
Bh. Gita 9,29

Durch Meditation kann man das SELBST
im eigenen Selbst durch das SELBST schauen.
Bh. Gita 13,25

Zur Göttlichwerdung bist du bestimmt.
Wenn du göttlich geworden bist,
trauerst du um nichts und begehrst du nichts.
Betrachte alle Wesen als gleichwertig, so erreichst du die höchste liebende Hingabe an mich.
Bh. Gita 18,53–54

Der Unwissende handelt und ist innerlich gebunden an sein Tun.
Auch der Wissende handle, doch ohne Anhaften,
dafür mit glühendem Bestreben, das Wohl der Welt zu fördern.
Bh. Gita 3,25

Ernährt die lebenspendenden Kräfte der Natur (dēva), dann werden sie euch ernähren.
Indem ihr euch gegenseitig ernährt, sollt ihr höchstes Wohlergehen erlangen.
Was nicht in dieser Haltung des Dienstes (yajna) vollzogen wird, schafft Bindung an die Werke.
Bh. Gita 3,11.9

MEDITATION

INNERER RAUM In tiefer Stille verweile ich bei der dialektischen Einheit von *bhaki–jnāna–karma*. Ich spüre, wie ein Element die anderen vertieft und wie alle drei einen ganzheitlichen Zugang zum Leben bilden. In jeder Dimension sehe ich den Übergang von der interpersonalen Begegnung über die transpersonale Einheit zur Teilhabe am göttlichen Werk in der Welt.

IM HERZEN Langsam sinkt das Bewusstsein ins Herz. Ich spüre, wie die Haltung der Hingabe vertieft wird zur mystischen Einheit, die wiederum hinausführt in die Weite im Einsatz für das ganzheitliche Wohl aller. Das Göttliche entfaltet sich durch mich und so nehme ich aktiv am universellen Prozess der Göttlichwerdung teil.

98. Den Propheten wachrufen

Wenn eine Religion zu einer entzweienden Macht wird und eine Kultur dazu neigt, unmenschliche Strukturen zu entwickeln, sendet der göttliche Geist Propheten aus, die zu Frieden und Gerechtigkeit aufrufen. Ein Prophet spricht aus einem inneren Drang heraus, der ihn befähigt, »auszureißen und niederzureißen, zu vernichten und zu zerstören, aufzubauen und einzupflanzen« (Jer 1,10). Für einen Propheten haben religiöse Symbole und Rituale nur insofern Bedeutung, als sie die göttliche Tiefe menschlicher Beziehungen zum Ausdruck bringen. Kulturelle Kreativität wirkt nur dann befreiend, wenn sie den göttlichen Ruf nach menschlicher Solidarität ausdrückt. Das Hauptmotiv prophetischer Kritik an allen religiösen und kulturellen Ausdrucksformen ist die Förderung von Gerechtigkeit. »Das ist, was Gott von dir erwartet. Nichts anderes als dies: Recht tun, Güte und Treue lieben und achtsam den Weg gehen mit deinem Gott« (Mi 6,8). In diesem Sinn ist ein Prophet ein Überbringer des Wortes Gottes und ein Wortführer der spirituellen Ausrichtung einer Gemeinschaft (*nabi* [hebr.] = der Herausgerufene; *prophetes* [gr.] = der vor anderen spricht). Die Option für die Armen ist das Grundanliegen eines Propheten.

In jedem von uns schlummert ein Prophet. Die Erfahrung der Göttlichwerdung ist ein Anreiz, diese prophetische Dimension wachzurufen. Die Erkenntnis, dass der göttliche Geist alle Menschen zur Teilhabe am göttlichen Leben erhebt, hilft uns, die gegen Gott gerichteten Kräfte in der Welt ausfindig und öffentlich zu machen. Wenn wir den Propheten in uns wachrufen, werden wir aus unserer inneren Sicherheit herausgeholt. Der göttliche Geist lässt uns nicht ruhen und motiviert, uns für Frieden und Gerechtigkeit, ökologische Harmonie und ganzheitliches Wohlergehen einzusetzen.

Ein Prophet ist kein Amtsträger, der von der Glaubensgemeinschaft ernannt wird, sondern eine charismatische Person, weil sie/er vom göttlichen Geist getrieben wird, sich gegen falsche Gottesvorstellungen in der Religion und Stagnation in der Kultur auszusprechen. Durch diese kritische Haltung gerät der Prophet oft in Konflikt mit den Strukturen der religiösen Gemeinschaft.

Im mutigen Einsatz für diese prophetische Mission erkenne ich: ***Ich bin göttlich***.

Wer die Last seines Nachbarn auf sich nimmt,
wer die Notleidenden versorgt mit dem,
was er selbst von Gott empfangen hat,
der wird wie Gott für die, die von ihm empfangen.
Er ahmt Gott nach.

Tatian, Brief an Diognetus, 10

Wer verzeiht, ist bereits über die menschliche Natur hinausgewachsen
und in der Tugend gottähnlich geworden. Dadurch, dass er das tut,
was Gott angemessen ist, wird er zum zweiten Gott,
denn die Vergebung der Sünden ist allein Gott vorbehalten.

Gregor von Nyssa, De oratione dominica, 5, PG 44,1177

Wer nur für sich kocht, isst Gift.

Bh. Gita 3,13

Ich habe ein Gelübde abgelegt, alle Wesen zu befreien.
Ich möchte alle Lebewesen vom Schrecken der Geburt,
von Krankheit und Alter, von Tod und Wiedergeburt befreien,
von allen Arten moralischer Vergehen und von allen Zuständen des Leids.

Buddha, Śikshāsamuccaya, 280–281

Als gefragt wurde, was das Wichtigste im Islam wäre, antwortete Prophet Mohammed:
»Die Hungrigen speisen und allen den Friedensgruß geben.«

Hadit Bukhari

Wenn ich Gottes Sohn bin, wer es dann sehen kann,
der schauet Mensch in Gott und Gott in Menschen an.

Angelus Silesius, Cherubinischer Wandersmann, 5

MEDITATION

INNERER RAUM Ich komme zur inneren Stille. In der Stille verweile ich bei der sozialen Dimension der Göttlichwerdung. Das Bewusstsein für die lebendige Gegenwart des göttlichen Geistes in der Welt bewegt mich dazu, die ausbeuterischen Kräfte von Ungerechtigkeit und Unterdrückung zu erkennen. Ich spüre, wie der Geist in mir den Weitblick und den Auftrag für einen prophetischen Einsatz wachruft.

IM HERZEN Langsam sinkt das Bewusstsein ins Herz. Ich fühle, wie die Gegenwart des Geistes in mir eine kreative Unruhe erzeugt. Ich spüre den inneren Ruf, mich mit dem Geist gegen zerstörerische Kräfte einzusetzen. Ich spüre, dass ich ein Werkzeug in den Händen Gottes bin, um den Prozess der Göttlichwerdung in die Tat umzusetzen.

99. Den Mystiker beleben

Die zweite Grundströmung des göttlichen Geistes ist die Mystik. Mystiker sind von dem unergründlichen Geheimnis des Göttlichen (*muein* [gr.] = sich verbergen) überwältigt. Trotz aller Offenbarungserfahrungen bleibt das Göttliche ein unbegreifliches Geheimnis. *Deus semper major*. Daher laden Mystiker spirituell Suchende ein, über alle konkreten Bilder und Symbole, Namen und Formen für das Göttliche hinauszugehen. Mystiker unterscheiden ständig zwischen Gott und dem Göttlichen: *Gott* ist die personale Form des Mysteriums; das *Göttliche* ist in Wirklichkeit transpersonal, denn es entzieht sich allen Namen und Formen. *Gott* ist das Objekt der Anbetung und Besinnung; das *Göttliche* ist das letztgültige Subjekt und der Ursprung unseres Seins.

Mystiker erfahren eine tiefe Einheit mit dem göttlichen Subjekt. Im Grunde gibt es drei Dimensionen in diesem mystischen Prozess: Die anfängliche *inter*personale Dualitätserfahrung wird durch ein *intra*personales Innewohnen vertieft und weiter in eine *trans*personale mystische Vereinigung verwandelt (vgl. 56). Entsprechend wird die Begegnung mit dem göttlichen Du im *Gebet* durch die *meditative* Erfahrung der innewohnenden Gegenwart vertieft und weiter in das *kontemplative* Bewusstsein für die göttliche Dynamik verwandelt. Letztlich sind alle drei Dimensionen wesentliche Bestandteile einer ganzheitlichen Spiritualität.

Mystiker erfahren auch eine tiefe Verbundenheit mit allen Wesen in der Natur. Sie erleben eine universelle Theophanie. Der göttliche Geist, den sie in ihrem Inneren intuitiv wahrnehmen, ist die dynamische Gegenwart im Kosmos. Daher sprechen Mystiker von einem kosmischen Bewusstsein. »Gott in allen Dingen sehen und alles in Gott sehen« – das ist eine Grunderfahrung der Mystiker in allen Religionen.

In jedem von uns schlummert ein Mystiker. Die Erfahrung der Göttlichwerdung ist eine Einladung, diese mystische Dimension zu beleben. Ein Mystiker ist kein Amtsträger, der von der Glaubensgemeinschaft ernannt wird, sondern eine charismatische Person, die vom göttlichen Geist dazu bewegt wird, die Neigung zu selbstgemachten Gottesbildern infragezustellen. Das bringt Mystiker in Konflikt mit Theologen und Führern religiöser Gemeinschaften.

Durch die mystische Erfahrung erkenne ich: ***Ich bin göttlich***.

Mystiker unterscheiden immer zwischen:
Göttlichem (theothēs) und Gott (theos) (Basilios, Epistolae, 210,4);
göttlichem Wesen (physis) und Gottes Herrlichkeit (doxa) (Gregor von Nazianz, Orationes, 24,3–4);
Rückseite Gottes und Gesicht Gottes (Gregor von Nazianz, Orationes, 28,3);
Wesen Gottes (ousia) und Energien Gottes (energeia) (Gregor von Palamas, Verteidigung der hl. Hesychasten);
Gottheit und Gott (Meister Eckhart, Nolite timere).

Das mystische Leben gipfelt in einer Erfahrung von Gottes Gegenwart,
die jede Beschreibung übersteigt
und die nur möglich ist, weil die Seele völlig in Gott umgeformt
und sozusagen ein Geist mit ihm geworden ist.
Es ist das Erwachen des Logos in uns:
eine gewaltige Bewegung des übernatürlichen und göttlichen Lebens.
Weil unser innerstes Ich das vollkommene Bild von Gott ist,
findet man, wenn das Ich wach wird,
in sich selbst die Gegenwart von dem, dessen Bild es ist.
Gott und die Seele scheinen nur ein einziges Ich zu haben.
Sie sind – durch göttliche Gnade – derart,
als wären sie eine einzige Person.
Sie atmen und leben und handeln als ein einziger.
Keiner der zwei ist dem anderen Objekt.
Thomas Merton, The Inner Experience

Wer Gerechtigkeit gebiert, gebiert Christus,
wer Weisheit gebiert, gebiert Christus.
Ambrosius

MEDITATION

INNERER RAUM Ich komme zur inneren Stille. In der Stille öffne ich mich dem unfassbaren göttlichen Geheimnis. Ich werde mir bewusst, dass jeder mir vertraute Name und jedes liebgewonnene Symbol für das Göttliche begrenzt ist. Ich spüre, wie der Geist tiefer führt und mich die Vereinigung mit dem göttlichen Grund sowie die Einheit mit allen Wesen wahrnehmen lässt.

IM HERZEN Langsam sinkt das Bewusstsein ins Herz. Ich nehme die Gegenwart des Geistes als eine Schwingung wahr, mit der ich in Resonanz komme. Ich fühle die zutiefst dynamische Einheit mit dem Göttlichen und mit allem in der Schöpfung. Ich spüre die Vertiefung und Erweiterung des Bewusstseins, wodurch ich zu einem Kanal der Göttlichwerdung in der Welt werde.

100. Sei barmherzig

Was ist das Echtheitssiegel eines Menschen, der aus dem Bewusstsein der Göttlichwerdung lebt? Weise aller Religionen antworten mit einem Wort: Barmherzigkeit. Jüdische Propheten stellen Barmherzigkeit über alle Opfergaben (Hos 6,6). In Jesus erkennen wir das Ausströmen der göttlichen Barmherzigkeit (Mt 12,7). Im Koran wird Allah als Barmherzigkeit beschrieben (*rahim* 1,2). Buddha wird als die Verkörperung der Barmherzigkeit gepriesen. In der Bhagavad Gita ist Barmherzigkeit die Haupteigenschaft einer erleuchteten Person (Bh. Gita 12,13). Den Kern der Spiritualität berührend, sagte Jesus: »Seid barmherzig, wie auch euer Vater barmherzig ist« (Lk 6,36).

Barmherzigkeit ist keine Tugend, die wir ausüben, sondern eine Gnade, die wir empfangen. Das wahre Subjekt der Barmherzigkeit ist nicht das *Ich* in mir, sondern der göttliche Geist. Aus den göttlichen Quellen strömt Barmherzigkeit als spirituelle Energie hervor und durchströmt die Herzen der Menschen. Barmherzigkeit ist ein göttlicher Geburtsprozess im Zuge der Göttlichwerdung. Das hebräische Wort für Barmherzigkeit ist *rachamim*, verwandt mit *racham* (Mutterschoß), und bezeichnet die zarte Liebe, die von der Mutter zum Baby fließt. Barmherzigkeit ist das Ausfließen der mütterlichen Liebe Gottes zu den Menschen und zum Kosmos. Wir sind nur empfangende Kanäle für die göttliche Barmherzigkeit. Der göttliche Geist bringt durch Barmherzigkeit Gerechtigkeit hervor. Die Erfahrung der Göttlichwerdung weckt unser Bewusstsein für diesen verwandelnden Prozess in der Welt. Durch Barmherzigkeit gestalten wir mit dem Geist das Reich Gottes in allen Bereichen des Lebens.

Indem ich ein Kanal der göttlichen Barmherzigkeit bin, erkenne ich: ***Ich bin göttlich.***

Barmherzigkeit: Der letzte und endgültige Akt, mit dem Gott zu uns kommt.
Barmherzigkeit: Das grundlegende Gesetz, das im Herzen eines jeden Menschen ruht,
der aufrichtig in die Augen seiner Brüder und Schwestern schaut,
die ihm auf seinem Lebensweg begegnen.
Barmherzigkeit: Die Brücke, die Gott und Mensch verbindet und das Herz öffnet
für die Hoffnung, dass wir trotz unserer Schuld für immer geliebt sind.«

Papst Franziskus, Misericordiae Vultus, Nr. 2

Nichts führt uns leichter zur Göttlichwerdung, nichts bringt uns näher zu Gott als echte Barmherzigkeit gegenüber den Bedürftigen, die mit Freude aus dem Herzen kommt.
Maximus Confessor, Mystagogia, 24, PG 91,713a

Wenn die Barmherzigkeit eine Wesenseigenschaft Gottes ist,
dann tut der Logos nichts anderes,
als dich einzuladen, göttlich zu werden,
da du dein Leben mit göttlichen Eigenschaften gestaltest.
Gregor von Nyssa, De Beatitudinibus, 5, PG 44,1249b

Liebe lässt den Menschen zu Gott werden, und Gott als Mensch erscheinen.
Maximus Confessor, Epistula, 2, PG 91,401b

Sei freundlich und barmherzig zu allen Wesen.
Bh. Gita 12,13

Barmherzigkeit ist das Wesen der Buddha-Natur, die in allem verborgen ist.
Mahaparinirvana Sutta des Buddhismus, 259

Barmherzigkeit allein veredelt das Leben.
Panchastikaya des Jainismus, 137

Wo Barmherzigkeit verschwindet, schwindet auch die Menschlichkeit.
Chaunachu des Taoismus, 23

Allah ist der Gnädige, der Barmherzige.
Koran 1,1

Gott ist barmherzig. Barmherzigkeit ist wertvoller als ein Gebet.
Koran, 2,159.177

Gerechtigkeit kann warten, Barmherzigkeit kann nicht warten.
Mutter Teresa von Kalkutta

MEDITATION

INNERER RAUM Ich komme zur inneren Stille. In der Stille nehme ich das Bild eines großen Flusses auf, der einer verborgenen Bergquelle entspringt: Zahlreiche Ströme und Bäche fließen aus diesem Fluss und befruchten die ganze Gegend. Ich spüre mich als ein Bach dieses göttlichen Ausströmens. Die göttliche Energie, der Geist, fließt durch mich in die Welt.

IM HERZEN Langsam sinkt das Bewusstsein ins Herz. Ich spüre, wie sich der göttliche Geist durch mich gebiert in Taten der Barmherzigkeit: Ich bin berufen, ein Kanal der göttlichen Barmherzigkeit in der Welt zu sein. Ich fühle die Durchlässigkeit, die sich in meinem Herzen entwickelt.

Anhang

Verwendete Abkürzungen

Kirchenväter

ANF Ante-Nicene Fathers, Ed: Alexander Roberts, Grand Rapids, William B. Eerdmans Publ. Co. 1985.

BKV Bibliothek der Kirchenväter, J. Kösel, Kempten, 1913, München 1926, Generiert von der elektronischen BKV von Gregor Emmenegger/Ursula Schultheiß und Manfred Kraut (Internetversion).

PG Patrologia Graeca, J.-P. Migne (Hg.), Paris, 1857–1866.

PL Patrologia Latina, J.-P. Migne (Hg.), Paris, 1844–1864.

Upanishaden

BH. GITA	Bhagavad Gita
AIT. UP.	Aitarēya Upanishad
BRIH. UP.	Brihadāranyaka Upanishad
CHAND. UP.	Chāndōgya Upanishad
DHYAN. UP.	Dhyanabindu Upanishad
GARBHA. UP.	Garbha Upanishad
HAMSA UP.	Hamsa Upanishad
ISA UP.	Iśa Upanishad
KATH. UP.	Kathōpanishad
KENA UP.	Kēna Upanishad
MAHAN UP.	Mahanarayana Upanishad
MAITRI UP.	Maitri Upanishad
MAND. UP.	Māndukya Upanishad
MUND. UP.	Mundaka Upanishad
PRAŚNA UP.	Praśna Upanishad
SWET. UP.	Swētāśwatara Upanishad
TAIT. UP.	Taittirīya Upanishad

Bibliografie

Abhishiktānanda (Henri Le Saux), *Saccidananda, A Christian Approach to Advaitic Experience*, ISPCK, Delhi, 1974.

Alper, Harvey P., *Mantra*, Satguru Publ. Delhi, 1997.

Augustinus, Bekenntnisse, übers. v. Otto F. Lachmann, Atlas-Verlag, Köln, 1960.

Bäumer, Bettina, Upanishaden, *Die heilen Schriften Indiens meditieren*, Kösel, München, 1997.

Balling, Adalbert, Ludwig, *Bäume, Freunde der Menschen*, Mariannhill, Würzburg, 1992.

Beurle, Klaus, *Der Mensch des Herzens. Eine theologische Deutung von Gedichten des bengalischen Mystikers Lalon Shah*, EOS, Sankt Ottilien, 2011.

Borchert, Bruno, *Mystik*, Herder Spektrum, Freiburg, 1997.

Bonner, Gerald, »Augustine's Conception of Deification«, *Journal of Theological Studies*, 37 (1986), 369–385.

Canilang, Samuel, H, CMF, *The Way of the Heart, Gregory Palamas and the Great Spiritual Traditions of Asia*, Claretian Publ. Manila, 2010.

Chariton, Igumen (Hg.), *The Art of Prayer, An Orthodox Anthology*, Faber and Faber, New York, 1997.

Christensen, Michael J. and Wittung, Jeffery A. (Hg.), *Partakers of the Divine Nature, The History and Development of Deification in the Christian Traditions*, Baker Academic, Grand Rapids, 2008.

Clift, Jean Dalby, *Symbols of Transformation in Dreams*, Crossroad Publ. New York, 1993.

Collins, Owen (Hg.), *Two Thousand Years of Classic Christian Prayers*, Orbis, New York, 2000.

Collins, Paul M, *Partaking in Divine Nature, Deification and Communion*, T & T Clark, London, 2010.

De Mello, Anthony, *Wellsprings. A Book of Spiritual Exercises*, GSP, Anand, Indien 1984.

De Mello, Anthony, *One Minute Wisdom*, GSP, Anand, Indien 1985.

De Mello, Anthony, *Wer bringt das Pferd zum Fliegen?* © 2006 Verlag Herder GmbH, Freiburg im Breisgau. Abdruck mit freundlicher Genehmigung. [De Mello, Anthony, *The Prayer of the Frog*, GSP, Anand, Indien 1988].

De Mello, Anthony, *Contact with God. Retreat Conferences*, GSP, Anand, Indien 1991.

Denzinger, Heinrich, *Enchiridion Symbolorum*, Herder, Freiburg, 1966.

Döll, Ermin, *Das Buch der ewigen Weisheit. Die Originaltexte der bedeutendsten Mystiker in der Sprache unserer Zeit*, Vianova, Petersberg, 2014.

Douglas-Klotz, Neil, *Die Weisheit der Sufis. 99 Meditationen der Liebe*, Kösel, München, 2007.

Dyckhoff, Peter, *Die Wolke des Nichtwissens* © 2020 Verlag Herder GmbH, Freiburg im Breisgau. Abdruck mit freundlicher Genehmigung.

Eliade, Mircea, *Encyclopaedia of Religion*, Artikel: »*Heart*«.

Evagrios Pontikos [Evagrius Ponticus], *Über das Gebet (Tractatus de oratione)*, Quellen der Spiritualität, Band 4, Vier-Türme, Münsterschwarzach 2011.

Evagrios Pontikos, *Der Praktikos*, Weisungen der Väter, Band 6, Hrsg. von Gabriel Bunge, Beuroner Kunstverlag, Beuron, 2008.

Finlan, Stephen and Kharlamov, Vladimir (Hg.) *Theosis, Deification in Christian Theology*, James Clarke & Co, Cambridge, UK, 2006.

Franziskus (Papst), *Evangelii Gaudium*, hrsg. vom Sekretariat der Deutschen Bischofskonferenz, Bonn 2013.

Franziskus (Papst), *Laudato Si*, hrsg. vom Sekretariat der Deutschen Bischofskonferenz, Bonn 2015.

Franziskus (Papst), *Misericordiae Vultus*, hrsg. vom Sekretariat der Deutschen Bischofskonferenz, Bonn 2015.

Franziskus (Papst), *Amoris Laetitia*, hrsg. vom Sekretariat der Deutschen Bischofskonferenz, Bonn 2016.

Franziskus (Papst), *Fratelli Tutti*, hg. vom Sekretariat der Deutschen Bischofskonferenz, Bonn 2020.

Gall, Susan (Hg.), *The Gale Encyclopedia of Psychology*, Gale Publ. Detroit. 1966.

Gifford, James D., *Perichoretic Salvation. The Believer's Union with Christ as a Third Type of Perichoresis*, Wipf and Stock, Eugene, 2011.

Gillet, Lev, *The Jesus Prayer*, St. Vladimir Seminary, New York, 1987.

Green, Arthur (Hg.), *Jewish Spirituality*, Routledge, London, 1987.

Gross, Jules, *The Divinisation of the Christian according to the Greek Fathers*, A&C Press, Anaheim, 2002 (Übersetzung des Orignaltextes: L*a Divinisation du chretien d'apres des Peres grecs*, by Paul A. Onica, Gabalda, Paris, 1938).

Grün, Anselm, *Träume auf dem geistlichen Weg*, Vier-Türme, Münsterschwarzach, 2006.

Hanh, Thich Nhat, *Das Herz von Buddhas Leere* © 2020 Verlag Herder GmbH, Freiburg im Breisgau. Abdruck mit freundlicher Genehmigung. [Hanh, Thich Nhat, *The Heart of the Buddha's Teaching*, Broadway Books, New York, 1999].

Hoffmann G., *Heinrich Seuse, Deutsche Schriften*, Patmos, Düsseldorf, 1966.

Hoffmann, G., *Johannes Tauler, Predigten*, Johannes Verlag, Einsiedeln, 1979.

Hopko, Thomas, *Die Dreieinigkeit bei den Kappadokiern*, in: McGinn, Bernhard (Hg.), Geschichte der Spiritualität, Bd. I, Würzburg, 1993.

Hudson, Nancy J., *Becoming God. The Doctrine of Theosis in Nicholas of Cusa*, Cath. Univ. of America, Washington, 2007.

Ignatius von Loyola, *Geistliche Übungen* (Übers. Peter Knauer SJ), Echter, Würzburg, 1998.

Johannes vom Kreuz, *Die lebendige Flamme, die Briefe und die kleinen Schriften*, übertragen von Irene Behn, Sämtliche Werke, 4. Bd., Einsiedeln, 1964.

Johannes vom Kreuz, *Die lebendige Liebesflamme*, Vollständige Neuübersetzung von Ulrich Dobhan OCD, Elisabeth Hense, Elisabeth Peeters OCD (Hg.), Herder, Freiburg, 2000.

Johannes Paul II., *Pope Speaks to India*, St. Paul´s, Bombay, 1986.

John of the Cross, *The Complete Works of Saint John of the Cross*, Transl. E. Allison Peters, Anthony Clarke, Wheathampstead, 1978.

Jung, Carl Gustav, *Collected Works*, transl. R. F. C. Hull, Bollingen Series, Princeton Univ. Press, 1979.

Jung, Carl Gustav, *Psychology and the East*, transl. R. F. C. Hull, Routledge and Kegan, Paul, London, 1978.

Jung, Carl Gustav, *Modern Man in Search of a Soul*, transl. W. S. Dell and C. F. Bynes, Harcourt, New York, 1990.

Jung, Carl Gustav, *Der Mensch und seine Symbole* © Patmos Verlag. Verlagsgruppe Patmos in der Schwabenverlag AG, Ostfildern 2019, 22. Auflage. www.verlagsgruppe-patmos.de. Abdruck mit freundlicher Genehmigung.

Jung, Carl Gustav, *Gesammelte Werke, Band 1–20* © Patmos Verlag. Verlagsgruppe Patmos in der Schwabenverlag AG, Ostfildern 2021. www.verlagsgruppe-patmos.de. Abdruck mit freundlicher Genehmigung.

Kabir, *The Weaver of God´s Name*, Jagdish Chander Sethi (Hg.), Radha Soami Satsang Publ. Punjab, India, 1998.

Kadloubovsky E. and Palmer, G. E. H. (transl.), *Writings from the Philokalia on Prayer of the Heart*, Faber and Faber, New York, 1995.

Kämpchen, Martin, *Endlos ist die Zeit in deinen Händen*, Butzon und Berker, Kevelaer, 1978.

Kärkkäinen, Veli-Matti, *The Doctrine of Theosis and its Ecumenical Potential*, in: *Sobornost* (Oxford), 45–77, 2001.

Kärkkäinen, Veli-Matti, *One with God. Salvation as Deification and Justification*, Liturgical Press, Collegeville, 2004.

Katechismus der Katholischen Kirche, hrsg. von der Dt. Bischofskonferenz, Pattloch, München, 12. Aufl. 2005.

Kelsey, Morton T., *God, Dreams and Revelation*, Augsburg Fortress, Minneapolis, 1974.

Kharlamov, Vladimir, *The Beauty of the Unity and Harmony of the Whole. The Concept of Theosis in the Theology of Pseudo-Dionysios the Areopagite*, Wipf and Stock, Eugene, 2009.

Kharlamov, Vladimir (Hg.) *Theosis, Deification in Christian Theology*, Pickwick, Eugene, 2011.

Köster, Peter, *Die Übung des Herzensgebetes nach der Tradition der Ostkirchen*, EOS Verlag, St. Ottilien, 2012.

Lao Tse, *Tao Te King*, übers. v. Hans Knospe und Odette Brändli, Diogenes, Zürich, 1990.

Le Saux, Henri, *Indische Weisheit – Christliche Mystik*, Von Vedanta zur Dreifaltigkeit (Übers. des französischen Originals, Sagesse Hindoue – Mystique chretienne durch Hildebrand Pfiffner), Rex Verlag, Luzern, 1968.

Le Saux, Henri, *Die Gegenwart Gottes erfahren. Erneuerung christlichen Betens in Begegnung mit dem Hinduismus*, Matthias-Grünewald-Verlag, Mainz, 1971.

Lorenz, Erika, *Ich bin ein Weib und obendrein kein gutes. Ein Porträt der Heiligen Teresa in ihren Texten*, Herder Spektrum, Freiburg, 2009.

Mascarenhas, Hubert Olympius, *St. Thomas Aquinas and the Medieval Scholastics*, in: Radhakrishnan (Hg.), *History of Philosophy Eastern and Western*, Allen & Unwin, London, 1953, II, 149–169.

Mieth, Dietmar, *Meister Eckhart, Einheit im Sein und Wirken*, Piper, München, 1986.

Nellas, Panayiotis, *Deification in Christ. Orthodox Perspectives on the Nature of the Human Person*, St. Vladimir Seminary, New York, 1997.

Noack, Christian, *Gottesbewusstsein, Exegetische Studien zur Soteriologie und Mystik bei Philo von Alexandrien*, Tübingen, 2000.

Painadath, Sebastian SJ and Sreekala, M. Nair, *Perception, an Interdisciplinary Exploration*, ISPCK, Delhi, 2013.

Painadath, Sebastian SJ, *Spiritual Co-Pilgrims, Towards a Christian Spirituality in Dialogue with Asian Religions*, Claretians, Manila, 2014.

Painadath, Sebastian SJ, *Wir alle sind Pilger, Gebete der Welt*, Kösel, München, 2010.

Painadath, Sebastian SJ, *Das Herz in Schwingung bringen, Jesus-Gebet mit Manthras und Melodien*, Vier-Türme, Münsterschwarzach, 2014.

Painadath Sebastian SJ, *Erkenne deine göttliche Natur, 55 Meditationen*, Vier-Türme, Münsterschwarzach, 2016.

Panikkar, Raimon, *Christophanie. Erfahrungen des Heiligen als Erscheinung Christi*, übers. v. Ruth Heimbach, © 2006 Verlag Herder GmbH, Freiburg im Breisgau. Abdruck mit freundlicher Genehmigung. [Panikkar, Raimon, *Christophany, The Fullness of Man*, Orbis, New York, 2004].

Panikkar, Raimon, *Das Göttliche in allem. Der Kern spiritueller Erfahrung* © 2000 Verlag Herder GmbH, Freiburg im Breisgau. Abdruck mit freundlicher Genehmigung. [Panikkar, Raimundo (Hg.), *The Vedic Experience, Mantrama-Njari: An Anthology of the Vedas for Modern Man and Contemporary Celebration, The Fullness of Man*, Darton, Longman & Todd, London].

Pascher, Josef, *Der Königsweg – Zur Wiedergeburt und Vergottung bei Philon von Alexandrien*, Schöning, Paderborn, 1931.

Patanjali, *Das Yogasutra nach Patanjali*, hrsg. von Atma Shakti, Édition Liberu, Nürnberg, 2019.

Pennington, Basil, *Centering Prayer, Renewing an Ancient Christian Prayer Form*, St. Pauls, Bombay, 1998.

Philokalia, Vols I-V, Hg.: Eapen, Cherian, Published by Roy Foundation, Kottayam, India, 2009.

Pramuk, Christopher, *Sophia, The Hidden Wisdom of Thomas Merton*, Liturgical Press, Collegeville, 2009.

Quint, Josef, *Meister Eckhart, Deutsche Predigten und Traktate*, Diogenes, München, 1979.

Radhakrishnan, Sarvepalli, *The Principal Upanishads*, Oxford, Delhi, 1989.

Roberts, Alexander and Donaldson, James (Hg.) *Ante Nicene Fathers*, C. Sribner´s Sons, New York, 1903; William B. Eerdmans Publications, Grand Rapids, 1985.

Rohr, Richard, *Der göttliche Tanz* © 2017 adeo-Verlag in der Gerth Medien GmbH, Aßlar. Abdruck mit freundlicher Genehmigung. [Rohr, Richard, *The Divine Dance. The Trinity and your Transformation*, SPCK, London, 2016].

Ruh, Kurt, *Meister Eckhart, Theologe, Prediger, Mystiker*, C. H. Beck, München, 1985.

Ruh, Kurt, *Geschichte der abendländischen Mystik, Bd. I. Die Grundlegung durch die Kirchenväter und die Mönchstheologie des 12. Jahrhunderts*, C. H. Beck, München, 1990.

Ruhbach, Gerhard und Sudbrack, Josef (Hg.), *Christliche Mystik, Texte aus zwei Jahrtausenden*, C. H. Beck, München, 1989.

Russell, Norman, »*Theosis* and Gregory Palamas: Continuity of Doctrinal Change?«, in: *St. Vladimir Theological Quarterly*, 2006, 357–379.

Russell, Norman, *Fellow Workers with God. Orthodox Thinking on Theosis*, St. Vladimir Seminary, New York, 2008.

Russell, Norman, *The Doctrine of Deification in the Greek Patristic Tradition*, Oxford, New York, 2009.

Savvidis, Kyriakos, *Die Lehre von der Vergöttlichung des Menschen bei Maximos dem Bekenner und ihre Rezeption durch Gregor Palamas*, EOS, St. Ottilien, 1997.

Schimmel, Annemarie, *Gärten der Erkenntnis, Das Buch der vierzig Sufi-Meister*, Diederichs, München, 1995.

Schimmel, Annemarie, *Sufismus, Eine Einführung in die islamische Mystik*, C. H. Beck, München, 2000.

Schmitt, Veronika Elisabeth, *Contemplatio, Die Mystik des Karmel aus Quellen frühchristlicher Kontemplation*, Echter, Würzburg, 2007.

Schönborn, Christoph, »*Über die richtige Fassung des dogmatischen Begriffs der Vergöttlichung des Menschen*«, in: *Freiburger Zeitschrift für Philosophie und Theologie*, 34 (1987), 3–47.

Schönborn, Christoph, *Existenz im Übergang, Pilgerschaft, Reinkarnation, Vergöttlichung*, Johannes, Einsiedeln, 1987.

Sudbrack, Josef, *Baum des Lebens, Baum des Kreuzes, Mit Meditationen zu einem Wandteppich im Kloster Reute/Oberschwaben*.

Tao-te-king, Transl. by Gia-Fu Feng and Jane English, Vintage Books, New York, 1972.

Teilhard de Chardin, Pierre, *Der göttliche Bereich, Ein Entwurf des inneren Lebens* (Übers. Josef Vital Kopp), Walter Verlag, Olten, 1962.

Teresa von Ávila, *Die innere Burg*, übers. v. Fritz Vogelgsang, Diogenes, Zürich, 1979.

Trumpp, Ernest (Transl.), *Adi Granth, The Holy Scripture of the Sikhs*, Munshiram, Delhi, 1989.

Walch, Sylvester, *Vom Ego zum Selbst. Grundlinien eines spirituellen Menschenbildes*, O. W. Barth, München, 2011.

Way of a Pilgrim, Transl. Helen Bacovcin, Doubeday, New York, 1978.

Williams, A. N., *The Ground of Union. Deification in Aquinas and Palamas*, Oxford, New York, 1999.

Wilson, Andrew (Hg.), *World Scripture, A Comparative Anthology of Sacred Texts, Motilal Banarsidass*, Delhi, 1993.

Wolke des Nichtwissens (Hg. Peter Dyckhoff) © 2020 Verlag Herder GmbH, Freiburg im Breisgau. Abdruck mit freundlicher Genehmigung.

Zaehner, Robert, *The Bhagavad-Gita*, Oxford, London, 1969.